코리안 디아스포라와 문화 네트워크

국립중앙도서관 출판시도서목록(CIP)

코리안 디아스포라와 문화 네트워크 = Korean diaspora & its cultural network / 장윤수 지음. -- 서울 : 북코리아, 2010
p. ; cm

참고문헌과 색인수록
ISBN 978-89-6324-065-7 93300 : ₩18000

교포[僑胞]
한인 사회[韓人社會]

331.37-KDC5
325.2-DDC21 CIP2010001568

코리안 디아스포라와 문화 네트워크

Korean Diaspora & Its Cultural Network

장윤수 지음

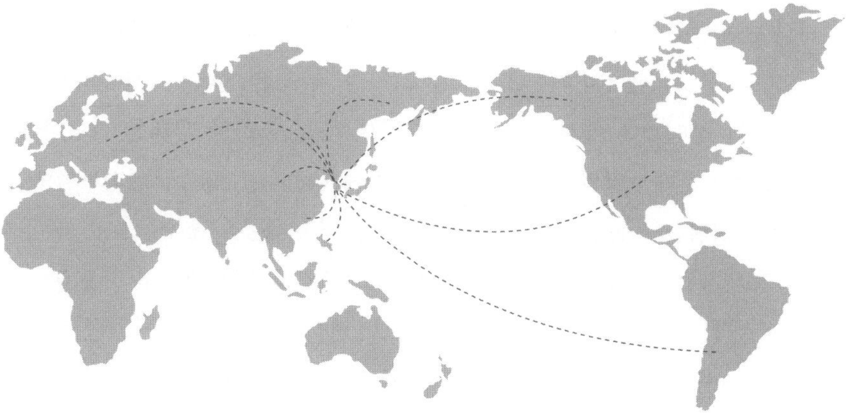

북코리아

머리말

지구화 시대, 재외한인과 문화 그리고 네트워크

이 책은 지난 6년간 재외한인사회를 연구하는 과정에서 생산된 결과물이다. 저자는 전남대학교 세계한상문화연구단이 수행한 한국연구재단 기초연구과제("세계한상네트워크와 한민족문화공동체 조사연구", "근현대한인디아스포라 지식자원발굴과 DB구축")와 전남대학교 특성화사업("글로벌코리안네트워크"), 그리고 교육과학기술부 2단계 BK21사업("세계한인네트워크개발인력양성사업팀")에 참여하여 재외한인사회에 대하여 연구 조사할 기회를 가졌다. 그 과정에서 『재외한인 집거지역 사회경제』(집문당, 2005), 『재외한인의 문화생활』(북코리아, 2006), 『재외한인 문화예술 네트워크』(북코리아, 2008) 등의 저서를 출판하였다. 그리고 다수의 관련 논문을 학술지에 게재하였는데, 이를 모아서 책으로 펴내고자 한다.

여덟 편의 학술지 게재논문과 두 편의 미게재논문을 모아 책으로 펴내고자 하는 것은 같은 분야의 길을 걷는 동학과 후학에게 조금이나마 도움이 되기를 바라고, 관련된 강의의 교재로 참고하고자 하는 데 이유가 있다. 정리하면서 지난 글을 다시 읽어 보니 크게 수정 보완이 필요할 정도로 많은 부족함을 느꼈지만, 논문 작성 시기를 무시할 수 없었기 때문에 그 한계를 인정하기로 하였다. 다만 내 글을 부족한대로 그대로 드러내 보이는 대신 민족문화를 기반으로 한 세계 한민족 네트워크를 구축하는 데 일조하고 싶은 저자의 뜻이 독자들에게 전달되길 바란다.

당초 학술논문보다 현지조사과정에서 보고 듣고 겪은 바를 자유롭게 에세이 형식으로 책을 써볼 계획이 따로 있었다. 그럴 경우 동포들의 생생한 이주경험과 재외한인사회의 실상을 독자들에게 잘 전할 수 있을 것으로 생각되었다. 나중에 그런 기회가 오기를 기대한다. 저자는 소수자로서 참으로 어렵고 고단한 삶을 겪은 재외동포를 만나고 연구하는 과정이 저자 나름의 행복한 시간이었음을 고백한다.

바로 재외동포가 많이 거주하는 미국, 일본, 중국, 러시아 및 중앙아시아 등 현지조사를 통하여 그들에게서 오히려 희망을 발견할 수 있었기 때문이다. 주로 미국의 뉴욕과 LA, 일본의 도쿄와 오사카, 중국의 연변과 심양, 중앙아시아의 타쉬켄트와 알마티, 연해주의 우수리스크 등 재외동포가 많이 거주하는 지역에서 그분들을 뵙고 말씀을 들어보고 또 관련 자료를 보면 오히려 내가 그분들에게서 위안을 받았다고 할 수 있다. 춥고 어려운 시기에도 굴하지 않고 끈질기게 생명력을 유지해 온 한민족의 저력을 보고 참으로 뼛속 깊이 깨달은 바가 많았다. 1997년의 외환위기와 당대 위기를 겪고 있는 우리는 바로 재외동포들이 고난을 극복하였던 과정에서 많은 교훈을 얻을 수 있다.

우리에게 재외동포는 지구화시대 국제경쟁력을 강화시킬 수 있는, 상호 윈윈할 수 있는 민족구성원이다. 조국이 경제적으로 어렵고 국권을 잃었을 때, 그리고 해방은 되었지만 먹을 것이 부족했던 시기에 이 땅을 떠났던 재외동포들이지만, 오히려 그들은 조국의 경제성장과정에서 도움을 주었고, 민주화에 기여를 하였으며, 평화통일운동에 도움을 주었다.

본문에서도 인용하고 있지만 미군부대 하우스보이 출신으로 18세의 나이에 부산에서 미국으로 건너갈 때, 가난과 배고픔과 절망의 땅에 다시는 돌아오지 않을 것을 다짐하면서 한국 땅을 향해 침을 뱉었던 해외입양아의 고백을 상기할 필요가 있다. 그랬던 신호범 의원도 이제 조국을 자주 찾아 이 땅의 젊은이들에게 희망을 주고, 조국과 함께 재외동포가 성장할 기회를 찾고 있다. 조국도 이제는 재외동포들을 배려할 수 있는 경제적 여유가 생겼기 때문에, 국내 사회복지망의 확충과 더불어 해외에 거주하는 민족구성원의 지위개선 등을 위하여 성의를 다할 때이다. 재외동포 스스로 조국의 재외동포정책에 부응하여 분야별로 온-오프라인상의 조직을 결성하고, 나아가 전 세계적인 네트워크를 구축해 가고 있다.

세계적인 한민족 네트워크의 구축이야말로 지구화 시대 국제경쟁력을 제고할 수 있는 방안이다. 조국과 재외동포는 동반성장할 수 있는 서로의 희망이다. 2009년 제8차 세계한상대회 슬로건이 "한상은 대한민국의 희망입니다"였는데, 이제는 "재외동포는 대한민국의 희망입니다"로 나아가야 할 때이다. 유목적 사고를 할 수 있는 삶을 살아 온 재외동포가 바로 지식정보 시대, 네트워크 시대의 대안이다.

이 책에 실린 글을 작성하는 과정에서 여러분에게 많은 빚을 졌다. 먼저 전남대학교 세계한상문화연구단장 임채완 교수님에게 재외동포사회를 연구할 수 있도록 기회를 제공해 주신 데 대하여 심심한 사의를 표한다. 다음으로 보고서를 작성하는 동안 자료정리와 분석에 많은 도움 주신 임율라, 이회진, 윤승미, 조아라, 오가림 조교선생님에게 감사한다. 그리고 오갑렬 대사님, 일본도쿄경제대학 서경식 선생님, 메세나활동가 하정웅 선생님에게도 감사드린다. 특별히 현지에서 예술활동을 하고 계시는 동포 예술가들에게 깊은 존경의 마음을 표하고 싶다.

끝으로 해외조사 과정에서 정보와 편의제공, 자료협조 등 도움을 준 많은 분들에게 감사한다. NY 청년학교 차주범 선생님, LA의 민족학교, 윤대중 선생님, 유의영 교수님, 촬스킴, 도쿄의 김성근 박사, 연변의 김용운 시인, 타쉬켄트의 장원창 박사와 황나제스타 선생님, 세종학교 허선행 교장님, 윤태영 선생님, 알마티의 한국학센터의 김성조 선생님과 김병학 시인, (주)대정의 임병률 사장님과 진재정 상무님 등에게 감사드린다. 그리고 NY한국문화원, LA한국문화원, 도쿄한국문화원, 타쉬켄트한국교육원, 알마티한국교육원의 협조에 감사드린다. 이 책을 출간해 주신 북코리아 이찬규 사장님께도 감사의 말씀을 전하며, 일일이 거명하지 못했지만 도와주신 여러분께 깊은 감사의 말씀을 올린다.

2010년 2월 14일

저자 장윤수

차 례

제1장

중국과 일본 거주 한인의 이주역사 재고찰

전남대학교 세계한상문화연구단(2009). 『디아스포라연구』 제3권 제2호 게재논문.

1. 서론 : 한인 이주역사 상한선

이 글은 중국과 일본의 재외한인 이주역사를 재고하기 위하여 작성되었다. 현재 중국에 거주하고 있는 한인들은 19세기 중반, 1860년대 이주하였던 것으로 이해되고 있다. 재일동포의 경우도 1920, 30년대 경제적 이유로 도일한 것으로 설명된다. 중국과 일본에 각기 약 230만 명, 90만 명의 우리 동포가 거주하고 있는데, 이들은 거주국의 소수민족 정책에도 불구하고 아직도 한민족으로서의 문화적 특질과 정체성을 유지하고 있는 것으로 확인되고 있다. 이것이 현재 해외에 거주하고 있는 700만 명 재외한인의 공식적인 이주역사이다.

우리는 근대시기에 이주한 이들을 재외동포의 범주에 넣는 것은 당연하지만, 이보다 2~3세기 앞서 전쟁이민의 형태로 강제로 이주당한 한인들이 있다. 병자호란과 임진왜란을 통해서 중국과 일본에 납치당한 조선인 포로는 각기 10만 명이 넘는 것으로 사료는 전한다. 그 중에서 극히 소수만이 송환되었을 뿐, 포로의 다수가 중국과 일본 현지사회에 잔류하였다. 그렇다면 과연 이들은 현재 어디로 갔을까? 어떤 생활을 유지하고 있을까?

이 글은 문헌조사와 현지조사가 충분히 이루어지지 않았지만, 당시 전란의 와중에서 납치당한 수십만의 조선인 포로에 관심을 갖고, 해외 거주 동포의 범주에 넣을 수 있다고 본다. 그럴 경우 한인 해외 이주사의 상한선은 더 소급해 갈 것이다. 요컨대 이 글에서는 조선조 중기 병자호란과 임진왜란과 같은 대전란의 결과 수많은 한인들이 전쟁포로로 붙잡혀 간 것에 주목하여, 재외한인의 이주역사를 재고하고자 한다.

현재 해외에 거주하는 700만 명의 재외한인 가운데 중국과 일본에는 각기 약 230만 명, 90만 명의 동포가 거주하고 있다.[1] 중국과 일본이라는 거주국 조건의 차이가 재중동포와 재일동포 사회의 차이를 낳고 있지만, 이들은 비교적 지금부터 가까운 시기에 이주하였기 때문에 아직 우리말과 글을 어느 정도 사용하고 있으며, 우리의 민족문화를 어느 정도 유지하고 있다.

그런데 조선조 중기 청나라와 일본의 조선침략으로 인하여 당시 인구 600여만 명 가운데 상당비율의 조선인들이 중국과 일본에 포로로 잡혀갔다. 그리고 전쟁 종결 이후 포로의 송환 내지 귀환이 있었지만, 사료는 극히 적은 수만이 귀국한 것으로 전하고 있다. 따라서 송환되지 못한 수많은 조선인들은 전쟁이민자로서 참으로 고단하고 험한 이주자의 삶을 현지 사회에서 경험하였을 것이다. 이는 근대 한인이주사의 비극적인 사건들을 반성해 볼 때 충분히 짐작할 수 있는 바이다.

역사는 임진왜란에서 약 10만 명의 조선인을 붙잡아 갔으며, 병자호란에서도 약 10만 명의 조선인을 포로로 붙잡아 갔던 것으로 전하고 있다. 이들 조선인 포로들이 대부분 귀환하지 못은 점을 상기한다면 아마 일본과 중국의 현지사회에서 아주 고통스러운 이민자의 삶을 겪었을 것으로 짐작된다. 따라서 이 글은 현재 전쟁포로로 끌려간 이들의 역사를 현지사회에서 추적 확인하는 작업의 전단계로서 당시의 전란에서 어느 정도의 포로가 일본과 중국으로 포로로 끌려갔는지 정리하는 데 의미를 둔다. 그런데 당시의 포로들이 어느 곳에 거주하였으며, 그들 이주사에 대한 조사는 추후 작업으로 미룬다.

---

1 재외동포재단. 〈http://www.korean.net/morgue/status_1.jsp?tCode=status&dCode=0101, 2009. 9. 10.〉

2. 한국인의 이주역사에 관한 이해

(1) 중국 조선족의 이주역사

앞서 서두에서 언급한 바와 같이 현재 약 230만 명 중국 조선족의 경우 대부분 1860년대부터 이주를 시작한 한인들의 후예인 것으로 설명된다. 이들은 중국의 동북3성에 주로 집중적으로 거주하면서 조국과 연대를 갖고 있다. 다만 조국이 남북으로 분단되어 있고, 중국과 남한 사이에 수교가 이루어지지 않은 과거 중국의 조선족과 교류가 없었지만, 1992년 국교정상화 이후 조국과 재중동포 사이에 상호교류가 급증하고 있다. 그리고 현재 한국에 들어와 있는 중국 조선족 또한 약 38만 명에 이르고 있다.[2]

이광규와 김태국에 의하면 중국에 거주하고 있는 동포들의 이주사에 대하여 다음과 같이 정리하여 설명하고 있다.[3] ① 현재의 동북3성은 옛 고구려와 발해의 영토이기 때문에 이곳의 주민들은 당초부터 조선인이었다는 토착민족설(土着民族說), ② 요동반도에 거주하는 1만 명의 고려인이 있었다는 원말명초설(元末明初說),[4] ③ 350여 년 전 중국

2 법무부 출입국 외국인정책본부 통계자료 참조. 〈http://www.immigration.go.kr/HP/TIMM/imm_06/imm_2009_12.jsp, 2009. 9. 10.〉 행정안전부는 2008년 5월 1일 현재 국내 거주 외국인은 89만 1,341명으로 전체 주민등록인구(4,935만 5,153명)의 1.8%를 차지하는 것으로 집계됐다고 29일 밝혔다. 이 가운데 90일 넘게 장기 체류 중인 외국인근로자가 43만 7,727명(49.1%)으로 가장 많았고, 그 다음이 국제결혼 이주자 14만 4,385명(16.2%), 국제결혼가정 자녀 5만 8,007명(6.5%), 유학생 5만 6,279명(6.3%), 상사 주재원 등 기타 17만 1,104명(19.2%) 순으로 나타났다. 『연합뉴스』. 2008. 7. 29.

3 이광규(2001). "중국 조선족 사회의 형성과정". 『재외한인연구』 8. p. 181; 김태국(1998). "중국 조선족 역사 상한선 문제". 『전주사학』 제6집.

4 고려시기 원은 수만에서 수십만 명에 이르는 고려인을 납치하여 요동지역에 안주케 하였다고 한다. 孫春日(1993). "中國 朝鮮族 歷史의 上限과 遙寧, 河北의 朴氏人들". 『이화

으로 이주한 조선인의 후예라는 명말청초설(明末淸初說) 등이 그것이다.[5]

중국에 거주하는 동포들의 역사를 과연 어느 시기까지 소급할 수 있는가에 대하여 많은 논란이 있다. 그리고 중국과 한국의 역사가들의 견해 또한 다양하다. 중국의 경우 동포들이 많이 거주하고 있는 동북3성을 중국의 변방으로서 소수민족이 활동하고 있는 지역으로 인식하고 있다. 요컨대 중국은 이들 지역이 중국의 지방정권으로, 이 지역의 역사를 중국 역사의 일부로 이해하고 있다.[6]

이에 대하여 우리나라 역사가들은 예맥족(濊貊族)이 고구려 건국 세력으로서 한민족의 조상이며, 고구려는 현도군을 축출하면서 건국하였으며, 고구려의 역사와 문화는 통일신라와 발해를 거쳐 고려로 전승된 우리 민족의 고유한 문화가 되었다는 것을 강조하고 있다. 그런데 여기서 과거 고조선과 고구려 및 발해의 역사를 한국사로 이해하는 것에 대해서는 추후 다른 기회에 논하기로 하고, 일반적으로 설명되고 있는 것처럼 우선 한인들의 중국으로의 이주는 19세기 중반 이후 시작된 것으로 이해된다.

다시 말해 현재 조선족이 집중적으로 거주하고 있는 중국의 동

사학연구』 20, 21합집.

5 이 입장에 따른 연구자는 遙寧省 朴家村과 河北省 朴杖子의 조선족을 靑初에 이주한 예로 들고 있다. 中國 遙寧省 本溪縣 朴堡村의 朴氏人 1,234명, 遙寧省 盖縣 陳屯鄕 朴家溝의 朴氏人 277명, 河北省 靑龍縣 塔溝와 孟家窩鐠의 朴氏人 350여 명은 스스로 자기들을 조선족의 후예라고 떳떳이 밝히고 있으며, 그 결과 1982년 조선족으로 그 族籍을 바꾸었다고 전한다. 孫春日. 앞의 논문. p. 89.

6 중국은 이렇게 한민족의 역사를 한반도로 제한하고, 고조선과 고구려 및 발해의 역사를 중국 역사의 일부로 규정하고 있다. 한민족의 역사를 한반도 토착민인 한(韓)과 예족(穢族)의 역사로 한정하고, 중국 동북지역의 부여 및 고구려의 역사는 중국 한족의 역사에 흡수 융화된 것으로 이해하고 있는 것이다. 孫進己(1987). "朝鮮族的原流". 『東北民族原流考』. 黑龍江人民自動社. 특히 고구려 역사에 대한 중국의 이해(東北工程)를 두고 한국의 역사학자들과 논쟁이 야기되고 있다.

북지역은 19세기 중반 봉금령이 해제된 이후 벼농사를 짓기 위해, 즉 구한말 한인들의 농업이민으로 이주역사가 시작되었다고 설명된다. 바로 농업이민이 중국의 동북지역에 거주하고 있는 조선족의 이주역사 시작이라고 할 수 있다는 것이다. 조선인들의 중국 동북지역으로 이주는 다음의 세 갈래의 경로를 거쳤다. ① 압록강을 건너 남만주를 통한 중만주와 서만주로의 이주경로, ② 도문강을 건너 연변으로 이주한 이후 동만주와 중만주로 다시 이주해 가는 경로, ③ 연해주로 이주하였다가 흑룡강과 우수리 강을 건너 북만주로 이주하는 경로.[7]

이러한 구한말 한인들의 만주지역으로의 이주과정을 배출요인과 흡인요인의 상호작용으로 설명할 수 있다면, 조선에서 삶의 곤궁함과 중국 동북지역의 지리적 자연적 환경을 한인들의 이주요인이라고 할 수 있다. 한반도 북부의 많은 한인들이 조선조 말기 경제적 곤경을 벗어나기 위하여, 벼농사의 호조건을 갖춘 동북지역으로 이주하기 시작하면서 한인들의 이주역사가 전개되었다.

농민들의 동북지역으로의 이주에 이어서, 1910년 경술국치 이후에는 주로 정치적인 이유로 중국으로 이주하였다. 이렇게 이주하게 된 한인들은 이 지역에 집거지역을 형성하고, 민족교육과 항일무장부대의 편성 등을 통하여 항일운동을 전개하였다. 그리고 1930년대 일제의 만주국 경영의 일환으로 상당수의 한인들이 강제로 이주 당하였다. 그러한 과정을 거쳐 1910년대 20~30만 명에 이르렀던 조선족은 1945년 해방 무렵 약 160만 명까지 증가하였다.[8]

---

7 유철인(1997). "이주역사와 정책배경". 『중국요녕성 한인동포의 생활문화』. 국립민속박물관, p. 50.

8 1945년 일제가 패망할 무렵 중국 동북지역 거주 조선족은 약 160~200만 명이었는데, 그 중에서 약 1/3 정도가 귀국하고, 2/3는 잔류하였다. 임계순(2003). 『우리에게 다가

중국 동북지역의 조선족은 중국인과 함께 항일투쟁을 수행하였을 뿐만 아니라, 일제 패망 이후 국민당 군대에 대한 혁명투쟁에 참여하였다. 물론 그런 과정에서 많은 한인들의 희생이 뒤따랐다. 결국 중국 동북지역의 조선족은 항일투쟁과 해방투쟁의 과정에 중국인과 함께 헌신적으로 참여하였기 때문에, 그 역할을 인정받아 소수민족으로서 자치를 허용받을 수 있게 되고 당당한 공민이 되었다.[9]

이리하여 중국 조선족은 현재 연변조선족자치주를 중심으로 동북지역에 집중적으로 거주하고 있다. 중국인구보편조사 결과에 의하면 2000년 현재 연변자치주가 위치한 길림성에 115만 명, 흑룡강성에 39만 명, 요녕성에 24만 명의 조선족이 살고 있다. 중국의 조선족은 이렇듯 동북3성에 조선족의 97%가 거주하고 있으며, 그 중에서 연변자치주에 조선족의 43%인 83만 명이 거주하고 있다.[10] 중국의 조선족은 중국 정부가 인정한 55개 소수민족 가운데 하나로서 집거지를 형

온 조선족은 누구인가』. 현암사, p. 198. 당시 조선속의 잔류 이유는 토지분배 등의 약속과 같은 시혜적 정책과 안정된 생활근거지 등을 고려한 것이다. 한편 중국의 한국전쟁 참전으로 연변에 대하여 통제권을 행사한 결과로 보기도 한다. 『한겨레』. 2003. 11. 7. 다른 한편 김춘선은 광복 후 중국 동북지역 한인들의 정착과 국내 귀환에 대하여, 연변지역의 콜레라가 만연하여 전염병 퇴치 후 국내 귀환을 권유하였다고 설명한다. 그러나 중국 당국은 전염병 퇴치 후 토지개혁 등을 통하여 현지에 정착토록 하였다고 한다. 김춘선(2007). "중국 연변지역 전염병 확산과 한인의 미귀환". 『한국근현대사연구』 43.

9 1945년 일제가 패망할 무렵 중국 지역의 한인은 공산당이 관할하는 해방구와 국민당 점령하의 수복구로 나뉘어졌는데, 국민당 점령구 내에서는 구축과 송환의 대상으로 한인을 다루어, 다수의 한인들이 국내로 귀국하거나 공산당 관할하의 해방구로 이주하게 되었다. 그런데 중국공산당은 한인에게 이중국적을 허용하고, 평등한 토지정책을 통해서 한인들의 중국현지 정착에 결정적 요인이 되었다. 김춘선(2004). "광복 후 중국 동북지역 한인들의 정착과 국내 귀환". 『한국근현대사연구』 28.

10 國務院人口普查辦公室 國家統計局人口和社會科技統計司 編(2002). 『中國2000年人口普查資料』. 中國統計出版社; 『延邊統計年鑑』. 2003, pp. 63-64 참조.

성하여, 해외의 어느 지역에 거주하는 동포보다 더 높은 수준에서 한민족의 문화를 유지하고 있다.

그러나 중국의 산업화와 개방화에 따라서 조선족 집거지에서도 큰 변화를 겪고 있다. 중국 산업화된 도시로의 향도이농, 한국을 포함한 해외로의 이동 등에 따라 집거구에서 조선족 인구의 감소, 민족교육의 약화와 그에 따른 문화적 정체성의 약화 등 여러 가지 문제가 야기됨에 따라 그에 대한 대책을 모색하고 있다.

(2) 재일동포의 이주역사

중국으로의 이주에 비하여 한인들의 일본이주는 좀 늦게 시작되었다. 그리고 한인들의 일본으로 이주역사는 타 지역에 비하여 더 비극적이었다. 아직도 재일동포는 특별영주권자로서 차별과 편견으로부터 벗어나지 못하고 있다. 1910년 경술국치 이후 1920년대 이르러 경제적인 이유로 인하여 노동이민을 한 점이 앞서 설명한 중국으로의 이주와 재일동포의 이주가 다른 점이라고 할 수 있다.

초기 한인의 일본으로 이주역사를 보면 유학생 중심이었으나 그 수가 미미하였고, 이후 경제적인 이유 때문에 노동자들이 도일하면서 한인들의 본격적인 일본 이주가 전개되었다. 일본으로 건너간 한인노동자들은 조만간에 귀국할 것을 예정하고 도일하였던 것이다. 초기 자발적 도일자에 비하여 1938년 이후 일제에 의하여 강제 징용당한 도일자가 증가하면서 1945년 현재 210만 명에 이르렀다. 이러한 이주과정은 재일동포의 이주성격을 규정지어, 해방 직후 다수가 일본에 잔류하는 것보다 귀국을 선택하게 된 요인이 되었다.

앞서 중국 조선족의 이주역사에서도 설명하였지만, 일본의 경우에도 이주의 배출요인과 흡입요인의 상호작용으로 한인들의 도일을 설명할 수 있다. 1920년대 산미증산계획을 계기로 한국의 농촌이 피폐해져서, 경제적인 이유로 많은 농민들이 임금노동자로 도일하게 되면서 본격적인 일본으로의 이주역사가 전개된다.[11] 또 일본은 많은 노동력의 보충을 요구하고 있었으므로, 식민지 조선인들은 대부분 일본에서 방직공, 광부, 벌목공, 토건공, 운송잡부, 일용인부 등의 단순노동에 종사하면서 돈을 벌게 되면 곧 귀국할 것을 예정하고 도일하였다.

그런데 제2차 세계대전에서 군수물자의 보급과 노동력의 공급을 위하여 1938년 국가총동원법을 제정하여 전면적인 국가통제와 동원을 하면서, 식민지 조선인들을 일본으로 강제 동원하기 시작하였다. 초기의 자발적 도일자와 달리 전쟁수행을 위하여 강제 징용당한 도일자의 경우는 빠른 귀국을 원하였으며, 해방이 되자 그들 대부분 귀국하였다.[12] 그러므로 일찍이 도일하여 생활근거지를 일본에 마련한 이들을 중심으로 한 재일동포들은 해방 후 일본에 잔류하게 되며, 이들이 오늘날 재일동포의 주류를 형성하게 된다. 잔류 재일동포는 1947년 12월 현재 일본 거주 외국인 총 64만 명 가운데 93.6%를 차지하는 60만 명에 달하였다.[13]

---

11 김광열(2001). "1920~30년대 조선인 도일의 요인". 『한일민족문제연구』 창간호.

12 주로 규슈와 홋카이도의 광산이나 토건업 등에 강제 동원된 이들은 약 200만 명에 이른다. 강덕상 · 정진성(1999). 『근현대 한일관계와 재일동포』. 서울대학교출판부, pp. 129-155.

13 한인들의 일본으로 이주과정을 정리하면, ① 제1기(1910~1938) : 일제의 식민지배와 함께 농민층의 몰락에 따른 도일시기, ② 제2기(1939~1945) : 강제 연행에 의한 도일시기, ③ 제3기(1945~현재)로 나누어볼 수 있다. 전기호(2003). 『일제시대 재일한국인 노동자계급의 상태와 전망』. 지식산업사, p. 62.

중국의 조선족과 마찬가지로 도일자들도 집단적으로 거주하였는데, 이 조선인 집거지역을 조선촌으로 불렀다. 도일자들은 주로 도시 외곽지역에 조선인 집중 거주지를 형성하였다. 그러한 이유는 ① 일본인 거주지역에서는 경제적인 이유와 차별로 인하여 주택을 얻을 수 없었고, ② 일본어에 능통하지 못하여, 동일한 언어를 사용하는 선주 한인들이 거주하고 있는 지역으로 들어왔고, ③ 대부분 단순노동자인 까닭에 취업알선이 용이하고, 취업기회를 얻기가 쉬웠기 때문이었다. 특히 조선촌은 지연과 혈연적 상호부조가 잘 이루어져 취직 등 생활상의 편의뿐만 아니라, 사고나 질병 등으로 곤경에 처할 경우 다른 조선인들의 부조를 받을 수 있었으며, 조선인을 차별하는 일본사회로부터 격리되어 안식을 주는 곳이었다.[14]

이렇게 형성된 조선인 집중 거주지역은 후쿠오카(福岡)와 나가사키(長崎)의 규슈(九州) 지방, 야마구치(山口)와 오카야마(岡山) 그리고 히로시마(廣島)의 주고쿠(中國) 지방, 효고(兵庫)와 오사카(大阪) 그리고 교토(京都)의 긴기(近畿) 지방, 도쿄(東京)의 간토(關東) 지방에 대표적으로 위치하였다. 1935년에 이르면 일본의 대도시인 오사카, 도쿄, 효고, 아이치, 교토, 가나가와 등에 집중적으로 거주하게 된다.[15] 이는 중국의 조선족이 집중 거주하고 있는 점과 유사하며, 미국의 동포들이 도시에 집중 거주하고 있는 점과도 비슷하다.

그리하여 2002년 현재 일본에 거주하고 있는 동포현황을 보면

---

14 정혜경(1999). "1920년대 오사카지역의 조선인 노동쟁의". 강덕상 · 정진성. 『근현대 한일관계와 재일동포』. 서울대학교출판부, pp. 43-44. 이러한 조선인 집중촌은 주류집단의 차별로 인하여 장기간 격리가 지속된 소수민족의 집단거주 지역으로 게토(ghetto)적 성격이 강하였다. 국립민속박물관(2002). 『일본 관서지역 한인동포의 생활문화』. p. 30.

15 강재언 · 김동훈(2000). 『재일한국인 조선인: 역사와 전망』. 소화, pp. 63-64.

다음과 같다. 오사카 15만 2,000명, 도쿄 10만 1,000명, 효고 6만 2,000명, 아이치 4만 6,000명, 교토 3만 9,000명, 가나가와 3만 4,000명.[16] 물론 이 인구는 해방 이후 특히 1989년 한국의 해외여행 자유화 이후 도일한 뉴커머를 포함한다. 참고로 전체 일본인 1억 2,000만 명 가운데 외국인은 185만 명이며, 그 가운데 재일동포는 63만 5,000명으로 외국인의 37.7%를 점하고 있다.[17]

끝으로 재일동포 가운데 많은 수가 귀화하고 있는 점이 특기할 만하다. 1952년 233명이 귀화를 신청하여 허가받은 이후 1999년까지 23만 3,000명이 귀화하였다.[18] 일본인과의 국제결혼이 증가하면서 일본 국적으로의 귀화자가 증가하고 있는데, 재외한인 거주하고 있는 여타 지역의 경우 국적 불문하고 동포로서 대접받고 있는 것과 마찬가지로 귀화한 재일동포들의 경우도 우리 동포로서 대접받아야 마땅하다고 본다. 해외로 이주한 한인이 척박한 현지사회에서 지금까지 언어와 문화를 어느 정도 유지해 온 것만으로 만족하고, 귀화자를 동포 범주에 포함하여야 한다고 본다.

---

16 『平成15年版 在留外國人統計』. 財團法人入館協會, p. ②; pp. 48-49.

17 『平成15年版 在留外國人統計』. 財團法人入館協會, p. ⑧.

18 재외동포재단 통계에 의하면 2009년 현재 귀화자 총수는 32만 명이다. 〈http://www.korean.net/morgue/status_1.jsp?tCode=status&dCode=0101, 2009. 9. 10.〉

3. 중국과 일본의 한인역사 재고

(1) 병자호란 시기 조선인 포로의 잔류[19]

중국은 한반도와 인접해 있는 지역으로 자연스럽게 상호 인구의 교류와 이동이 빈번하게 이루어져 왔다. 이미 중국의 산동, 절강, 복건 등의 지역에 신라방이 있었던 점을 들어 한인들의 중국으로의 이주가 일찌기 이루어졌음을 알 수 있다.[20] 특히 우리 민족이 압록강과 두만강으로 중국과의 국경을 확정짓기 이전에 중국의 동북지역 제 민족과 함께 공존하면서 역관계를 형성하고 있었다. 14세기 중엽에도 요동지방에 몇십만의 고려인들이 거주하고 있었는데, 이들은 원에 의해서 여러 경로로 이주하게 되었다고 한다.

그런데 이들 잔류 한인들의 역사를 현지사회에서 확인하는 작업은 별도의 시간을 필요로 하기 때문에, 조선 중기 청나라의 조선침략 과정에서 발생한 조선인 포로들의 중국 잔류를 근대 이전 한인들의 중국체류 역사로 소급하여 설명할 수 있다. 그리고 청초, 즉 후금과 청시기에 명을 원정하였다가 투항한 조선군인과, 조선을 침략한 청의 군대에 의하여 납치된 조선인들이 바로 1980년대 조선족으로의 편입을 원하였던 박씨인들로서 이들의 역사를 한인이주역사로 소급하여 확인할 수 있다는 것이다.

일본과의 7년 전쟁(임진왜란)이 일어난 지 30여 년 뒤, 조선은 청에 의한 정묘호란과 병자호란 두 차례의 전쟁에 휘말린다. 특히 1636년

---

19 이 부분은 이 분야를 전공한 역사학자 한명기의 연구결과를 요약 소개한다. 한명기(2008). "병자호란 시기 조선인 포로문제에 대한 재론". 『역사비평』 겨울호, pp. 202-234.

20 권덕영(2005). 『재당 신라인사회연구』. 일조각.

12월에 발발하여 이듬해 2월에 종료된 병자호란은 조선사회에 엄청난 충격과 고통을 주었다. 삼궤구고두례(三跪九叩頭禮)의 치욕은 말할 것도 없고, 수많은 조선인들이 죽거나 청에 포로로 잡혀 갔다.

이전 정묘호란에서 교훈을 얻어 다시는 전란에 휘말리지 말아야 함에도 불구하고, 조선은 전혀 대비를 하지 못했을 뿐만 아니라, 전략의 부재로 인하여 조선민중을 도탄에 빠뜨렸다. 특히 포로로 잡혀 간 조선인을 속환(贖還)하는 데 정부가 소극적이었을 뿐만 아니라, 청을 탈출한 주회인(走回人)을 다시 청으로 돌려보내는 등 포로문제에 대하여 조선정부는 제대로 대응을 하지 못하였다.

병자호란은 청의 칭제건원(稱帝建元)을 조선이 거부하면서 예견된 일이었으나, 조선은 그에 대한 대비책을 전혀 준비하지 않았다. 정묘호란에서 얻은 교훈에 따라 철저한 대비가 이루어져야 함에도 불구하고 전략의 부재를 노출하였을 뿐만 아니라, 척화파의 주장에 이끌려 주화파의 주장을 무시한 결과 전쟁 개시 두 달 만에 무조건 항복하기에 이른 것이다.[21]

청에 대한 조선의 항복으로 조선은 엄청나게 많은 것을 잃었다. 여기서 한인의 이주역사와 관련하여 조선인 포로문제만을 소개하고자 한다. 이 전쟁에서 약 10만 명의 조선인 포로(被擄人)가 청의 수도 심양으로 잡혀갔다. 따라서 심양 인구(약 60만 명) 가운데 상당수가 조선인이

---

21 청은 명과 조선의 관계에 비추어 속전속결이 요구되었으므로, 서울에 이르는 예상 진격로 선상에서 진을 산으로 옮겨 수성전략에 치중하고 있는 조선군을 피하여 서울에 순식간에 도달하였다. 이 과정에서 도원수는 청군의 침입사실을 서울에 알리지 않고 은폐하여 조정이 강화로 피난할 수 있는 기회를 잃게 하였다. 또 그는 청군과의 접전을 피하여 서울이 청군에게 유린당하게 하였으며, 청군은 아주 신속히 서울로 진입할 수 있었다. 그리하여 청은 항전 준비가 전혀 갖추어지지 않은 남한산성을 포위하여 무조건 항복을 받았다. 결국 전쟁에 진 조선의 많은 민중이 청의 포로로 잡혀갔다.

었을 것으로 짐작한다.[22]

구체적으로 병자호란에서 발생한 피로인 문제에 대해서 살펴본다. 먼저 전쟁의 참상이다. 전쟁 결과 수많은 사람이 죽거나 다쳤을 것이다. 사료는 도성과 도성 주변에 시체가 즐비하여 피 냄새가 진동하고, 그 시신들 사이에 어린아이들이 울면서 기어다녔다는 처참한 모습을 전하고 있다. 그리고 어린이들과 노인들만 살아남았지만 추위와 굶주림에 지쳐서 거의 죽게 될 지경에 이르렀던 것으로 사료는 전한다.

다음으로 포로문제이다. 청의 전신인 후금에 의한 정묘호란 시기에도 노동력의 충당을 위하여 포로획득에 혈안이 되었던 청은 특히 포로에 집착하여 마치 사냥하듯이 많은 조선인을 포로로 잡아갔다.[23] 청군 가운데 한족과 몽골 출신 병사들에 의한 약탈과 포로사냥이 극심하였다. 당시 포로로 잡힌 조선인 피로인의 고통은 차라리 죽는 것이 낫다고 할 만큼 처참하였다. 그들은 중국으로 끌려가는 과정에서 엄청난 고통을 겪었으며, 거기에다가 여성 포로는 갑절의 고통을 겪었다.

셋째 주회인 문제이다. 청은 노동력의 보충을 위한 자원으로서 포로에 집착하였기 때문에 탈출한 포로의 송환문제를 제기하여 조선과 갈등을 야기하였다. 후금 시기부터 포로의 송환을 집요하게 요구한 청은 병자호란 이후에도 탈출한 조선인 포로의 송환을 요구하였다.

넷째 조선의 피로인 문제에 대한 대응이다. 정묘호란과 병자호란 이후 청의 포로송환 요구에 대한 조선의 입장은 속환으로 대응하였다. 즉 피로인과 탈출 피로인에 대한 몸값을 지불하고 데려왔다. 이

22 한명기(2008). 앞의 논문. p. 206.

23 이 전쟁 뒤 후금은 3만 2,100명의 조선인 포로를 송환하였는데, 이는 주전장 지역이 아닌 평안도 3개 지역에서 체포해 간 포로 수치이다. 한명기(2008). 앞의 논문. p. 231.

때 포로를 사고파는 과정에서 인간시장이 들어서고, 몸값을 홍정하는 과정에서 조선인 포로는 상품이 되었다.

그런데 항복 직후 약 1,600여 명의 조선인 포로가 쇄환(刷還)하였지만, 잡혀 간 포로 숫자에 비하면 극히 적은 수였다.[24] 결국 피로인의 송환은 1637년부터 청에 몸값을 지불하고 데려오는 속환의 형태로 진행되었다. 문제는 속환가격이 폭등하고, 하층민은 속환을 엄두도 내지 못하여 부유층 및 종실과 신료의 친인척, 수성군 등 극소수에 한하여 속환이 이루어졌다.

마지막으로 호란 이후 10여 년이 지나면서 청은 조선인 포로들을 자국민으로 인정하게 되었다. 따라서 심양에 잔류한 조선인 포로들의 행방은 한인의 중국 이주역사로 소급할 수 있다는 것이다. 전쟁이민이라고 할 수 있는 이들은 1644년 입관에 성공한 청의 이주령에 따라 심양으로부터 북경으로 이주하기도 하였다.

(2) 임진왜란 시기 조선인 포로의 잔류

한인들의 일본으로의 이주역사는 삼국시대로 소급한다. 일본은 이를 도래인(渡來人)으로 부르고 있다. 일본 고대국가 성립시기 선진적 문화와 기술을 일본에 전한 가야인이나 백제인을 일컬어 도래인이라고 한다. 그리고 나당 연합군에 의해 백제가 멸망할 때 다수의 백제유민들이 일본으로 건너갔다.[25]

---

24 한명기(2008). 앞의 논문. p. 223.

25 백강전투 후 일본군과 함께 일본으로 건너간 백제의 유민들은 일본 율령국가의 기초를 다듬는 데 크게 기여하였다. 박윤선(1994). "도일 백제유민의 활동". 숙명여자대학교 석사학위논문.

청이 조선을 침략하기 30여 년 전에도 조선은 외침을 받았다. 일본에 의한 조선침략이 그것이다. 1592년 일본의 도요토미 히데요시(豊臣秀吉)는 중국대륙을 정복하기 위하여 조선과의 7년 전쟁을 시작하였다. 가도입명(假道入明)의 기치 아래 조선상륙 19일 만에 한성을 점령하고 평양까지 진격하였지만, 이후 조선군의 반격과 의병에 의해 그 기세가 꺾였다. 특히 이순신에 의한 재해권의 장악, 명나라의 원군 참전으로 일본군은 후퇴하였다.[26] 1596년 휴전이 성립되었지만, 재차 침략한 일본은 약탈과 살육을 위한 전쟁을 전개하였다.

일본군은 조선인의 코와 귀를 베어 소금에 절이거나 식초에 담가서 일본을 가져갈 정도로 무자비한 살육을 자행하였다. 그리고 나중에 청나라가 많은 조선의 전쟁포로를 잡아갔듯이, 임진왜란에서도 수많은 조선인을 포로로 납치해 갔다. 이렇게 붙잡혀 간 조선인은 5~10만 명 정도에 이르렀다.[27] 납치된 조선인은 노예로 팔기도 하였으며, 농촌의 노동력으로 보충되거나 가사노예로 충당되었으며, 또 여인은 처첩으로 삼았다.[28] 그리고 인쇄공, 제지공, 철물공, 목공, 석공, 자

---

26 조선이 일본의 침략을 받게 되자 명은 한때 누르하치로 하여금 조선을 원군 하도록 제안하였지만, 조선은 이를 반대하였다. 한명기. "병자호란 다시읽기(4)". 『서울신문』. 2007. 2. 1.

27 일본 측은 2~3만 명을, 한국 측은 10만 명을 주장한다. 이원순(1985). "왜란과 조선부로". 『조선시대사론집: 안과 밖의 만남의 역사』. 느티나무; 민덕기(2005). "임진왜란 중에 납치된 조선인 문제: 피로인 규모와 기존연구를 중심으로". 『임진왜란과 한일관계』. 경인문화사.

28 특히 이원순은 임진왜란을 노예획득과 매매를 위한 노예전쟁으로 성격을 규정한다. 이원순. 앞의 논문 참조. 그리고 일본은 어린 소년과 소녀들을 다수 납치해 갔는데, 이는 어린이들이 납치와 연행하는 데 쉬웠을 것이고, 저항이나 도주의 염려 또한 덜 하였을 것이기 때문이다. 특히 안전한 노동력으로 보충하기 위한 것으로 해석된다. 민덕기(2006). "납치된 조선인들은 일본에서 어떻게 살아갔을까". 한일관계사학회. 『한일관계 2000년』. 경인문화사, p. 257.

수공, 세공, 와공, 의원, 침모, 승려, 상인, 양봉기술자 등 각종 기술을 갖고 있는 자를 계획적으로 납치하기도 하였다. 특히 도공(陶工)은 일본군의 납치표적이 되었다.

1603년 에도에 막부를 개설한 도쿠가와 이에야스(德川家康)는 도요토미 히데요시 세력을 일소하고 조선과 국교 정상화를 도모하였다. 이 과정에서 조선은 5번의 사절을 파견하여 납치된 조선인 포로의 송환을 추진하였다. 그리하여 공식적으로 7,500명의 조선인 포로가 송환되었다.[29] 청과의 병자호란 이후 송환된 조선인 포로가 극히 소수였듯이, 일본과의 전쟁 이후 송환된 조선인 포로 역시 극히 적은 수였다.

따라서 일본에 끌려간 다수의 조선인 포로들은 일본에 잔류할 수밖에 없었다. 나중에 혼인을 하여 자녀를 두고 있으므로 귀국을 강하게 원하지 않았고, 어려서 납치된 자들은 거의 일본인이 다 되어 있었고, 조선에서 노비 신분인 이들은 애써 돌아가지 않으려 하였으며, 일본군의 앞잡이를 하였거나 일본군이 계획적으로 납치한 기술자들의 경우에도 고향으로 돌아가는 것이 곤란하였다.

송환된 피로인이 소수이긴 하였지만 자발적으로 귀환과 잔류를 선택할 때는 나이, 가족구성, 생활의 안정상태, 신분에 따라 다른 결정을 하였다. 부모세대이거나 조선의 가족의 지원이 기대되거나 양반 등은 귀환을 선택하였지만, 어릴 때 납치되었거나 천민이거나 생활이 안정된 경우는 잔류를 선택하였다. 그리고 잔류를 한 조선인들 가운데 일본의 지배계층으로 진입한 경우 그들은 조선인으로서 자부심을 갖고, 가계를 중시하고, 그것을 기록으로 남기려고 하였다. 그렇지 않

---

29 구태훈(2008). "일본에서 꽃핀 조선의 도자기 문화: 임진왜란 당시 납치된 조선인 도공 이야기". 『역사비평』 겨울호(85), p. 173.

은 경우 대부분의 잔류조선인은 시간이 지남에 따라 일본인으로 동화되어 갔다.[30]

이렇게 일본에 머무르게 된 조선인들은 집단적 거주지를 형성하게 되었는데, 이를 일본인들은 도진초(唐人町)라고 불렀다. 일본의 서부 지역인 후쿠오카(福岡), 나가사키(長崎), 사가(佐賀), 구아모토(熊本), 고쿠라(小倉), 가고시마(鹿兒島), 도쿠야마(德山), 오카야마(岡山), 히로시마(廣島) 등에 이러한 도진초가 있었다.[31]

특히 사쓰마번의 영주 시마즈 요시히로의 군대에 의해 남원과 김해, 웅천 등지에서 붙잡힌 조선 도공들은 나에시로가와(가고시마현 소재)에 조선인 정착촌을 형성하여 도자기를 굽게 된다. 그리하여 사쓰마번의 후원에 의하여 도자기 산업이 홍성하게 된다. 이 조선인 도예촌은 일본인의 출입이 통제되어 조선문화가 온전히 보존될 수 있도록 영주의 후원을 받았다. 조선인들은 일본인과 혼인을 하지 않았으며, 일본식 성을 사용하지 않은 것은 물론 조선말을 항상 사용하였다. 그리고 조선옷을 입고 상투를 틀었다. 말 그대로 조선의 언어와 풍속이 원형 그대로 보존된 일본 속의 조선이었다.[32] 사료는 조선인 포로들이 숟가락을 사용하고, 고려악(高麗樂)을 세습적으로 계승하고 있으며, 조선의 고유한 악기인 나팔을 불고 있었다는 점 등은 조선인의 풍속을

30 민덕기(2003). "임진왜란에 납치된 조선인의 귀환과 잔류로의 길". 『한일관계사연구』 20, p. 147.

31 구태훈. 앞의 논문. p. 174; 김문자(2001). "16~17세기 조일관계에 있어서 피로인 귀환: 특히 여성의 경우". 『상명사학』 8, 9합집, p. 180.

32 구태훈. 앞의 논문. p. 190. 이는 격조 높은 조선도자기를 생산하기 위해서는 조선인 도공들이 조선문화와 언어를 유지하면서 생활하지 않으면 어려울 것으로 사쓰마번의 영주 시마즈 요시히로가 생각한 탓이다. 그리고 이들 조선인은 스스로 언어교육과 명절을 철저히 지키면서 민족문화를 유지하기 위하여 노력하였다.

유지하였다는 것을 증명한다.[33]

이렇게 18세기까지 그들은 조선인이란 자의식을 갖고 상투를 틀고, 수염을 기르면서, 일본 속의 이국인으로 살아갔다. 그 결과 조선의 언어와 풍속이 유지되면서 조선인으로서 정체성 또한 지킬 수 있었을 것이다. 그러나 1871년 메이지 정부는 개혁과정에서 사쓰마번을 해체하였고, 이에 따라 나에시로가와 조선문화 또한 해체되었다.

4. 결론 : 한인 이주역사의 현장 확인 필요성

현재 중국과 일본에 거주하고 있는 한인 동포들은 근대에 들어서 이주한 사람들의 후예로서 여전히 한민족의 문화적 정체성과 유산을 유지하고 있다. 그런데 중국에 거주하고 있는 조선족은 중국문화와 사회주의 혁명이라는 조건에 영향을 받았다. 그리고 이제는 중국의 산업화에 따라서 민족문화의 전통적인 요소들이 약화되고 있다. 그럼에도 불구하고 중국의 조선족은 해외의 어느 동포보다 더 한민족으로서의 정체성과 민족문화를 유지하고 있다.

식문화의 경우 김치와 장류음식을 즐기고, 보신탕과 떡을 해 먹고, 숭늉과 찬물을 즐겨 마시고, 둥근 밥상에 둘러 앉아 숟가락과 젓가락을 사용하여 식사를 한다. 복식의 경우에도 여성들은 한복을 갖추어 두고, 명절이나 혼인식과 같은 중요한 때 꺼내 입기도 한다. 그리고 춤과 노래를 즐기는 등 한민족으로서의 문화향유 정도는 상당히

---

33 민덕기(2003). 앞의 논문. p. 153.

높은 수준에서 유지되고 있다.[34]

예를 들어 명말청초 중국 조선족 역사를 주장하는 연구자에 따르면, 조선족임을 내세우는 박씨들이 족내혼을 하지 않으며, 중국 여인들과 달리 여인들이 전족을 하지 않고, 된장을 만들어 먹고, 빨래를 한 후 풀을 먹여 다림이질을 하고, 식사할 때 노인들에게 독상을 차려주는 등 한민족의 독특한 풍속과 습속을 유지하고 있는 것을 본다면 조선족으로 마땅히 포용하여야 한다는 것이다.[35] 특히 이들은 어느 정도 조선족으로서의 민족의식이 유지되고 있으므로 조선족 역사의 일부분으로 귀속되어야 한다는 것이다.

재일동포의 경우 소수민족 차별과 배제정책으로 다른 어느 지역의 동포보다 자기해체와 일본 사회로의 철저한 동화를 요구받았다. 따라서 한민족으로서 생활문화를 유지하면서 삶을 영위하는 것이 쉽지 않았다. 그렇지만 현재 재일동포 사회를 살펴보면 쌀밥과 김치와 같은 한국 음식을 여전히 즐기고 있으며, 추석과 설날 그리고 제사와 돌잔치 등의 세시풍속이 어느 정도 지켜지고 있음을 확인할 수 있다.[36]

다만 재일동포사회는 이데올로기적 갈등의 골이 아직 치유되지 않았으며, 세대를 거듭할수록 세대차이가 커지고 있음을 확인할 수 있다. 특히 젊은 세대의 경우 일본인과의 혼인으로 귀화의 경향이 증대하고 있는데, 그렇지만 그것이 민족정체성의 약화를 의미한다고 볼 수

34 김광억(2005). "중국 한인동포의 이주사와 생활문화". 국립민속박물관 광복 60주년 기념학술대회 자료집. 이후 조사를 통해서도 중국의 조선족 사회는 한민족의 통과의례와 세시풍속, 민속놀이 등을 잘 지키고 있는 것으로 확인되고 있다. 장윤수 · 임채완 외(2007). 『재외한인의 문화생활』. 북코리아, pp. 102-117.

35 김태국. 앞의 논문. p. 201.

36 장윤수 · 임채완 외. 앞의 책. pp. 71-86.

없다는 점이다.[37]

요컨대 재외한인이라고 할 수 있으려면 어느 정도 한민족으로서 정체성과 문화적 특질을 공유할 수 있어야 한다는 것이다. 그러나 객관적인 조건만이 민족의 특질을 표상하는 것이 아니라, 만약 문화적 특징과 정체성이 조금이라도 남아 있다면 동포로서 같은 민족으로 포함되어야 한다고 본다.

조선 중기에 있었던 여러 차례의 전란으로 인하여 대량의 조선인 포로가 중국과 일본에 끌려갔다. 그런데 당시 현지에 잔류한 그들이 한민족으로서의 특질을 유지하고 있다고 확인되면 마땅히 재외한인의 범주에 포함되어야 한다고 본다. 추후 보다 구체적인 문헌검토와 현지 조사를 통해서 선대에 이루어졌던 한인들의 이주역사를 확인하겠지만, 특히 임진왜란과 병자호란 등의 전쟁의 와중에서 강제로 이주당한 수십만 명의 조선인 포로들이 현지에 잔류한 사실의 확인을 통하여 한인의 해외이주 역사 상한선을 더 소급할 수 있을 것으로 본다.

37 문옥표(2005). "일본 한인동포의 이주사와 생활문화". 국립민속박물관 광복 60주년 기념학술대회 자료집.

제2장

한인 디아스포라와 해외입양

한국세계지역학회(2008). 『세계지역연구논총』 제26집 제3호 게재논문.

1. 서론 : 지구화 시대의 한인 해외입양

한국 사회는 지난 시기에 많은 어려움을 극복하고 경제성장과 민주화를 이룩하여 다른 여러 나라의 모범이 되고 있다. 일제의 식민지배, 한국전쟁, 장기집권과 군사독재, 외환위기 등은 한국 현대사의 전개과정에서 엄청난 시련이었지만, 한민족은 이를 극복하고 경제선진국이라 일컫는 OECD에 가입하였다. 이렇게 값비싼 대가를 치르고 이룩한 한국의 민주화는 나라 밖에서 높이 평가받고 있다.

그런데 1996년 미국으로 입양된 미국 공군사관학교 생도 브라이언 성덕 바우만에게 골수를 기증할 사람을 그의 모국 한국에서 찾을 때, 2006년 토리노 동계올림픽에서 프리스타일 스키 남자 모글 부문 동메달리스트 토비 도슨이 이듬해 부모를 찾으러 한국에 왔을 때, 현재 한국에서 인기 있는 모델이자 배우인 다니엘 헤니의 어머니가 두 살 때 미국에 입양된 한인여아였다는 사실 등이 알려질 때 한국 사회는 너무 당황하였다. 철저하게 잊혀진, 아니 인정하지 않고 오히려 일부러 은폐해 온 한인 해외입양의 역사가 드러난 현실 앞에 한국인들은 참으로 부끄럽게 생각하였다.

그럼에도 불구하고 다니엘 헤니의 외할머니가 왜 딸을 한국에서 키우지 못하고 미국으로 보냈는지, 토비 도슨의 어머니는 왜 나타나지 않았는지 등에 대해서는 여전히 관심이 없다. 나아가 성공한 입양 한인들을 통하여, 이를 아메리칸 드림의 하나로 보고 있는 현실이 안타까울 뿐이다. 2006년 NFL 슈퍼볼 MVP 하인즈 워드의 어머니가 그의 아들을 입양 보내지 않고 성공한 미국인으로 키운 뒤, 한국 사회가 자신과 아들에 대하여 어떤 대접을 하였는지 공개적으로 비판한 점을 이제라도 겸허히 수용해야 한다. 따라서 혼혈로 태어났다는 불운 때문에, 가난한 가정에서 태어났거나 어머니가 미혼이라는 이유로 그 어머니와 조국[1]으로부터 추방당한 해외입양인에 대하여 한국 사회는 자기 잘못을 고백하여야 한다. 이러한 반성을 통하여 해외입양을 완전히 폐지할 때 그 반성은 의미가 있을 것이다.

미군부대 하우스보이 출신으로서 1953년 18세의 나이에 미국으로 입양된 신호범의 인생역전은 한인의 해외입양 역사를 적나라하게 보여준다. 독학으로 대학에 들어간 그는 양부모의 경제적 부담을 덜어주기 위하여 접시닦이, 배달원, 공사판 노동일을 하였다. 그리하여 워싱턴주립대학교에서 국제관계학 박사학위를 취득하고 1969년 대학교수가 되었다. 이어서 1992년 워싱턴 주 하원의원, 1994년 연방하원, 1998년 워싱턴 주 상원의원으로 선출된 신호범은 한인 해외입양의 모범적 사례로 얘기된다. 이렇게 성공한 신호범도 부산에서 배를 타고 미국으로 건너갈 때 가난과 배고픔과 절망의 땅에 다시는 돌아오지 않을 것을 다짐하면서 한국 땅을 향해 침을 뱉었다고 한다.[2]

지금까지 철저하게 잊혀진 한인 해외입양 역사를 반추하면서, 한국 정부는 사회의 건강성을 회복하고 사회복지의 수준을 향상시킬 때가 되었음을 고백하였다. 다시 말해 김대중 정부는 1998년 10월 해외입양인 23명을 청와대로 초청하여 16만 명의 해외입양인들에게 조국이 해외입양을 보낸 데 대하여 공식적으로 사과하였다.[3] 그렇지만

---

1 재일동포 학자 서경식에 의하면 조국(선조의 출신국), 고국(자기가 태어난 나라), 모국(현재 '국민'으로 속해 있는 나라)의 삼자가 분열돼 있는 것이 디아스포라의 특징이라고 말한다. 그는 추방당한 자들이나 버려지고 내쳐진 존재들인 소수 디아스포라의 비극에 대해 관심과 배려를 갖기를 기대한다. 서경식(2007). 『디아스포라 기행』. 김혜신 역. 돌베개.

2 신호범(2005). 『공부 도둑놈, 희망의 선생님』. 웅진출판.

노무현 정부의 김근태, 유시민 보건복지부 장관 등이 해외입양을 폐지하겠다고 약속하였음에도 아직 실천되지 못하고 있다.

이처럼 우리 정부가 재외동포에 대한 관심을 갖게 된 이후 해외입양 한인에 대해서도 함께 관심을 갖게 되었다. 해외입양문제에 대한 반성과 함께 해외입양 한인도 당당한 재외동포의 일원으로 대접받아야 하며, 재외동포사회에 대한 이해를 위하여 이제는 본격적으로 정부차원에서 지원이 이루어져야 할 때가 되었음을 인정한다. 왜냐하면 고아를 수출했던 과거 슬픈 역사적 경험을 솔직히 인정하는 것만이, 버림받은 자들이 오히려 그를 버린 자를 위로하는 역설적인 현실을 받아들일 수 있기 때문이다. 이를 통하여 해외입양 한인을 재외한인으로 정당하게 받아들이고, 세계 한인 네트워크 구축작업의 일환으로 삼아야 할 것이다.

2. 한인 디아스포라와 해외입양

그 동안 해외입양 자체가 사적이고 인권과 직결되는 문제이기 때문에 이에 관한 자료가 공개되지 않았다. 그리고 자료획득이 곤란하거나, 전쟁고아와 혼혈아들을 버렸다는 자괴감과 수치심, 미혼모가 자신의 아이를 버릴 수밖에 없는 성도덕의 문제 등과 직결되어 여태까지 해외입양의 문제를 제한적으로 다루어 왔다.[4]

---

3 이때 한국을 처음 방문한 스웨덴 입양인 토비아스 휘비네트(한국명 이삼돌)는 2005년 스웨덴 스톡홀름대학교에서 "Comforting an Orphaned Nation"(고아된 나라를 위로함)이라는 논제로 박사학위를 받았다. 그리고 그 번역본이 2008년 "해외입양과 한국 민족주의"라는 제목으로 소나무에서 출판되었다.

해외입양에 대한 선행연구는 재외동포재단의 자료에 정리되어 있다. 해외입양과 관련하여 1970년대부터 2006년까지 19편(석사 17, 박사 2)의 학위논문이 제출되었는데, 주로 한국 방문 해외입양인을 중심으로 연구되었다. 그리고 19편의 논문 중 2000년 이후에 14편이 제출되어, 해외입양이 사회적 이슈로 등장한 이후 연구주제가 되었음을 알 수 있다. 연구대상으로는 외국에 거주하고 있는 입양인과 한국에 거주하고 있는 해외입양인을 주로 다루고 있다. 해외입양이 50년이 넘는 역사이지만 해외입양 실태에 관한 연구는 그 중 2편에 그치고, 해외입양인 사후관리와 해외입양인의 정체성 및 심리 등이 주요한 내용을 이루고 있다.[5] 그리고 학술지 논문의 경우 해외입양 관련 논문은 같은 기간 총 23편으로 해외입양 실태, 해외입양인의 정체감과 심리 관련 등에 관한 주요한 내용으로 구성되어 있다.[6]

그간 해외입양의 문제는 사회복지 차원에서 논의되었으나, 이제는 디아스포라 차원에서 논의될 필요가 있다고 본다. 왜냐하면 발생학적으로 해외입양은 근대 한인 해외이주사와 같이 비극적인 것으로부터 시작하였기 때문이다. 그리고 700만 재외동포 가운데 20만 명에 이른 해외입양인의 잊혀진 그리고 숨겨진 재외동포로서의 충분한 인식과 배려가 수반되지 않는다면, 우리는 재외동포사회를 제대로 이해하고 있지 못한다고 볼 수 있다.

재외동포재단 자료에 의하면 〈표 2.1〉에서 보는 바와 같이 2007년 현재 700여만 명의 재외동포가 해외에 거주하고 있다.[7] 그 가운데 20만

4 박순호(1998). "미국 내 한국입양아의 실태와 입양행태에 관한 연구". 『지리교육』 10.

5 International Korean Adoptee Resource Book. p. 42. 〈http://oaks.korean.net, 2008. 9. 10.〉

6 International Korean Adoptee Resource Book. p. 44. 〈http://oaks.korean.net, 2008. 9. 10.〉

7 〈http://www.korean.net/morgue/status_1.jsp?tCode=status&dCode=0101, 2008. 9. 10.〉

명에 가까운 해외입양 한인이 있다.[8] 해외입양 한인은 1948년부터 2004년까지 이루어진 세계의 해외입양 50여만 명 가운데 1/3을 차지

표 2.1 재외동포현황

지역별	국가별	2003	2005	2007	백분율 (%)	전년비 증가율 (%)
아주지역	일 본	898,714 ①(260,168)	901,284 ②(284,840)	893,740 ③(296,168)	12.69	-0.84
	중 국	2,144,789 ④(1,923,800)	2,439,395 ④(1,923,800)	2,762,160 ④(1,923,800)	39.21	13.23
	기 타	196,401	249,732	384,476	5.46	53.96
	합 계	3,239,904	3,590,411	4,040,376	57.35	12.53
미주지역	미 국	2,157,498 ⑤(1,076,872)	2,087,496 ⑤(1,076,872)	2,016,911 ⑤(1,076,872)	28.63	-3.38
	캐나다	170,121 ⑥(101,715)	198,170 ⑥(101,715)	216,628 ⑥(101,715)	3.08	9.31
	중남미	105,643	107,162	107,624	1.53	0.43
	합 계	2,433,262	2,392,828	2,341,163	33.23	-2.16
구주지역	독립국가연합	557,732	532,697	533,976	7.58	0.24
	유 럽	94,399	107,579	111,276	1.58	3.44
	합 계	652,131	640,276	645,252	9.16	0.78
중동지역	합 계	6,559	6,923	9,440	0.13	36.36
아프리카지역	합 계	5,095	7,900	8,485	0.12	7.41
총 계		6,336,951	6,638,338	7,044,716	100	6.12

① 1952~2002년간 재일동포 귀화자 총수(조선적 포함)
② 1952~2004년간 재일동포 귀화자 총수(조선적 포함)
③ 1952~2005년간 재일동포 귀화자 총수(조선적 포함)
④ 2000년도 중국 전국인구조사상의 조선족(중국 국적) 총수
⑤ 200년도 미국통계청 인구센서스상의 한인 총수
⑥ 2001년도 캐나다통계청 인구센서스상의 한인 총수
자료 : 재외동포재단. 〈http://www.korean.net/morgue/status_1.jsp?tCode=status&dCode=0101〉

8 〈http://oaks.korean.net, 2008. 9. 10.〉

하고 있는 것이다. 해외입양은 일반적인 해외이민과 그 성격이 판이하게 다르다. 특히 해외입양은 입양아의 이주시기, 이주절차 및 방법, 그리고 입양가정 등이 입양기관에 의해 결정되므로 입양기관의 기능과 역할이 절대적이다. 다시 말해 해외입양은 나이가 어린 미아, 고아 등과 같이 언제, 어디로, 그리고 어떻게 이주할 것인지 스스로 의사결정을 할 수 없는 처지의 아동들을 대상으로 이루어졌다.

그런데 해외이민은 노동력의 국제적 이동이 자유로운 오늘날의 지구화 현상이 아니라 인류역사와 함께 있던 오래된 현상이다. 인류의 유목민적 경향은 지구의 한 지역에서 문명을 꽃 피우고, 파괴하고, 다시 재건하는 반복을 거듭하면서 역사를 구성해 왔기 때문이다. 즉 인구의 이동, 이민의 역사는 인류의 역사와 같이 한다고 볼 수 있다. 예를 들어 새로운 지역에 대한 호기심으로 여기 저기 돌아다니면서 탐험을 하는 경우, 정복군이나 제국이 새로운 영토를 개척하기 위하여 세계 곳곳을 휩쓸고 다니는 경우, 전쟁에 패배한 사람들이나 정치적 사회적으로 억압받는 사람들이 안전한 피난처를 찾아 방랑하는 경우, 실업자와 불완전 취업자들이 일자리를 찾아 이동하는 경우에 이민이 이루어진다.[9]

이민은 그 동기에 따라 박해-도피형, 제국-신민형, 노동형, 상업형, 문화적 이민으로 설명한다.[10] ① 박해-도피형은 유대인 디아스포라와 같이 강요된 이주로 인한 이민유형이다. 그리고 유대인 디아스포라의 귀환에 따라 팔레스타인에 살고 있던 아랍인들이 이주를 강

---

9 김경학(2005). 『귀환의 신화: 해외인도인의 이주와 정착』. p. 1.

10 박명규(2004). "한인 디아스포라론의 사회학적 함의". 최협 외 편. 『한국의 소수자, 실태와 전망』. 한울, p. 162.

요받아 팔레스타인 디아스포라를 형성하고 있다. 아프리카 노예무역 또한 박해-도피형의 대표적인 사례라고 할 수 있다. ② 제국-식민형은 유럽열강의 제국주의적 팽창에 따라서 식민지 모국의 사람들이 피식민지에 정착한 경우를 말하는데, 그렇지만 이를 디아스포라라고 보지 않는 것이 일반적이다. ③ 노동형은 노동자가 일자리를 찾아 이주함으로써 발생한다. 영국의 식민지배 시기 인도인들의 이동, 북아프리카 건설을 위한 프랑스인들의 이동, 일본인들의 하와이 사탕수수 농장으로의 이동 등이 그 사례이다. ④ 상업형은 베니스인, 레바논인, 중국인 등과 같이 상업적 이익을 찾아서 이동을 하는 경우이다. 이주 상인들의 행위는 상업도시 사이를 연결하는 네트워크를 구축하여 자신들의 집단적 이익을 추구하였다.

요컨대 오래전부터 있었던 이민과 마찬가지로 오늘날에도 이주를 강요받거나 비자발적으로 이주하는 경우가 많으며, 또는 합법적 비합법적 경로를 거쳐 새로운 삶의 터전을 찾아서 이주하는 이민자가 늘어나고 있다. 최근의 급증하는 노동력의 국제적 이동에 대하여 크게 두 가지 입장으로 나누어 설명할 수 있다.

먼저, 노동력의 국제적 이동을 개인의 합리적인 선택으로 보는 것이다. 개인이 다양한 정보에 기초하여 노동력이 부족한 지역으로 이동을 선택함으로써 자신의 사회경제적 지위를 상승시키고자 하는 자발적이고 합리적인 행위라고 설명하는 견해이다. 다음, 노동력의 국제적 이동이 갖는 사회구조적 의미를 강조하는 입장이다. 저발전 국가가 세계체제에 편입되면서 중심과 주변 사이에 불균형이 초래되고, 결국 노동력의 국제적 이동을 불가피하게 만든다는 설명이다.[11] 물론

---

11 설동훈(2001). 『노동력의 국제적 이동』. 서울대학교출판부.

오늘날 노동력의 국제적 이동은 단순히 주변국에서 중심국으로 일방통행적인 두뇌유출만 이루어지는 것이 아니라, 쌍방향적이거나 다변화된 경로를 밟고 있다. 그런데 고도로 숙련된 노동이나 두뇌의 이동이 다소 다변화된 경향을 보이고 있지만, 아직도 일반적인 인구이동은 주변부에서 중심부로 향하고 있다.

그것은 다시 국제적인 노동인구의 이동을 유출하는 요인과 그것을 흡입하는 요인으로 설명할 수 있다. 유출요인으로는 소득불평등과 연계된 저성장, 인구과잉과 높은 인구 성장률, 불완전 고용과 높은 실업률, 토지와 도시환경의 압박, 분쟁과 인종청소, 인권학대와 차별과 특히 부적절하고 부족한 제도적 정비와 정책 등을 들 수 있다. 흡입요인으로는 유입국의 노동수요에 기인하는 사회경제적 조건의 개선을 들 수 있다. 이처럼 유출국의 조건의 차이, 흡입국의 조건에 따라 이주 동기와 배경, 특성, 인적 자원 등이 달라진다. 마찬가지로 해외로 이주한 한인들도 상이한 방식으로 거주국 사회에 편입되었고, 세계의 각국에 거주하고 있는 재외한인사회는 상이한 문제에 직면하여 고민하면서 생활하고 있다.

위의 설명에서 보는 바와 같이 해외입양은 사례로 든 몇 가지 유출요인이 중층적으로 작용한 결과라고 볼 수 있다. 예를 들어 저발전과 과잉인구, 인권적 차별, 복지제도의 미비 등의 요인을 지적할 수 있다. 따라서 해외입양도 이민의 한 사례이며, 자발적이지 못한 강제된 이민으로 볼 수 있다. 요컨대 비극적인 해외로의 인구이동이라고 할 수 있다.

그런데 근대 한인의 해외이주 과정 전체가 비극적인 역사였다. 구한말과 일제의 식민통치 시기 경제적 정치적 사회적 이유로 조국을 떠나 해외로 이주한 역사적 경험은 비극적인 과정으로 점철되어 있다. 1920년의 러시아 블라디보스토크에서의 신한촌사건, 1920년 청산리전투 보복사건인 경신년 참사, 1921년의 한인사회주의자 사이의 자유시사변, 1923년 도쿄대지진 당시 재일동포 살육사건, 1937년 연해주 한인의 중앙아시아로의 강제이주사건 등이 그것이다. 최근에는 1992년 LA폭동 당시 한인들의 피해를 들 수 있다.

위와 같은 비극적인 역사적 사건과 더불어 한인아동의 해외입양 역시 비극적인 한인 해외이주사의 한 부분이다. 한국전쟁 직후 전쟁고아와 혼혈아들을 해외 입양하는 것으로부터 시작된 한국의 해외입양은 1980년대까지 해외입양 세계 1위였다. 2007년 현재도 한국은 중국, 러시아, 과테말라에 이어서 세계 4위의 아동수출국으로 불명예를 안고 있다.

3. 한인 해외입양의 과정과 원인

(1) 해외입양의 과정

해외입양은 전쟁이나 기근, 그리고 질병 같은 위기를 맞은 국가들이 모든 어린 아이들을 양육할 수 없는 상황을 극복하고자 인도주의적 차원에서 이루어졌다. 일반적으로 해외입양은 전쟁이나 높은 출산율로 인하여 가난한 국가에서 부유한 국가로 이루어지고 있다. 그런데 한국의 높은 해외입양 비율은 이러한 이유에 합당하지 않은 현상이다. 해외입양이 처음 시작된 한국전쟁 이후의 상황과 달리 지금 한국은 가난하지도 않고, 출생률도 매우 낮으며, 교육수준이 높음에도 불구하고, OECD 가입국 중에서 유일한 해외입양 국가이다. 따라서 세계경제규모 10위권의 국가로서 한국이 해외입양 세계 4위라는 것은 이런 해외입양의 일반적 이유에 맞지 않은 특이한 현상으로 국내외에서 많은 비판을 받고 있다.

그 동안 한국 사회에서는 급격한 산업화와 경제성장으로 인하여 대가족 제도의 기능이 약화되고, 성에 대한 가치관의 변화에 따라 미혼모와 이혼이 급증하였다. 특히 1997년 외환위기로 인하여 가족이 해체되는 등 결손가정이 급격하게 늘어났다. 그럼에도 불구하고 미혼모에 대한 사회의 편견과 혈연관계가 없는 국내 입양을 꺼리는 사회 풍조, 근본적으로는 이들에 대한 종합적인 복지체계가 부재한 것 등이 해외입양의 배경이 되고 있다.

한국의 전통적인 가족문화가 해체된 것은 한국전쟁이 큰 계기가 되었다. 한국전쟁은 수많은 전쟁고아와 혼혈아를 낳았다. 단일민족주의와 순수혈통주의라는 편견에 사로잡혀 많은 고아와 혼혈아들을 한국 사회가 포용하지 못하고 해외로 내다 버렸다. 이렇게 시작된 한인 해외입양의 역사는 산업화 과정을 통하여 더욱 악화되었다.

처음 한국에서 해외입양은 1953년 4명, 1954년 8명으로 시작하였다. 당시 입양관련 법규가 마련되지 않아 개인적으로 해외입양이 이루어졌는데, 1955년 「고아입양특례법」이 제정되어 법적 근거를 마련하였다.[12] 이렇게 한국전쟁 직후 전쟁고아와 혼혈아들의 해외입양은 1956년부터 본격적으로 이루어진다. 이렇게 꾸준히 증가하다가 1980년대 들어

---

12 그 후 해외입양에 대한 법적 정책적 추진과정을 보면 다음과 같다. 1961년 「고아입양특례법」으로 해외입양에 관한 법률제정이 이루어진 뒤, 1976년 「입양특례법」, 1995년 「입양촉진 및 절차에 관한 특례법」 등으로 정비되었다. 박순호(2007). "한국 입양아의 유럽 내 공간적 분포특성". 『한국지역지리학회지』 제13권 제6호, p. 697.

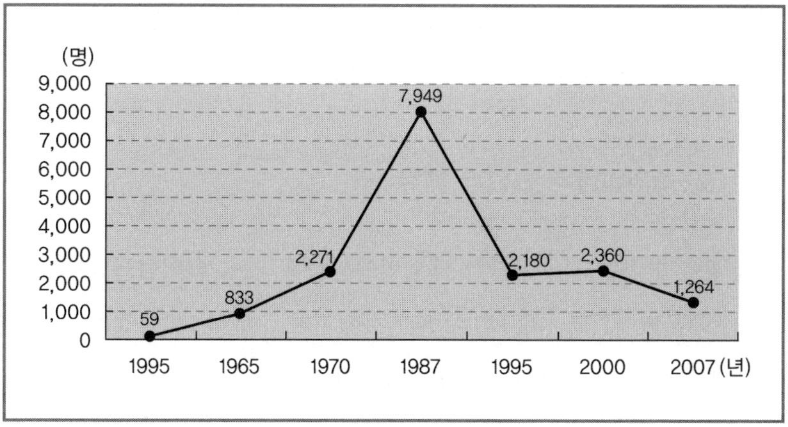

그림 2.1 해외입양 증감추이

자료 : 보건복지부 보도자료(2008. 8. 14). "통계로 본 건국 60주년 보건복지 변화". p. 18.

서 한국은 세계 1위의 해외입양 국가가 되었다.

이에 따라 나라 안팎에서 비난이 거세어지자 해외입양을 줄이거나 폐지하기 위한 노력을 기울였지만, 많은 우여곡절을 거쳐 지금도 매년 1,000여 명의 아동을 해외에 입양시키고 있다. 1982년 한때 해외입양의 전면적인 금지를 추진하였지만 지지부진하다가, 해외입양에 대한 비난이 거세어지자 1996년 또 한번 해외입양 전면금지를 계획하였다. 이마저 IMF로 인하여 1998년 점진적인 축소정책으로 전환하여 2015년까지 완전폐지하기로 하는 것으로 그 실천이 지연되고 있다.

이렇듯 해외입양의 역사는 한국전쟁부터 시작되었다. 당시의 상황에서 전쟁고아나 혼혈아동을 해외에 입양시키는 것이 어쩔 수 없는 불가피한 일이었겠지만, 전쟁이 끝난 지 50년이 지난 지금도 해외입양이 계속되고 있는 현실은 한국 사회의 위선과 치부를 그대로 드러내고 있다. 한인 해외입양아는 그들의 조국 한국으로부터 버림받은 자들이다. 따라서 가해자로서 원초적 죄의식을 갖고 이제는 그들에게 관심과 지원을 아끼지 말아야 할 시기가 된 것이다.

(2) 해외입양의 원인과 배경

한국에서 버림받고 추방당한 해외입양인들은 그의 어머니가 미혼모이거나, 이혼녀이거나, 외국인과 혼인하였거나, 가난하다는 것을 이유로 해외에 입양되었다. 따라서 해외입양의 원인으로 가부장제, 혼전 출산, 인종적 편견, 빈곤, 체면을 중시하는 사회적 구조의 문제를 지적할 수 있다. 〈표 2.2〉에서 보는 바와 같이 2005년에 해외입양된 2,101명의 아동 가운데 미혼모가 2,069명, 기아 4명, 결손가정 28명으로 미혼모 비율이 압도적이다.

그런데 해외입양이 시작된 1953년부터 2005년까지 통계에 따르면 총 15만 6,951명이 해외입양되었으며, 그 가운데 비혼모 9만 8,170명, 결손가정 2만 8,823명, 기아 2만 9,950명의 발생형태를 보이고 있다. 그리고 그 중에 혼혈아동이 3,818명, 장애아동이 3만 7,276명으로 나타났다. 이는 혼혈아동, 장애아동, 미혼모가 출산한 아동, 결손가정 아동, 버려진 아이들을 해외입양을 통해 나라 밖으로 내보냈음을 의미한다.

현재도 한국에서 해외로 입양되는 아동의 발생유형을 보면 생모의 99%가 미혼모이다. 한국 사회의 미혼모 문제가 특별한 점은 다른 OECD 가입국가 중에서 가장 낮은 미혼모 비율을 보이고 있음에도 불구하고, 가부장적 한국 사회의 문제점으로 인하여 해외입양 문제를 낳고 있다는 것이다.[13] 혼인관계 밖에서 낳은 아이들을 정상적인 가족

---

13 『프레시안』. 2007. 5. 9.

표 2.2 해외입양의 배경(1958~2007)

연 도	기 아	결손가정	미혼모	계	남 자	혼 혈	장 애	계
1958~1960	1,675	630	227	2,532	734	1,159	1,588	3,481
1961~1970	4,013	1,958	1,304	7,275	2,254	2,659	2,064	6,977
1971~1980	17,260	13,360	17,627	48,247	17,320		4,598	21,918
1981~1990	6,769	11,399	47,153	65,321	30,460		16,378	46,838
1991~2000	225	1,444	20,460	22,129	12,009		8,987	20,996
2001	1	1	2,434	2,436	1,364		743	2,107
2002	1		2,364	2,365	1,679		827	2,506
2003	2	2	2,283	2,287	1,367		649	2,016
2004		1	2,257	2,258	1,385		705	2,090
2005	4	28	2,069	2,101	1,353		737	2,090
계	29,950	28,823	98,178	156,951	69,925	3,818	37,276	111,019

자료 : 보건복지부 통계포털. 해외입양 현황(성별, 발생유형별, 아동상태별).

구성원으로 대접하지 못할 뿐만 아니라, 미혼모가 아이를 키우는 문제를 편견시하거나 정부와 사회가 지원하지 않는 한 해외입양은 계속될 것이다. 이는 미혼모 자녀의 육아비용을 해외로 전가하고 있는 셈이다.

해외입양은 또한 한민족의 순수혈통주의의 문제점을 그대로 드러낸다. 해외입양 역사 초기 미군과 한국 여성 사이에 태어난 혼혈아동을 입양대상으로 하였다는 점에서 단일민족국가라는 허상의 자긍심을 지킬 수 있었으며, 인종차별 문제를 은폐할 수 있었던 것이다. 그런 의미에서 해외입양 아동은 부모에게서 버림받은 것이 아니라, 국가로부터 버림받은 것이라고 할 수 있다. 따라서 해외입양이 민족적 국가적 자긍심을 해친다는 이유보다는 한국 사회의 구조적 모순에 대한 해답을 찾는 것이 요구된다.

복지 차원에서 해외입양의 문제는 기왕의 선행연구에서 다루었기 때문에 차치하고, 국내에서 해외입양제도의 문제점을 지적하고 있는 뿌리의 집 김도현 목사의 입장을 인용함으로써 근본적인 문제점을 요약하고자 한다. 그는 ① 해외입양은 국가폭력의 하나이며, ② 해외입양은 한국 사회의 성장을 위한 희생물이며, ③ 해외입양은 백인우월주의에 입각한 인종차별이며, ④ 해외입양은 아동의 행복추구권이 아니라고 강조하면서 해외입양의 중단을 주장하고 있다.[14]

먼저 해외입양은 아이가 자연스럽게 귀속될 생태체계로부터 강제로 격리되는 일인 동시에, 아이가 지닌 유전적 사회적 체계에서 적합하지 않은 생태체계로 강제로 접합하는 일이다. 강제격리와 강제접합의 상흔은 입양아동과 생부모 가족, 입양부모 가족 모두에 걸쳐서 광범위하게 나타난다. 당초 귀속될 생태체계로부터 강제로 격리되어 귀속이 쉽지 않은 새로운 사회로 강제로 진입하는 것은 제도적 폭력이라는 것이다.

다음으로 경제성장의 이데올로기가 지배하던 1970~1980년대 국가가 앞장서서 해외입양을 강하게 추진하였다. 1953년부터 1968년까지 매년 1,000명에 못 미치는 아동이 해외입양 되었으나, 1969년부터 그 숫자가 급상승하여 1985년에 8,837명으로 정점에 이른다. 그때부터 한국의 해외입양이 국제적으로 비판에 직면하게 되자 1991년부터 매년 2,000명 수준으로 해외입양 숫자가 조정된다. 이렇게 1970~1980년대에 다수가 해외로 입양되었다. 당시 해외입양은 국내의 사회복지비용 및 교육비용의 절감효과와 입양의 대가로 지불되는 막대한 입양비용의 국내 유입이라는 이중효과를 가져왔다. 바로 해외입양을 통하여 입양인들이 겪은 정체성의 혼란과 갖은 고난의 삶 대신에 한국 사회는 경제성장을 구가하였던 것이다.

---

14 『프레시안』, 2007. 5. 14.

세 번째 해외로 입양된 한인아동들은 결코 인종차별의 유산으로부터 자유롭지 않은 백인사회로 진입하는 과정에서 큰 상흔을 안고 성장하게 된다. 해외입양의 물질적 보상 대신에 입양아들은 삶의 가치관이나 정체성의 훼손을 경험하였던 것이다. 자살과 자살시도, 정신적 장애와 알코올과 약물의 오남용, 그리고 중범죄율에 있어서 노출정도가 입양아들에게서 대단히 높게 나타났다.[15] 한 연구에 의하면 입양인의 자살률이 현지인의 3.7배, 정신과 치료를 받은 사람이 2.7배, 알코올 남용 2.1배, 약물중독 3.2배, 수감률 1.5배, 범죄율 3배 등으로 높게 나타난 것으로 보고하고 있다.[16]

마지막으로 해외입양된 아이들이 국내에서 더 큰 차별의 수모를 감당하기보다 선진국으로 가서 혜택으로 누리면서 성장할 수 있었다는 측면에서 행복추구권을 보장해 준 것으로 보는 주장을 비판한다. 차별과 소외와 물질적 결핍을 국내에서 감당하기 보다는 차라리 해외입양을 통하여 행복을 추구한 것이 더 낫지 않느냐는 기존의 주장은 한국 사회의 차별과 불평등을 그대로 인정하는 견해라고 할 수 있다. 따라서 한국 사회의 구조적 모순과 차별행태를 개선함으로써 해외입양 문제의 극복을 주장한다.

15 『프레시안』. 2007. 5. 14.

16 Anders Hjern, Frank Lindblad, & Bo Vinnerljung (2002). *Suicide, psychiatric illness and social maladjustment in intercountry adoptees in Sweden: A cobort study*. The Lancet. 고혜연 · 임영식(2008). "해외입양 사후관리 서비스의 문제점과 그 개선에 관한 연구". 『청소년복지연구』 제10권 제1호, p. 187에서 재인용.

4. 해외입양의 문제점과 개선방안

(1) 해외입양의 문제점

입양의 결과 법이 정하는 절차에 따라서 친부모와 자식 간의 모든 권리와 의무가 없어지고, 대신에 혈통에 의하지 않은 양부모와 입양아가 새로운 부모와 자식 간의 관계가 형성된다.[17] 우리가 그 동안 소홀히 해왔던, 아니 외면해 왔던 해외입양의 문제점으로 먼저 입양인의 정체성을 지적하지 않을 수 없다.

입양인들은 자랄 때는 스스로 현지 거주국민(미국인/유럽인/백인)이라고 생각하였지만, 성인이 되고 나서는 자신을 한국계 미국인 또는 한국계 유럽인으로 인식한다고 64%가 응답하고 있다.[18] 입양인들은 이민자들보다 더 어려운 환경에서 '현지 거주국인가 아니면 한국인인가' 하는 문제보다, '사회의 비주류로서 어떻게 살 것인가' 하는 문제를 안고 살아가고 있다고 고백하고 있다. 이민자들에게 조국은 그들의 힘이 될 수도 있지만, 입양인은 부모와 조국으로부터 버림을 받은 존재로서 조국과 거주국 사이에서 낀(소외된) 존재라는 것이다.

따라서 해외입양아는 민족정체성을 극복하고 입양된 국가의 주류사회에 동화되는 한편, 버림받은 모국에 대한 배신감을 느낄 수 있다. 특히 미국에 입양된 아동들이 자신을 한국인으로 생각하는 반면에 입양부모들은 입양아동을 한국계 미국인으로 생각하는 차이를 보이고 있다.[19] 이처럼 입양아동과 양부모 사이의 이러한 갈등은 입양아

---

17 정성덕(1997). "한국 아동의 해외입양실태 및 한국과 스웨덴 아동의 연령추정을 위한 Deirjian 방법의 적용". 조선대학교 교육대학원 석사학위논문.

18 『프레시안』. 2007. 5. 10.

동들에게 자신을 버린 모국에 대한 배신감으로 이어져 심각한 정체성 위기를 겪게 되는 것이다.

다음으로 해외입양 청소년들에게 항상 고민거리였을 인종학적인 차이와 부모와 모국에 대한 배신감, 거주국의 문화적 배경, 양부모와 사이에 갖는 심리적 갈등 등을 고려하지 않은 채 접근하는 것도 또 다른 문제를 야기할 것이다. 그들에게 다가서려는 모국이 그들의 양부모와 형제 그리고 모국을 또 빼앗아 버리는 어리석음을 범하지 않을 것인지 염려해야 한다.

그리고 해외입양 아이를 생모에게서 영원히 단절시키는 것 또한 반인륜적이다. 아이를 생모에게서 빼앗고, 다시는 관계를 유지할 수 없게 한 기왕의 해외입양제도는 대단히 비인간적인 것이다. 혹시 아이를 입양시킨 생모가 입양의 결정을 바꾸어 아이를 되찾으려고 하여도 그럴 수 없는 것은 문제라고 지적받는다.[20]

이렇듯 해외입양은 아동을 위한 최선의 선택이 아니라, 양부모들의 요구가 우선된 인류학적으로 비정상적인 가족해체 현상이라고 할 수 있다. 아동의 이익을 위한다면서 형제를 갈라 입양하고, 친가족과 입양가족 사이에 연결을 단절시키고, 양부모에 의하여 아동에게 새로운 정체성을 강제로 부여하는 것 등이 그런 평가의 근거라고 할 수 있다.

끝으로 입양수수료의 문제 또한 해외입양을 부추기고 있다. 현재 220만 원 정도인 국내 입양수수료에 비하여, 국외 입양수수료는 아

---

19 이선우(2007). "외교인적자원관리차원에서 조망한 해외입양아정책과 국제행정". 『현대사회와 행정』 제17권 제3호, p. 88.

20 『프레시안』. 2007. 5. 11.

동 1인당 961만 원이다.[21] 국내 입양뿐만 아니라 해외입양 알선업무를 동시에 담당하고 있는 입양기관으로 홀트아동복지회(1956), 동방사회복지회(1972), 대한사회복지회(1964), 한국사회봉사회(1954) 등 4개가 독점적으로 맡고 있다.[22] 이들 입양기관은 부모가 없는 아동들에게 영구가정을 알선해 주는 국가의 공익적 업무를 대행하는 기관으로서, 입양한 부모로부터 961만 원의 수수료를 받고 입양업무를 대신하고 있다. 정부로부터 지원을 받지 못하고 있는 이들 단체는 인건비, 단체운영경비, 입양아의 육아과정에서 소요되는 비용, 출국비용 및 여비 등의 명목으로 수수료를 받고 있다. 이들 기관이 보건복지부에 제출한 자료에 의하면, 국외입양수수료는 연간 1,300만 달러이다.[23]

(2) 해외입양 문제의 개선 및 해결방안

▌국가와 사회의 지원

앞서 언급한 바와 같이 미혼모에 대한 지원이 있을 경우 사회적 편견을 극복하면서 아이를 양육할 수 있다는 미혼모의 응답이 40%를 차지한 것으로 나타나 미혼모 아이들의 해외입양은 강요된 선택이라고 보인다.[24] 바로 해외입양은 정부가 당연히 지출해야 할 사회복지 비용을 치루지 않은 대가인 것이다. 따라서 해외입양인들은 자신의 생모에게서 버림받은 것이 아니라, 자신들의 모국과 국가로부터 버림받은 것이라고 할 수 있다. 과거 우리 정부는 1996년까지 단계적으로 해외입양

---

21 변용찬(2001). "적정입양비용의 산출과 분담방안". 보건사회연구원 연구보고서.

22 배태순(2000). "입양사업 제도개선 및 활성화방안". 『한국아동복지학』 제3호, p. 190.

23 『프레시안』. 2007. 5. 10.

24 『프레시안』. 2007. 5. 9.

을 폐지한다는 목표를 세웠음에도 불구하고, 1994년 다시 2015년으로 해외입양 폐지목표를 연장한 바 있다.

미진하지만 해외입양에 대한 개선노력에 따라 해외입양은 2001년부터 점차 감소세로 돌아섰다. 그리하여 2007년에는 국내입양(1,388명)이 해외입양(1,264명)을 앞지르기 시작하였다. 이제는 선진국과 같이 아동복지 차원의 입양문화 정착을 위한 사회분위기 조성이 필요하며, 양육보조금 및 의료급여 혜택 제공, 공무원 대상 입양휴가제 실시, 입양의 날 제정 등 정부 차원의 노력이 필요하다. 특히 입양에 대한 사회적 인식과 편견의 개선이 필요하다. 미혼모와 그 아동에 대한 차별의식을 극복함으로써 해외입양이 원천적으로 이루어지지 않는 환경을 조성하는 것이 요구된다. 그렇지만 궁극적인 해외입양의 모범답안은 국내입양이 아니라, 가족해체가 일어나지 않도록 사회복지제도를 확충하는 것이다.

사회단체의 활동과 그 지원

한국에서 해외입양을 폐지하고자 활동하고 있는 단체들을 살펴보면, 대표적으로 국외입양인연대(ASK : Adoptee Solidarity Korea), 해외입양인연대(GOA'L : Global Overseas Adoptees' Link), 뿌리의 집(KoRoot) 등이 있다.[25]

'ASK'는 입양인들로 구성된 연구정치 모임으로 기존 단체들이 친가족찾기, 한국어 강의 등 해외입양인을 위한 서비스 위주의 활동을 해온 것에 비하여, 이 단체는 해외입양 중단 청원운동을 하고 있다. 'GOAL'은 한국에 체류 중인 해외입양인들이 만든 단체로서 친부모 찾

25 재외동포재단(http://oaks.korean.net/), ASK(www.adopteesolidarity.org), GOA'L(http://goal.or.kr), 뿌리의 집(www.koroot.org) 참조.

기, 한국어 강의, 친부모와 입양인 사이의 편지교환을 돕기 위한 통번역, 입양인을 위한 상담 등의 활동을 하고 있다. '뿌리의 집'은 조국을 찾은 입양인을 위하여 게스트하우스를 운영하면서 네트워크 형성을 지원하는 공간이다. 이곳에서는 입양인을 대상으로 상담사업과 취업 지원사업 등도 하고 있으며, 해외입양과 관련된 연구사업도 진행 중에 있다.

특히 재외동포재단 국외입양인 사이트(http://oaks.korean.net) On-Line Survey 분석 결과에 따르면, 입양인들은 자신들의 뿌리 찾기에 대한 지원을 가장 강하게 요구하고 있다. 그들은 친가족 찾기와 한국어 교육, 한국 방문과 한국 문화 습득에 대한 지원을 높은 수준에서 요구하고 있다. 따라서 입양인들의 가장 큰 요구인 뿌리 찾기와 한국어 교육 등의 입양인 사후관리에 더 많은 지원이 필요하다고 볼 수 있다. 또한 그들은 해외입양의 근본원인을 치유할 수 있는 미혼모를 위한 정책적 지원을 특별히 요구하고 있다.[26]

▌ 해외입양의 사후관리

끝으로 해외입양에 대한 사후관리가 중요하다. 구체적으로 이를 정리하면, ① 입양아들에 대한 관리 : 정체성 위기극복관리, 조국과의 유대관계 지속 프로그램 개발 및 정보제공, 장학금과 같은 지원제도 보완, ② 입양가정에 대한 관리 : 친부모 찾기 지원, 입양아에 대한 조국의 지속적 관심표명, ③ 입양기관에 대한 관리 : 친부모에 대한 기록관리와 입양기관에 대한 지원 등으로 요약된다. 이와 같은 사업을 통하여

---

26 International Korean Adoptee Resource Book. p. 7. 〈http://oaks.korean.net, 2008. 9. 10.〉

자아정체감 형성에 긍정적인 영향을 줄 것이다. 나아가 해외입양인들이 그들의 모국을 방문하고, 모국에서 문화와 생활을 접할 수 있는 기회를 제공하는 것은 정체성 형성과 발달에 긍정적 역할을 할 수 있다고 보고 있다.[27]

특히 해외입양인의 사후관리 지원사업의 발전방안에 관해서는 허남순의 다음과 같은 주장으로 대신한다. 그에 의하면 사후관리 프로그램의 문제점으로 ① 입양인들의 생애주기를 고려하지 않고 있으며, 모국을 방문하는 성인 입양인의 문화체험과 모국어 연수에 집중되어 있는 점, ② 모국을 방문하거나 초청하는 데 초점이 맞추어져 있고, 그 나라에 거주하는 입양인이나 입양가족을 지원하는 프로그램 부족, ③ 입양인들이 접하는 입양기관이나 대사관에 입양인을 위한 프로그램이 홍보되지 못하고 있는 점, ④ 관련 기관들 사이의 연계부족과 사후관리 프로그램에 대한 지원부족 등을 지적하고 있다.

이에 따른 대안으로 ① 입양인을 아동기, 사춘기, 청소년기, 대학생기, 성인기로 나누어 생애주기별로 나누어 적합한 프로그램 제공, ② 국내외 입양 관련 기관에 대한 지원, ③ 입양인 단체의 활성화 지원, ④ 거주국 입양가족과 한국가족과의 교류활성화 등을 제시하고 있다.[28] 요컨대 해외입양의 해결책으로 민족정체성의 함양, 친가족 찾기, 방문 프로그램을 포함한 입양 사후서비스 등이 제기하고 있다. 특히 제반 입법 장치를 통하여 국내입양을 촉진시키자는 것이다.

---

27 유규용(2002). "해외입양인의 정체성과 의식에 관한 연구". 숙명여자대학교 정책대학원 석사학위논문; Tobias, H. (2003). Survey of adult Korean adoptees. *Collection of Resources & Scarbook of G.O.A.L.* 5. 이 글에서는 본격적인 해외입양인을 위한 사후관리의 문제를 다루지 않기 때문에 이에 대한 천착을 위하여 고혜연·임영식(2008)의 글 참조.

28 International Korean Adoptee Resource Book. pp. 39-42. 〈http://oaks.korean.net〉

5. 결론 : 버림받은 자가 버린 자를 위로하는 역설

현재 약 100여 개 국가에서 매년 3만여 명이 해외로 입양되고 있는 현실 가운데, 한국이 아직도 세계 수위를 다투는 해외입양 국가임을 부끄럽게 인정하는 데서 해외입양의 문제를 해결해야 한다. 한국전쟁으로 인한 고아수출로부터 시작된 한인 해외입양 역사는 아직도 매년 1,000여 명의 아동들이 해외로 입양되고 있는 현실로 이어지고 있다. 경제규모는 세계 10위권이지만 복지의 수준은 그것을 따라가지 못하는 한국 사회의 후진성을 보여주는 이러한 현실이 바로 우리들의 자화상이다. 요컨대 저출산문제로 고민하고 있는 고령화된 한국 사회의 딜레마이다.[29]

50년 넘게 고의로 외면해 오고, 또는 잊혀진 해외입양인들이 스스로 나서서 자신들을 버린 모국에 대하여 다음과 같이 외치고 있다. 해외입양을 금지하라고. 그리고 국보 53호로 지정된 진돗개의 수출조차 엄격히 규제되고 있는 한국 사회에서 해외로 입양되는 미혼모의 아이들은 개만도 못하다는 의미인가라고. 그 동안 한국 사회가 고도성장을 해 오면서 고의로 외면하고 무시한 소수자에 대한 배려를 아끼지 말아야 할 때가 왔음에도 불구하고 여전히 한국 사회는 복지를 소홀히 하고 있다. 바쁘다는 이유로, 갈 길이 멀다는 이유로 사회적 약자인 어머니와 그 아이들에 대하여 애써 외면해 온 현실을 반성할 때이다. 그리고 이제 친자식을 양육할 수 있는 권리, 아이가 친가족

---

29 65세 연령 인구가 전체 인구의 7%에 달하면 고령화 사회라고 한다. 우리는 2000년에 이미 7.3%로 진입하였으며, 2018년 고령사회(14%), 2026년 초고령사회(20%) 진입을 예상하고 있다.

내에서 성장할 수 있는 권리, 모국어에 대한 권리, 자신의 이름에 대한 권리, 차별에 대한 두려움 없이 살 권리, 어머니가 적절한 사회적 서비스를 받고 아이를 양육할 수 있는 권리를 보장해야 한다.

이제 논의의 처음으로 돌아가 해외입양 한인을 재외동포의 한 부분으로 받아들이고, 공개적으로 상생의 길을 찾아야 할 때임을 상기할 필요가 있다. 해외입양 한인들 역시 모국과의 관계를 활성화하는 네트워크 구축을 원하고 있다.[30] 모국이 상생의 차원에서 재외동포들을 바라보고 있는 현 시기에 한인 디아스포라 일부분으로서 해외입양 한인에 대한 이해와 관심이 필요한 시기이다. 그렇기 때문에 전쟁고아 출신으로 가난한 조국에 대하여 절망감을 갖고 미국에 입양된 신호범은 이제 조국을 위하여 헌신을 하고 있다. 또 스웨덴으로 입양된 이삼돌 역시 OECD 국가 가운데 유일하게 해외입양을 하고 있는 "고아가 된 나라를 위로"하고 있다.

30 이삼돌의 경우도 스스로 한국이라는 나라의 평범한 일원이거나 한국인 디아스포라의 자연스러운 일부라고 생각하는 한편, 해외입양인들을 한국적 맥락으로 복귀시켜 현대 한국사는 물론 당대 한국 사회에 입지를 확보하는 일을 열망하고 있다고 고백하고 있다. 이삼돌(2008). 앞의 책. p. 20.

부록 연도별 해외입양 국가(1953~2007)

연도별	미 국	프랑스	덴마크	스웨덴	노르웨이	네덜란드	벨기에	호 주
1958~1968	6,002	12	13	491	83	–	–	–
1969~1975	12,661	818	2,136	3,213	1,199	1,090	1,510	–
1976	4,008	376	419	266	247	300	388	5
1977	3,711	571	460	355	302	282	269	26
1978	2,942	972	417	312	269	348	364	60
1979	2,347	560	406	169	112	171	146	53
1980	2,404	522	403	156	173	198	98	19
1981	2,684	484	402	279	246	198	93	25
1982	3,862	827	483	315	285	257	93	67
1983	4,854	859	347	278	287	172	81	155
1984	5,348	942	295	288	287	118	112	275
1985	6,021	975	402	301	234	159	151	278
1986	6,138	703	401	367	198	166	118	303
1987	5,707	589	336	280	212	108	114	306
1988	4,710	417	270	240	149	112	82	216
1989	3,343	204	109	83	147	6	43	156
1990	2,315	161	136	88	124	5	24	62
1991	1,744	89	115	83	91	8	9	32
1992	1,563	79	101	97	103	11	–	72
1993	1,807	85	139	60	104	4	1	69
1994	1,696	97	105	102	122	27	–	83
1995	1,614	86	120	110	126	15	1	72
1996	1,546	73	80	137	108	24	–	77
1997	1,620	66	65	66	112	36	–	61
1998	1,854	115	63	111	131	54	–	84
1999	1,786	107	65	136	128	65	–	73
2000	1,752	73	68	116	118	60	–	93
2001	1,798	61	61	123	109	62	–	115
2002	1,797	66	45	98	106	35	–	94
2003	1,748	53	56	110	81	8	–	108
2004	1,713	48	53	123	87	–	–	108
2005	1,623	34	46	98	80	–	–	96
2006	1,503	19	43	90	70	–	–	54
2007	924	12	19	80	44	–	–	44
계	107,145	11,155	8,679	9,221	6,274	4,099	3,697	3,341

자료 : 보건복지부 통계포털. 연도별 국가별 입양현황(1953~2007).

연도별	독 일	캐나다	스위스	이태리	룩 셈	영 국	기 타	계
1958~1968	1	11	34	3	–	12	15	6,677
1969~1975	534	129	831	225	–	25	33	24,404
1976	194	107	171	94	–	18	4	6,597
1977	119	7	53	0	–	1	3	6,159
1978	121	48	8	43	–	13	–	5,917
1979	136	33	1	13	–	–	1	4,148
1980	137	28	1	2	–	–	3	4,144
1981	140	77	–	–	–	–	–	4,628
1982	144	98	1	–	–	2	–	6,434
1983	148	81	1	–	–	–	–	7,263
1984	137	117	1	–	2	–	2	7,924
1985	164	125	4	1	22	–	–	8,837
1986	128	137	1	0	20	–	0	8,680
1987	110	151	1	1	32	–	–	7,947
1988	75	175	–	–	17	–	–	6,463
1989	35	45	–	–	20	–	–	4,191
1990	16	9	–	–	21	1	–	2,962
1991	10	2	–	–	14	–	–	2,197
1992	–	–	1	–	18	–	–	2,045
1993	–	–	–	–	21	–	–	2,290
1994	–	–	1	–	29	–	–	2,262
1995	1	–	–	–	34	–	1	2,180
1996	1	2	–	–	32	–	–	2,080
1997	–	5	1	–	25	–	–	2,057
1998	–	–	–	–	31	–	–	2,443
1999	–	17	–	–	32	–	–	2,409
2000	–	49	–	–	31	–	–	2,360
2001	–	90	–	–	17	–	–	2,436
2002	1	98	–	–	25	–	–	2,365
2003	–	98	–	–	25	–	–	2,287
2004	–	102	–	–	24	–	–	2,258
2005	–	98	–	–	26	–	–	2,101
2006	–	96	–	–	24	–	–	1,899
2007	–	68	–	–	12	–	–	1,203
계	2,352	2,103	1,111	382	554	72	62	160,247

제3장

재일한인 집거지역 : 신주쿠와 이쿠노

한국동북아학회. 2004.『한국동북아논총』제9권 제2호 게재논문.

1. 서론 : 재외한인 연구의 의미와 필요성

오늘날 세계의 사회상을 특징짓는 화두는 지구화이다. 지구화 시대 국경을 초월한 이윤추구가 목적인 초국적 자본이 지구화를 추동하는 가운데 모든 민족과 국가는 더욱 치열해지고 있는 생존경쟁에서 살아남기 위하여 온갖 노력을 경주하고 있다. 그러한 세계적 흐름 속에서 우리 민족 역시 남북한 분단상태가 국제경쟁력을 약화시키는 것으로 이해하고 평화적인 통일과 남북한의 화해와 협력을 추진하고 있다. 남북한이 따로 경쟁하는 것보다는 남북한이 협력하는 것이 상호의 국제경쟁력을 제고시킬 수 있으며 소모적인 갈등의 처리비용을 건설적인 데 사용할 수 있을 것으로 기대되었다. 남북한의 협력과 평화공존의 노력은 한반도를 둘러싼 국제정세의 긴장과 갈등을 억제하는 요인으로 작용하고 있다. 나아가 이제 남북한뿐만 아니라 해외에 거주하고 있는 세계 한민족의 역량을 집결시킬 필요성이 커지고 있다.

남북한에 거주하고 있는 4,700만 명과 2,300만 명 그리고 600만 명에 이르는 재외동포들을 하나로 묶는 네트워크의 구축은 경쟁력 제일 시대에 가장 합리적인 대안으로 제시되고 있다. 한반도 주변국인 중국, 일본, 러시아에는 우리 재외동포의 2/3에 가까운 수가 거주하고 있으며, 태평양 연안국가인 미국 거주자까지 포함하면 재외동포 대부분이 이들 지역에 거주하고 있다. 재외동포 94%가 거주하고 있는 이들 4개 국가의 재외동포에 대한 연구는 바로 한국의 경쟁력을 강화하는 구체적이고 건설적인 대안으로 간주된다. 한반도 주변 4대강국 사이에서 생존을 위하여 진력을 다하고 있는 한국으로서는 제반 정치적 문제의 해결뿐만 아니라 경제발전을 위해서라도 그들 국가에 거주하고 있는 동포들에 대한 지원과 그들의 협력 또한 절실히 요구된다.

유태인들과 중국인들의 해외 네트워크에서 시사 받는 바와 같이 600여만 명 재외동포들에 대한 지원과 그들의 협력은 모국의 경쟁력 제고뿐만 아니라 재외동포들의 위상도 제고할 것이다. 지금까지 한국 정부는 한민족의 해외이주 시작 150여 년이 되도록 수많은 고난을 겪어야 했던 해외거주 동포들을 방관하거나 지원하지 않았었다.[1] 한국의 국력이 세계 10위권에 들어선 지금 재외동포들을 더 이상 방치할 수만은 없다. 물론 그들이 거주국가의 문화에 동화되어 민족적 정체성을 견지하고 있는지 궁금하지만, 다국적 민족으로서 해외의 한민족을 하나의 네트워크를 구축하는 것은 지구화 시대 한국의 활로개척에 크게 기여할 것이다.[2]

따라서 그러한 한민족 네트워크 구축사업의 일환으로 먼저 재외 한인사회에 대한 천착이 필요하다. 한인들이 집중적으로 거주하고 있는 지역에 대한 조사를 통해 그들의 역량을 제고할 수 있는 대안으로서

---

1 그 동안 일제의 식민지배시기가 대부분이지만, 우리 민족의 해외 이민사에는 5대 비극이 있다. ① 1923년 9월 일본 동경에서 있었던 관동대지진, ② 1920년 4월 블라디보스토크의 신한촌사건, ③ 1921년 러시아 자유시사건, ④ 1937년 스탈린에 의한 연해주 한인들의 중앙아시아로의 강제이주사건, ⑤ 1992년 5월 미국 로스앤젤레스에서 있었던 LA사건 등이 그것이다. 여기에 청산리전투의 보복인 경신년 참사를 덧붙이기도 한다. 이광규(1999). "해외교포와 한민족 공동체". 서대숙 외. 『민족통합과 민족통일』. 한림대학교 민족통합연구소, p. 161.

2 재외동포의 민족정체성에 대하여 박창규는 다음과 같이 설명한다. ① 세대가 낮을수록 약화되긴 하지만, 재외동포들 스스로 한민족의 일원으로 생각하는 민족의식과 애착심이 여전히 강하다. ② 민족 애착심은 강하지만, 세대가 낮을수록 현지사회의 언어와 문화에 동화 정도가 심화된다. ③ 그들의 언어와 문화적 동화는 혈연적 혼혈로까지 이어지고 있다. 박창규(2004). "새로운 국제환경과 한민족 공동체: 화교와 유태인의 사례에서 본 재외한인 네트워크의 현황과 과제". 강성학 편. 『동북아의 평화사상과 평화체제』. 리북, p. 363.

재외동포들을 하나의 네트워크로 포괄하여 무한경쟁 시대를 극복할 수 있기를 기대한다. 그러한 네트워크의 구축은 재외동포에 대한 실태파악으로부터 출발하여 부문별로 그리고 지역별로 다양하게 이루어질 것이다. 그 가운데 일본의 경우 도쿄의 신주쿠와 오사카의 이쿠노는 대표적인 재일한인 집중거주지역으로서 실태조사의 대상이 될 수 있다.

2. 재일한인 연구와 집거지역 형성과정

(1) 재일한인 연구의 의미

현재 일본에는 약 100만 명의 재일한인이 거주하고 있다고 추정하고 있다. 이런 추정은 한국 정부와 일본 정부의 공식적인 발표와는 많은 차이가 나지만, 한국적(韓國籍) 약 40만 명, 조선적(朝鮮籍) 약 27만 명, 일본국적자(日本國籍者)나 뉴커머(new comer) 약 30만 명이 있다는 것이다.[3] 여기서 재일한인이란 누구를 가리키는가? 그들은 여타 지역에 거주가하고 있는 재외동포들과 같이 한국계 일본인(Korean-Japanese)으로서 일본 국적을 가지고 일본에 거주하는 한국인을 말하는가? 그렇지만 아직도 재일동포 또는 재일한국인이라고 통칭되는 사람들 다수는 한국적 또는 조선적을 가지고 일본에서 외국인으로 살아가고 있는 것이다.[4] 그런데 재일한인의 압도적인 다수가 일시적으로 일본에 거주

3 강상중 · 요시미 순야(2004). 『세계화의 원근법』. 이산, pp. 187-188.

4 일본인들의 단일민족신화(동일성의 신화 : Homogeneity Myth)에 의하여 차별과 배제를 받아 온 재일한인은 '재일동포', '재일한국인', '재일조선인' 또는 '재일한국 · 조선인' 등으로 불린다. 토시유키 토무라에 의하면 재일한국인(Zainichi)을 세 개의 범주로 나

하는 것이 아니라 영주자이며, 일제강점기에 도일한 제1세대의 자손들이 대대수라는 점을 염두에 둘 필요가 있다.[5]

여기서 우선 재일한인은 한국 국적을 가진 재일동포 중에서 정주외국인으로 불리는 한인들을 가리킨다. 그들을 법적인 지위에서 보면 1991년 11월부터 시행된 통칭 '출입국 관리특례법'에 의하여 일본국으로부터 특별영주권이 부여된 자 중에서 한국 국적을 가진 자이다. 종래의 재일한인은 '협정영주자'이거나 '특례영주자'였는데, 1991년 이후부터 모두 '특별영주자'가 되었다.[6] 출입국관리특례법 제3조는 일본 패망 이전부터 일본에 거주하다가 1952년의 샌프란시스코 강화조약의 발효와 동시에 일본국적을 상실한 구식민지 출신자 및 그들이 일본에서 출생한 자손으로 이 법의 시행 시에도 계속해서 일본에 거주하는 자에게 일률적으로 특별영주권을 부여하고 있다.[7]

눈다. ① 경술국치 이전 일본으로 이주한 한국인, ② 식민지 시기에 일본 본섬으로 이주한 한국인, ③ 승전국 국민이건 외국여권을 지녔던 제2차 세계대전 종전 이전에 일본에 남은 사람들과 1965년 남한과 외교관계 복원 이후 장기 혹은 영구 거주지위를 가지고 일본에 입국한 사람들. 토시유키 토무라(2003). "재일한국인의 경제적 지위와 역할". C. Fred Bergsten. 최인범 역. 『코리안 디아스포라와 세계경제』. 국제경제연구소, p. 108.

5 강재언 · 김동훈(2000). 『재일한국 · 조선인: 역사와 전망』. 소화, p. 8.

6 1991년 이전에 재일한인 중 한국 국적을 가진 자는 1965년의 한일협정에 의해 영주권이 부여된 '협정영주자'였고, 조선 국적을 가진 사람들은 1982년에 일본이 난민조약에 가입하고 나서 난민출신 영주 외국인과의 형평 차원에서 만든 '특례영주'의 대상이었다. 그러나 한일협정에서 양국정부는 3세 이하는 영주권을 보장하지 않고 있다가, 25년의 기한이 지나면 그 후속조치에 대해 재협상할 수 있다는 여지를 남겨 놓았다. 그런데 재일한인들은 한국 정부에게 그 후속조치를 강력히 요구하였고, 1991년 한일법적 지위협정에 기초한 협의결과에 관한 각서에 서명하였으며, 그 결과물이 '출입국관리특례법이다. 바로 재일한인은 조국이 해방된 지 46년이 지나서야 완전한 영주권을 보장받게 되었다. 한일민족문제학회 편(2003). 『재일조선인 그들은 누구인가』. 삼인, pp. 218-219.

7 이들 특별 영주권자 중에서 1969년을 계기로 한국 국적 동포가 조선 국적 동포에 비하여 상대적으로 우위를 점하기 시작하였으며 현재 약 70%를 차지하고 있다. 재일한인은

재일한인의 인구경향을 알아보는 방법은 1950년 이후 5년마다 실시되는 인구조사 자료를 살펴보는 것과, 이민통제법령과 외국인등록법에 따라 수집된 연간자료를 이용하는 방법 두 가지가 있다. 후자는 등록이 면제되거나 입국한지 90일 이내 혹은 출생 후 60일 이내에 일본을 떠나는 사람들을 제외하고는 모든 외국인 거주자를 대상으로 하고 있다.[8]

재일동포 가운데 민단계는 '재일한국인', 총련계는 '재일조선인'이라고 부르지만, 여기서 조선이라는 의미는 북한을 지칭하는 국적 개념이 아니라 한반도 출신임을 나타내는 단순한 표기라는 것이다. 또한 조선을 국적으로 택하고 있는 재일동포들의 경우 다수는 한반도의 남부(경상도, 전라도, 제주도) 출신이 다수인 데서 굳이 재일동포의 고향 또는 출신지역을 의미하는 것이 아님을 알 수 있다. 따라서 이 글에서는 다수 학자들과 같이 일본에 거주하는 한인들 모두를 재일한인이라고 부른다.[9]

일본에서 특별영주자라는 외국인 신분으로 살고 있으며, 그들의 국적은 대한민국 또는 조선으로 되어 있다. '대한민국' 국적자는 대부분이 '재일본대한민국민단' 소속이다. 그런데 후자인 조선적은 '조선민주주의인민공화국'(북한)을 지칭하는 것이 아니라 경술국치 이전에 존재한 '대한제국'을 지칭하는 것으로 현재는 국가로서 존재하지 않는 기호상의 국적이라고 주장된다. 물론 이들 중 많은 이들이 북한의 공민단체인 '재일본조선인총연맹'의 맹원이긴 하지만 점차 한국 국적으로 바꾸는 사람이 늘고 있다.

8 토무라. 앞의 책. p. 114.

9 '재일조선인'이란 '한국적', '조선적'을 불문하고 조국의 분단구조 자체를 부정하며 통일된 조국을 지향하는 사람들로, 냉전적 사고를 벗어나 국적을 초월하여 일본에 거주하는 한민족을 총칭한다고 주장되기도 한다. 그런 근거로 재일한인 3, 4세는 대부분 조국에 대한 기억과 국적으로 인한 소속감이 없으며, 일본인과 다름없이 성장하였다는 것과 또한 취직과 결혼에 즈음하여 일본 국적으로 바꾸는 사람들이 적지 않은 마당에 국적만으로 민족성을 구별하기는 곤란하므로, 일본 국적 취득자도 포함하여 '재일조선인'으로 총칭하자는 것이다. 한일민족문제학회 편. 앞의 책. p. 216.

재일동포는 다른 어떤 지역에 거주하고 있는 재외한인 보다 더 많은 어려움을 겪었다. 그들은 14세가 되면 지문날인을 해야 했으며, 외국인 등록증을 언제 어디서나 휴대해야 하는 등 식민지에서와 같은 고통을 겪었다. 또한 일본으로 귀화를 원할 경우 성을 일본식으로 바꾸어야 하는 등 귀화를 수치스러운 행위로 간주하여 외국인으로서 많은 고통을 굳이 감내하며 살았다. 나아가 재일한인들에게 더 큰 어려움은 공무원이 될 수 없다는 제도적 차별과 일본인의 편견에 의한 차별을 받아야 했다.[10] 이렇게 심한 차별을 받았으며, 여전히 그 지위가 크게 개선되지 않고 있는 재일한인에 대한 연구는 현실적으로 그리고 학문적으로 의의가 있다.

(2) 재일한인 집거지역 형성과정

재일한인의 집거지역의 형성과정은 재일한인의 이주사와 다름 아니다. 일본으로 이주한 한인들은 비교적 일정지역에 집중적으로 거주하게 됨으로써 미국의 코리아타운, 중국의 조선족 집거지와 함께 특별히 재외한인 연구에 있어서 주목을 받아왔다. 또한 재일한인 이주사는 다른 지역의 재외한인 이주와 마찬가지로 망국과 가난의 서러움을 벗어나고자 하는 간절한 희망의 실천이면서 동시에 고난의 길이었다. 재일한인의 일본으로의 이주는 일반적으로 다음과 같이 네 단계로 나눌 수 있다. ① 제1기 : 일제의 식민지배의 시작과 함께 농민층의 몰락에 따른 도항시기(1910~1938), ② 제2기 : 강제연행에 의한 도항시기(1939~1945), ③ 제3기 : 일본 패망 이후~1980년대 말까지, ④ 제4기 :

10 이광규(1997). 『재외한인의 인류학적 연구』. 집문당, p. 43.

1989년 한국의 해외여행 자유화 이후 도일한 뉴커머의 이주시기.[11]

일본에 조선인이 거주한 것은 규슈 등지에서 노동자로서 거주하기 시작한 1910년 경술국치 이전부터라고 한다. 그런데 그들은 계절노동자로 본격적으로 생활의 근거지를 일본으로 한 사람들의 이주는 일제의 식민지배가 시작된 1910년 이후의 일이라고 할 수 있다. 일본으로 도항한 이들의 대부분은 자금을 마련하면 다시 조선으로의 귀국을 원하였던 임금노동들이었다. 재일한인은 근대 한민족의 이주사가 그대로 보여주듯이 망국과 생활고로 인하여 일본으로 이주한 것으로 이주역사가 시작하였다. 이들 다수는 이동노동자로서 조선의 농촌을 벗어나 생활고를 해결하려고 일자리를 찾아 도일하였거나, 1940년 이후 제2차 세계대전 시기에 일본에 의해서 강제적으로 노무동원(징용)된 사람이었다.

그런데 1920~1930년대에 도일한 조선인은 주로 일본의 도시 외곽에서 이미 형성되고 있던 조선인 집중거주지(일명 조선촌)를 생활의 거점으로 삼았다. 각 도시의 변두리 지역에 조선인 집중거주지가 형성된 것은 ① 일본인 집주인의 조선인에 대한 민족차별 때문이었으며, ② 일본인 거주지역에는 집세가 비싸서 집을 구하기 어려웠기 때문이다. 따라서 일본인이 살지 않는 도시 변두리 지역에 조선인이 집중 거주하는 마을이 차츰 형성되었고 그 규모도 점차 커졌다. 바로 1920~1930년대에 현재 재일한인 집거지역의 원형이 형성된 것이다.[12]

---

11 강재언 · 김동훈. 앞의 책. p. 34; 윤인진(2004). 『코리안 디아스포라: 재외한인의 이주, 적응, 정체성』. 고려대학교출판부, p. 153.

12 한일민족문제학회 편. 앞의 책. p. 76. 한편 재일한인은 그들만의 배타적인 공동체를 형성하고 있는 것이 아니라, 일본인 살고 있는 지역 내에 특정지역을 거주지로 하였다고 보기도 한다. 그 가운데 재일한인의 비율이 높은 곳을 집주지역이라고 한다. 조현미

이 시기에 형성된 조선인 집중거주지역은 규슈(九州) 지역의 후쿠오카(福岡)현, 나가사키(長崎)현, 주고쿠(中國) 지방의 야마구치(山口)현, 오카야마(岡山)현, 히로시마(廣島)현, 긴기(近畿) 지방의 효고(兵庫)현, 오사카(大阪)부, 교토(京都)부, 간토(關東) 지방의 도쿄(東京)부 등이었다. 이어서 쥬부(中部) 지역의 아이치(愛知)현, 기후(崎阜)현, 간토지방의 도쿄부, 가나가와(神奈川)현 등으로 확대되고, 1935년경에 이르게 되면 오사카부, 도쿄부, 나고야(名古屋) 시를 중심으로 한 아이치현, 고베(神戸) 시를 중심으로 한 효고현, 교토부 등이 한인이 많이 거주하는 5대 지역이 된다. 미국에서 한인들이 뉴욕, 로스앤젤레스, 시카고 등과 같은 대도시에 집중적으로 거주하듯이 일본에서 조선인들이 집중적으로 거주한 지역은 일본의 5대 도시이기도 한다.

이렇듯 일본에서 재일한인 사회가 형성된 것은 1920년대부터라고 할 수 있는데, 1923년 경상남도, 전라남도(제주도 포함), 경상북도의 세 지역 출신자가 재일조선인의 79.2%를 차지하였고, 1938년에 이르러 한인수가 10배 이상 격증했음에도 불구하고 이 세 지역 출신들이 여전히 81.2%를 차지하고 있었다. 그리고 만주와 연해주로의 한인 이주자들이 그 곳과 가까운 북한(함경도와 평안도) 출신이 다수를 이루듯이, 일본과의 지리적으로 가깝다는 이점 때문에 한반도의 남쪽 출신이 다

(2000). "재일동포의 집주지역 형성과 민족정체성의 변화: 요세바 고도부키를 중심으로". 『대한지리학회지』 제35권 제1호(통권 79호). p. 149. 다른 한편 소수민족집단의 군집지구는 군집인자와 군집화기간에 따라 세 가지 유형, 즉 colony, enclave, ghetto로 구분된다. 먼저 colony는 소수민족집단의 입국기지에 해당하는 지역으로 이민자 집단이 주재국에 문화적으로 동원될 때까지 이곳에 일시적으로 거주하는 곳이다. enclave는 이민자 집단이 기능적 이유로 군집화를 선택한 경우로 여러 세대에 걸쳐 존재하는 민족적 집중거주지역이다. 특히 배타성이 강한 문화와 종교를 가진 민족집단일수록 주거격리를 선호한다. ghetto는 주류집단의 방해와 차별로 여러 세대 이상 존속하는 소수민족군집지구로서 외부적 요인에 의하여 장기간 지속되는 격리지구를 말한다.

수를 이루었다.[13]

또한 이들 재일한인 1세는 이들 지역에 집중적으로 거주지를 형성하였을 뿐만 아니라 출신지에 따라 한 곳에 모여 사는 특성을 보였다. 오사카에는 제주도 출신이, 히로시마에는 경상도 합천 출신이 많았고, 같은 지역 내에서도 출신지역이 같은 사람끼리 모여 살았다. 특히 일제의 식민지배 시대 부관연락선의 기항지인 시모노세키와 근접한 지역인 후쿠오카, 오사카와 제주도 간 정기항로의 개설로 인하여 오사카 등지에 조선인 노동자가 집중적으로 이주하기 시작하였다.[14]

이들 지역에 재일한인이 집중적으로 거주하게 된 것은 바로 노동력의 수요가 도시지역에 많았기 때문이다. 따라서 이 지역에 거주하는 재일한인 역시 대부분이 일용직 인부 및 토목노동자, 공장직공 및 직공보조, 탄광부 등과 같은 노동자였다.[15] 그런데 1930년대 들어서 상업을 직업으로 하는 재일한인들이 등장하였다. 소규모 점포 및 노점, 행상을 하는 영세 상인들로 당시 전체 재일한인의 10% 정도를 점하였다. 이들이 나중에 자영업을 준비하게 된다. 그리하여 1920년대에 약 3만 명이었던 일본 거주 한인은 1940년대에 약 40배의 증가를 보여 119만 명에 이르게 되었다.[16]

재일한인은 한편으로 어떤 이유든지 자발적으로 도일한 경우와, 다른 한편으로 1938년 이후 일제에 의하여 강제적으로 징용당해 일본

---

13 강재언 · 김동훈. 앞의 책. p. 63.

14 정혜경(1999). "1920년대 오사카지역의 조선인 노동쟁의". 강덕상 · 정진성 외. 『근 · 현대 한일관계와 재일동포』. 서울대학교출판부, pp. 38-39.

15 태평양전쟁 이전 재일한인의 3대 직종은 토목 건축현장의 토공 및 잡역부, 도시 공장의 직공, 탄광 및 광산의 갱부였다. 강재언 · 김동훈. 앞의 책. pp. 65-66.

16 한일민족문제학회 편. 앞의 책. pp. 76-77.

으로 건너간 경우 두 가지 경우가 있었다. 이렇게 도일한 한인들이 그대로 일본에 잔류하기도 하였지만 모국으로 귀환하기도 하였다. 그 가운데 재일한인의 약 반수가 다시 도일할 의향이 없는 영구 귀국자로서 재해나 질병, 구직실패와 장기실업 등으로 인하여 일본에서 적응하지 못하고 귀국하였다. 그리고 1939~1945년간 전쟁수행을 위하여 일본의 군수산업체에 강제 동원된 이들은 이주성격의 도일자가 아니었기 때문에 해방 직후 거의 귀국하였다.

일본은 제2차 세계대전 중 노동력의 공급을 위하여 1938년 국가총동원법을 제정 공포하여 전면적인 국가통제와 동원을 하였다. 이 시기에 일제가 강제로 동원한 인력은 국외로의 징용 약 200만 명(국내동원 600만 명), 징병 20만 명, 준병력(군속) 동원 약 36만 명, 여성동원(종군위안부) 약 20만 명에 이른다.[17] 한 연구자에 의하면 1939년부터 1945년까지 6년에 걸쳐 강제 연행된 한국인 노동자는 약 72만 명으로 추산한다. 또 다른 연구자에 의하면 약 150만 명의 인원에 대한 일본으로의 강제동원이 있었으며(국내동원 약 450만 명) 군인과 군속으로 약 37만 명이 동원되었다고 보고 있다.[18]

주로 규슈나 홋카이도의 광산이나 토건업 등에 강제 동원된 이 시기의 도일 한인들은 일본 패망 후 대부분 귀국하였다. 그러나 강제동원되지 않고 도일한 한인 중 귀국하지 않고 계속 일본에 거주한 사람들은 비록 일본 사회의 하층에 속하여 열악한 생활을 하였지만, 귀국자에 비하여 더 나은 처지에 있었던 사람들이다. 더구나 전쟁 이전

17 한일민족문제학회 편. 앞의 책. pp. 102-111; 정진성(1999). "군위안부 강제연행에 관한 연구". 강덕상 · 정진성 외. 앞의 책. pp. 129-155.

18 전기호(2003). 『일제시대 재일한국인 노동자계급의 상태와 전망』. 지식산업사, p. 62.

고향에 경제적 근거가 없었던 도일자들은 조국이 해방되었어도 즉시 돌아갈 수 없었으므로 계속 일본에 거주하게 되었다. 이들 재일한인 1세는 대부분 일제의 식민지배 시기 생활상의 어려움을 해결하고자 한반도 남부의 농촌에서 일본으로 건너가 살다가, 조국이 해방된 이후에도 고향에 생활근거가 없기 때문에 귀향하지 못하고 일본에 남아 살게 된 사람들이다. 현재의 재일한인 다수가 바로 그들과 그들의 후손이다.

일본이 패망하자 다수는 해방된 조국으로 귀환하였는데, 1945년 8월부터 1948년 8월까지 귀국한 조선인 수는 약 150만 명 정도였다. 귀국한 조선인은 대부분 태평양전쟁기에 강제 동원된 노무자들이었음은 앞서 언급한 바 있다. 1945년 일본 패망 당시 210만 명에 이른 재일한인들 중 잔류한 한인 수는 약 60만 명이었다. 그리하여 현재 재일한인의 원류가 되는 잔류 재일한인은 1947년 12월 말 현재 '외국인등록령'에 따른 결과 전체 외국인등록자 총수 63만 9,368명 가운데 93.6%를 차지하는 59만 8,507명이었다. 귀국이 마무리되는 1946년 무렵, 귀국희망자 등록이 행해진 이후 귀국을 하지 않은 재일한인들은 ① 돌아가야 할 조국의 정치적 경제적 혼란과 ② 귀국 시 가지고 갈 수 있는 지참금과 화물의 제한을 그 이유로 들었다.[19]

---

19 강재언 · 김동훈. 앞의 책. pp. 116-121.

3. 재일한인의 사회적 실태

(1) 해방 후 일본에서의 한인운동

일본이 제2차 세계대전에서 패망한 후 재일한인들은 귀국과 생활보호 등 자신들의 권익을 지키기 위하여 여러 단체를 조직하였다. 그 첫 모임이 1945년에 결성된 '재일본조선인연맹'(이하 조련)이다.[20] 이 조직은 사회주의세력에 의하여 주도됨으로써 이에 대항하는 세력들이 '조선건국촉진청년동맹'(이하 건청)을 만들었다. 그리고 뒤늦게 석방된 박열을 중심으로 '신조선건설동맹'(이하 건동)이 1946년에 결성되어 우익을 대표하는 단체가 되었다. 바로 해방정국 하에서 일본 내의 재일한인 단체들은 이념적 차이와 조국통일에 대한 입장의 차이에 따라 조련과 건청 및 건동 중심으로 대립구도를 형성하였다. 이후 건동은 '재일조선인거류민단'(이하 민단)으로 발전하였다.

1949년 해산명령을 받은 조련은 1955년 한덕수를 중심으로 '재일조선인총연합'(이하 총련)으로 재조직해 나갔다. 그들은 지금까지 일본공산당의 지시 아래 공동투쟁을 전개해 온 노선으로부터 전환하여 북한의 공민으로서 일본에서 운동을 전개한다는 입장을 밝혔다. 민단은 남한 정권과 유착해 가면서 내부적으로 이를 비판하는 세력과의 갈등과 분열을 거듭하였다. 민단은 1974년 문세광사건 이후 총련에 조직적으로 대항하기 위하여 '새민단운동'을 전개하여 조직을 정비하였다. 그들은 1977년 이후 지금까지 남한 정부로부터 지원을 받기도 하면

---

20 조련에 관해서는 홍인숙(1999). "1945~1948년 재일조선인연맹의 조직과 활동". 강덕상 · 정진성 외. 앞의 책. pp. 457-506 참조.

서, 남한의 경제성장과정에서 그리고 1988년 올림픽의 성공적 개최를 위해 거액을 모금하여 남한을 지원하기도 하였다.

민단과 총련은 상호 대립하면서, 각기 남북한 정부와 유착관계를 유지하였다. 이들 조직이 모국과의 관계에 치중한 나머지 재일한인사회의 변화에 적극적으로 대처하지 못하자 많은 재일한인들이 일본으로 동화되기도 하고 귀화하였다. 재일한인들이 일본에서 실질적으로 영주하고 귀화동포가 증가하는 현실 속에서 이들 민족단체는 일본사회에서 포용되지 못하고 차별과 배제를 당해 온 재일한인의 권익을 제대로 대표하지 못했다. 그런 가운데 민단은 재일한인의 권익옹호를 위한 운동을 전개하여 공영주택입주와 국민연금가입, 출입국관리법의 일부개정, 국공립대 교수채용 등에 있어서의 국적철폐의 결과를 가져 왔다.

특히 박종석 사건, 김경득 사건 등은 재일한인에 대한 차별철폐에 있어서 개선을 가져오는 계기가 되었다. 아라이(新井)라는 통명을 쓰던 박종석은 히타치 사의 입사시험에 합격하였으나 재일한인이라는 이유로 입사를 거부당했다. 일본 사회에서 인권문제가 된 이 사건은 재일한인뿐만 아니라 많은 일본인들의 지지 아래 소송이 제기되어 재판에서 승소하였다. 그리고 와세다대학교를 졸업한 김경득은 사법고시에 합격하였으나, 연수를 받기 위해서는 귀화해야 한다는 고등재판소의 방침에 불복하여 한국인의 신분으로서 수습생이 되게 하여 달라는 탄원서를 제출하였다. 이것이 받아들여져 김경득은 한국 국적을 가지고 한국 본명을 사용하면서 변호사 개업을 할 수 있었으며, 그 후 재일한인과 재일대만인들이 김경득의 사례를 따라 그들의 권익을 지킬 수 있었다.

이후 재일한인 3세들은 외국인등록증을 교부할 때 죄인에게나 요구하던 지문날인 거부운동을 전개하였다. 이는 재일한인 3세들의 호응을 얻었을 뿐만 아니라 다른 외국인들의 지지 속에 전국적으로 확산되었다. 결국 1965년 한일기본협정에 의한 협정영주권문제가 25년 후인 1991년 한일 양국 정부의 합의에 따라 해결되면서 지문날인은 폐지되었다. 그리고 한국정부로부터 방기된 재일한인은 일본 정부로부터도 외면받아 왔지만 지방참정권을 부여해 줄 것을 꾸준하게 요구하였다.[21]

(2) 재일한인의 법적 지위 개선과정

일본에 거주하고 있는 60만여 명의 재일동포들은 한국, 조선, 일본으로 나뉘어 국적을 갖고 있다. 그 국적에서 시사 받을 수 있듯이 재일동포들은 '재일본대한민국민단'(이하 민단)과 '재일조선인총연합회'(이하 총련)으로 양분되어 남북한 및 일본이라는 세 나라의 틈바구니에서 갈등을 겪어 왔다. 이렇듯 재일한인 사회는 한반도가 처한 국제적 정세로부터 영향을 크게 받고 있으며, 특별히 한국의 분단현실을 재일동포사회에서도 그대로 반영하고 있다. 그 과정에서 재일동포들이 다음과 같은 노력을 통하여 자신들의 지위를 개선할 수 있었다.

---

21 참정권 부여의 의의는 다음과 같다. 첫째, 참정권 부여를 통해 일본국 헌법에 맞는 기본적 인권을 보장하고 지방공무원 채용 등에서 불필요한 국적 조항이 철폐됨으로써 주민으로서의 권리가 보장된다. 둘째, 참정권 부여는 재일한인의 역사적 경로를 올바르게 인식하고 처우를 개선하는 계기가 될 것이며, 전후 청산 처리의 일환이기도 하다. 셋째, 참정권 부여는 일본 사회를 성숙시켜 일본의 공생사회 건설의지를 국제적으로 보여주는 것이며, 넷째, 재일한인에 대한 참정권 부여는 국제인권규약에 명기되어 있는 소수민족의 권리를 실현하게 되는 것이다. 한일민족문제학회 편. 앞의 책. p. 33.

먼저 재일동포들은 일본 사회에서 엄청난 차별과 배제의 대상이었음을 확인할 수 있다.[22] 일본 정부는 제2차 세계대전 종결 전에는 한국인을 일본 국민이라고 혹사시키고 죽음으로 몰아갔음에도 불구하고, 패전하자마자 재일한국인은 일본 국민이 아니라는 정책을 내 놓았다. 일본 정부는 모든 일본인에게 적용되는 군인은급, 유족연금, 장애연금, 조위금 등 일련의 전시보상법령의 적용을 한국인과 대만인에게는 거부하는 조치를 취한 것이다. 이후 일본은 국적조항을 이유로 일본국민과 구별하여 재일한국인에 대하여 각종 전쟁 피해보상이나 복지정책의 적용을 일체 거부하였을 뿐만 아니라, 재일한국인에게 외국인 등록 시 지문날인을 강조하여 범죄자 취급을 하였다.

특히 일본인이 재일한인에 대하여 편견을 갖고 차별하는 것은 그들 열등의식의 발로라고 평가된다.[23] 일본인들의 미국에 대한 열등의식을 그리고 패전에 대한 적개심을 재일한인에게 투사하고 있다는 것이다. 그에 대응하여 재일한인 역시 일본인의 차별이 심할수록 재일한인 1세대는 조국에 대한 애국심으로 승화시켰으며, 남한에 대하여 불만을 갖는 자들은 북한을 조국이라고 생각하여 북한에 대하여 애국심을 보였다. 바로 총련의 지도인사들이 모두 한반도 남부의 경상도와 제주도 출신이고 북한 출신은 거의 없다는 데서 잘 알 수 있다.

한편 재일한인 2세대는 2세대의 무조건적인 조국–북한에 대한

---

22 정구종(1988). "일본의 재일한국인정책에 관한 연구". 연세대학교 석사학위논문; 北澤昭彦(1997). "일본 정부의 재일한국인 정책변화에 관한 연구". 연세대학교 석사학위논문 참조.

23 이광규(2001). 『전환기에 선 세계한민족』. 동북아평화연대, pp. 84–86.

애국심을 불신하고 일본에 정착하여 살기를 바랐다. 2세대가 일본에 정착하여 살려고 할 때 일본인의 편견과 차별은 인내하기 힘들었으므로, 이에 따라 권익운동을 전개하게 되었다. 민단과 총련으로부터 무시당하면서 외로운 투쟁을 전개하여 하나씩 승리를 거둠으로써 재일한인의 지위는 개선되었다. 다른 한편 재일한인 3세들은 일본에 정착하길 원하는 2세대와는 달리 그리고 1세대의 무조건적인 애국심과도 다른 방향에서 조국에 대한 애국심을 문화적인 애국심으로 승화시켜 가고 있다. 자기민족중심주의이고 단일민족신화에 빠진 일본으로부터 받은 편견과 차별을 극복하기 위해서는 이에 강하게 반항하지 않는 민족의식을 유지할 필요가 있었다. 그렇지 않으면 굴욕적인 귀화를 강요받았기 때문이다.

둘째, 재일동포는 북한으로의 귀국사업을 전개하여 일본의 차별을 피하려고 하였다. 일부 재일동포들은 북한을 지지하는 민족단체인 총련의 지원과 일본 적십자사의 주선으로 북한으로의 귀국사업(북송)을 통하여 일본의 모진 차별을 벗어나 귀국을 하였다. 북한으로의 귀국은 1959년 12월부터 시작하여 1986년 6월까지 9만 3,340명에 달하였다. 그런데 1959년부터 1961년까지의 누계 7만 4,779명 이후에는 급격히 줄어들어 1980년 이후에는 두 자리 숫자로 줄어든다. 일본 사회의 차별과 빈곤으로부터 해방을 열망한 초기의 귀국열기는 차츰 귀국자들을 통해 북한의 실상이 알려지게 되면서 식어갔다.[24]

셋째, 1965년 한일기본조약이 체결되었을 때 동시에 재일한국인에 대한 법적 지위를 결정하는 '한일 법적 지위협정'이 맺어졌는데, 이 때 재일동포는 한국 국적을 갖고 있는 경우와 조선적으로부터 한국

24 강재언 · 김동훈. 앞의 책. p. 125.

국적으로 변경할 경우 일본 정부로부터 '협정영주권'을 받을 수 있었다. 그런데 협정영주권이 인정된 것은 실질적으로 국민건강보험의 적용뿐이었다. 정주외국인 특히 구식민지 출신자에게 당연히 인정되어야 할 영주권의 부여나 재입국 허가제도의 적용, 공무취임권 등은 거부당하였다. 재일동포의 입장에서 보면 '협정영주권'이라는 것은 한국정부에 의한 기민정책이며, 일본 정부에 의한 동화정책의 강화라고 할 수 있다는 것이다.

(3) 재일한인의 사회실태

▮ 재일한인의 직업구성

일본에 거주하는 재일동포들은 그 수가 가장 많을 때인 1992년 71만 2,519명을 정점으로 감소하여 2002년 현재 약 63만 5,000명의 우리 동포가 살고 있다. 그런데 외국인등록법이 아닌 연간 인구조사 자료에 의해 재일한인 조사보고에 의하면, 재일한인의 인구수는 1986년에 57만 2,000명, 1991년 69만 3,000명, 1992년 57만 5,000명으로 세 개의 정점에 이르게 된다.[25] 여기서 1991년에 그 숫자가 늘어난 이유는 일본의 이민통제 정책의 완화에 따라 새로이 유입되는 인구증가와 남한의 해외여행 자유화에 따른 것이다. 현재 지역별로 요코하마를 포함한 도쿄 중심의 관동지방에 약 18만 명, 고베를 포함한 오사카 중심의 관서지방에 약 30만 명이 살고 있다.[26]

---

25 토무라. 앞의 책. p. 115.

26 이 통계에는 약 20여만 명으로 추산되는 귀화동포는 제외되고 있다. 일본의 경우 미국에서와 달리 일본에 귀화한 동포들을 반민족행위로 간주하여 그들을 재외한인 집계에서 제외한다. 그러나 그들이 사업상 귀화하였더라도 귀화자의 조국에 대한 애국심이

먼저 재일한인의 직업구성을 보면, 현재 많은 변화를 보이고 있다. 과거에는 하층노동계급이 대부분을 차지하고 전문기술직의 비중이 적었으나, 현재는 기능공 및 생산공정 작업자의 비중이 점차 줄어들고 전문직 기술직 관리자의 비율이 조금씩 늘어나고 있는 추세에 있다. 그러나 일본인의 직업구성에 비하여 여전히 노무작업자, 판매업 종사자, 운수 및 통신업 종사자의 비율이 현저히 높고 전문기술직이나 사무종사자의 비율은 낮다.[27]

과거 재일한인 1세대에게 하층노무직과 영세규모의 공장이나 판매업, 운수업 등의 직종이 많았던 이유는 다음과 같다. 그들은 일본 국적을 갖지 못하고 학력도 낮아 일본 사회의 차별로 인하여 직업선택의 폭이 넓지 않았을 뿐만 아니라, 일본기업에 고용될 기회가 거의 없어 자기능력을 발휘할 수 있는 자영업 등을 택할 수 없었기 때문이다. 요컨대 그들은 법, 규칙, 규제 등 명시적이든지 암묵적이든지 국적조항에 의하여 정부와 공공기관뿐만 아니라 대기업, 전문직 등에서 완전히 배제되었다. 따라서 그들은 식당, 금융, 연예 오락, 기타 서비스 관련 산업에 종사할 수밖에 없었다.

그러나 1980년대 이후 일본 사회의 국제화에 따른 개방으로 과거 소수 민족이 종사하던 식당, 금융, 연예 오락, 기타 서비스 관련 산업에 일본인들과 새로 들어 온 한인(뉴커머)이 대거 참여함에 따라 직업분포에 있어서 변화가 일어났다. 또 1982년 대학을 포함한 공공기관에 외국인들을 정규직으로 채용할 수 있게 되었으며, 1985년 국적

결코 약화된 것이 아니므로 그들 또한 재일동포의 범주에 포함시켜야 한다는 주장의 목소리가 높다. 이광규(2001). 앞의 책. p. 71.

27 토무라. 앞의 책. p. 113; 김응렬(1990). "재일한인의 사회적 기회: 사회적 제약과 규범의식". 『재외한인연구』 제1호.

법의 개정으로 부계든 모계든 어느 한쪽을 통해서 일본시민권을 취득할 수 있게 된 것 등이 배경이 되어 다양한 직업선택이 이루어지고 있다. 그런데 한국, 중국, 브라질 이외의 다른 지역 출신의 새로운 이민자들을 이끌어 들이려고 일본이 1990년 신이민통제법을 제정하게 되자 귀화하려는 재일한인들이 증가함으로써 재일한인의 숫자가 감소할 뿐만 아니라 직업분포 등에 있어서 많은 변화를 보이고 있다.

그러나 2000년 일본 센서스 자료에 따르면 재일한인의 산업분포와 종사상의 지위를 보면, 일본 전국 평균(11.1%)에 비교하여 재일한인은 피고용자보다 자영업자의 비중이 높고(20.6%), 재일한인이 종사하는 산업 중에서 마케팅 관련 산업, 주로 도소매업, 요식업에 31.2%가 종사하고 있으며, 24.3%가 서비스업에 종사하고 있는 것으로 나타나고 있다.[28]

혼인

재일한인 2세대 이후는 1세대와는 달리 차별철폐를 통한 권익신장을 적극적으로 주장하면서 일본 사회에 참여하기 시작하였다. 그런 가운데 그들이 일본인과 접촉하고 교류하는 빈도가 높아지면서 일본인과 결혼하는 비율이 증가하였다. 1973년까지는 결혼건수 7,450건 가운데 같은 한인 간의 결혼건수가 3,678건(50.6%), 일본인과의 결혼건수가 3,567건(48.0%)으로 동포 간의 결혼이 과반수를 차지하였다.

그러다가 1974~1975년 한인 간 혼인과 일본인과의 혼인이 50% 정도로 같은 비율을 점하였으나, 이후로는 한인끼리의 결혼건수가 전체의 반수에 미치지 못하게 되면서부터 국제결혼건수가 가속적

28 윤인진(2004). 앞의 책. p. 179.

표 3.1 재일한인 일본 국적 취득자수, 일본인과의 결혼수

구 분	등록수	일본 국적 취득자수	일본인과의 결혼수	일본인과의 이혼수
1984	680,706	4,608	5,230	
1985	683,313	5,040	6,147	
1986	677,959	5,110	5,845	
1987	673,787	4,882	6,770	
1988	677,140	4,595	7,598	
1989	681,838	4,759	10,274	
1990	687,940	5,216	11,661	
1991	693,050	5,665	9,635	
1992	688,144	7,244	8,341	4,547
1993	682,276	7,697	7,830	4,043
1994	676,793	8,244	7,537	3,720
1995	666,376	10,327	7,363	3,521
1996	657,159	9,898	7,261	
1997	645,373	9,678	7,178	
1998	638,828	9,561	7,778	
1999	636,548	10,069	8,418	3,408
2000	635,269	9,842	8,719	
2001	632,405	10,295		
2002	625,422	9,188		

자료 : 『法曹時報』, 『人口動態統計』, 신주쿠 오쿠보출장소 제공자료(2004)를 참조하여 재구성.

으로 증가하고 있다. 그리하여 일본인과의 결혼비율이 증대하여 1999년에는 재일한인의 87% 정도가 일본인과 혼인을 하였다.[29] 특히 한인 남성과 일본인 여성 사이의 혼인 비율보다, 한인 여성과 일본인 남성 사이의 혼인이 빠른 속도로 늘어나고 있다. 이는 1980년대 말 한국의 해외여행 자유화 이후 도일한 뉴커머 중 서비스업에 종사하던 한인

29 윤인진. 앞의 책. p. 166; 강재언 · 김동훈. 앞의 책. pp. 167-168.

여성들이 일본인 남성과 결혼하는 경우가 많기 때문일 것이다.[30]

거듭 언급되고 있지만 재일한인의 국제결혼이 증가할수록 개정 국적법에 따라 부모 어느 한편이라도 일본인일 경우 일본 국적을 취득하게 되므로 재일한인수는 점차 줄어들 것이다. 이처럼 국제결혼이 증가하는 이유로 ① 민족이나 혈통에 집착하는 재일한인 구세대의 가치관이 신세대에게서는 크게 변화하였으며, ② 재일한인 자녀의 다수가 일본학교에서 교육을 받음으로써 일본인과의 교우관계가 많아졌으며, ③ 재일한인이 일본 전국에 흩어져 살기 때문에 젊은 한인끼리 사귈 기회가 적어 결혼상대를 찾기가 어려워졌다는 점 등을 들 수 있다.[31]

귀화

위에서 설명한 것처럼 일본 국적을 취득하는 재일한인의 숫자가 매년 늘어나고 있다. 그런데 재일한인의 귀화사유로 취업, 일본인과의 결혼, 자녀의 취학 등을 들 수 있다. 1952년 233명의 귀화신청자 허가 이후 1999년까지 23만 3,920명(귀화할 수 있는 사람의 73.6%)이 귀화하였다.[32] 이런 결과에서 보는 것처럼 재일한인사회의 현안은 일본으로의 귀화자가 늘어나고 국제결혼으로 출생한 자녀들이 일본 국적으로 등록되면서 재일한인의 수가 감소하고 있다는 점이다. 재일한인 3, 4세는 대부분 조

30 그렇지만 이러한 재일한인의 일본인과의 결혼은 이혼 가능성이 높아, 한인사회에 결손가정의 비율을 높이고 자녀들에게 고통과 혼란을 초래한다는 점에서 문제를 낳고 있다. 1992년 일본인 이혼율 1.45에 비하여 일본인과 결혼한 한인들이 이혼율 4.547은 4.5배나 높다. 윤인진. 앞의 책. p. 167.

31 강재언 · 김동훈. 앞의 책. p. 169.

32 토무라. 앞의 책. p. 114.

표 3.2 최근 일본 거주 외국인 귀화자수

구 분	합 계	한국 · 조선	중 국	기 타
1998	14,779	9,561	4,637	581
1999	16,120	10,059	5,335	726
2000	15,812	9,842	5,245	725
2001	15,291	10,295	4,377	619
2002	14,339	9,188	4,442	709

자료 : 〈http://www.moj.go.jp./NYUKAN/nyukan16.html, 2004. 4. 8.〉

국에 대한 기억과 국적으로 인한 소속감이 없으며 일본인과 다름없이 성장하였다. 또한 취직과 결혼에 즈음하여 일본 국적으로 바꾸는 사람들이 적지 않다. 일본은 1985년 국적법을 변경하여 부모 중 한 사람이 일본인이면 일본 국적을 취득할 수 있도록 하였다. 이는 일본인과의 혼인이 늘어가는 것과 비례하여 일본 국적을 취득하는 경우가 늘어남으로써 귀화자 수가 자연증가에 비해 크기 때문에 재일한인의 규모가 줄어들고 있는 추세이다.

그러나 더 큰 문제는 일본인으로 귀화하면 한인으로 간주하지 않고 민족성을 저버린 것으로 재일한인사회에서 배제하고 있다는 점이다. 그렇지만 여전히 귀화한인들은 조국을 사랑하고 있으며 조국과의 관계를 끊지 않으려고 한다. 그리고 이처럼 귀화자수가 증가함으로써 재일한인 수가 감소추세에 있으며, 재일한인의 모국에의 귀속의식이 희박해지고 있다. 그러나 아직도 재일한인 대부분은 한민족의 정체성을 고수하면서 살아왔고, 일본에서 출생한 2, 3, 4세대가 국적에 의한 차별과 배타로부터 생존권을 위협받으면서도 귀화를 하지 않고 한국적 및 조선적을 유지하고 있다는 사실만으로 재일한인의 정체성에 전혀 의심을 품을 수 없다.[33]

▌재일한인의 민족정체성

해외의 다른 지역, 특히 미국과 중국에 거주하고 있는 재외한인은 대부분 이민자의 신분으로 자발적으로 이주하여 다인종, 다민족사회에서 한민족으로서 고유한 정체성과 문화를 자랑스럽게 살아 왔다. 이에 반하여 재일한인은 일제 식민지배 시기를 포함하여 해방 후에도 거주국 사회로부터 차별을 받으며 살아 왔다. 단일민족신화를 믿는 일본인들의 편견과 차별은 개인의 태도와 감정에 머물지 않고 취직, 거주, 교제, 연애, 혼인 등 일상생활에 걸쳐 광범위하게 행해졌다. 그런 상황에서 재일한인이 민족적 자긍심을 갖고 정체성을 드러내는 것이 매우 어려웠을 것이다.

재일한인 가운데 일본에서 출생한 비율이 높아져서 이제는 4세까지 태어나고 있다. 특히 청년층의 중심인 재일한인 3세는 자신들이 정착해야 할 사회로서 일본을 바라보기 때문에 그들의 민족정체성은 이전 세대와는 다른 변화를 보인다. 재일한인 1, 2세는 고국으로 돌아간다는 생각에서 일본에서의 차별과 편견을 감수한 데 반하여, 재일한인 3, 4세는 일본에 산다는 정주의식이 강하다. 따라서 그들은 일본에서의 권리신장과 차별철폐를 위해 많은 노력을 경주하고 있다.

특히 한국어의 구사와 민족교육을 통하여 민족정체성을 유지하는 데 많은 노력을 경주해 온 총련계 재일한인은 세대교체와 탈냉전이 진행되면서 조국지향(귀국지향)/재일지향(정주지향), 한국지향(출생적 귀속성)/북한지향(이념적 귀속성) 가운데 선택의 기로에 놓여 있다. 탈냉전과 국제정치의 상황변화 그리고 일본의 국제화에 따른 일본 사회 내의

---

33 강재언 · 김동훈. 앞의 책. p. 9.

차별구조의 완화와 총련계 지도자들의 세대교체는 총련의 존재방식을 변용시키고 있으며, 총련계 재일한인들의 재일지향과 개인지향을 부추기고 있다.[34]

재일한인은 보통 본명과 통명을 통해 정체성을 따지기도 한다. 재일한인이 사용하는 본명은 원래 자신의 우리 이름이고, 통명은 일상생활에서 편리하게 사용하고 있는 거주국의 동화된 일본식의 이름이다. 재중한인들을 제외하면 재외한인은 대체로 통명을 갖고 있는데, 재일한인도 일본식 통명을 갖고 있다. 따라서 일본식 이름으로 된 통명을 보면 그가 한국인인지 일본인인지 분간이 잘 되지 않는다. 이렇게 통명은 자신이 한인임을 은폐하는 기능을 한다. 물론 생활의 편의상 통명을 사용한다고 하더라도 이름을 바꾸고 나서 민족정체성을 유지한다는 것은 쉬운 일이 아닐 것이다. 다른 한편 통명을 사용하다가 민족의식에 눈을 뜨고 '본명선언'을 하는 경우도 있다. 이는 엄청난 각오를 해야 가능한 일이므로 고등학교나 대학교의 청소년기에 새로운 한인으로서 삶을 다짐하는 것은 용이하지 않을 것이다. 최근 귀화도 늘고 있지만, 본명만 사용하거나 본명을 비교적 많이 사용하는 재일한인의 비율이 10%에서 최근에는 20%로 증가하였다는 설문조사의 결과도 있다.[35]

---

34 장인성(2003). "총련계 재일한인의 민족정체성". 『국제 · 지역연구』 제12권 제4호(겨울).

35 한일민족문제학회 편. 앞의 책. p. 214.

4. 재일한인 집거지역 현황 : 신주쿠와 이쿠노

(1) 도쿄의 신주쿠(新宿)

일본패망 후 한인들의 귀국이 마무리된 시점인 1950년 약 54만 5,000명의 재일한인은 당시 일본에 거주한 외국인 59만 8,696명의 91%를 차지하였다. 그 후 외국인 총수가 85만 621명으로 증가한 1985년에도 재일한인은 80.3%를 차지하는 68만 3,313명이었으나, 이후에는 그 비율이 계속 감소하여 1989년에 이르면 107만 5,317명의 외국인 중 63.9%를 점하는 69만 3,050명이 되었다. 일본 거주 외국인 중 재일한인 점유비율은 1991년에 이르면 더욱 감소하여 56.9%로 낮아진다.[36] 요컨대 재일한인은 전후 일본 내 외국인의 90% 이상을 점하였으나 2002년에는 한인 비율이 37.7%까지 감소하였다. 특히 일본경제의 장기불황으로 한국인 등록자가 감소한 것으로 보인다.[37]

그렇지만 아직도 외국인등록자 추이를 국적별로 보면 한국 · 조선적이 1위이고, 그 뒤를 중국인이 잇고 있다. 1989년 이후 남미의 브라질과 페루로부터 이민이 비약적으로 급증하고 있다. 그런데 외국인노동자들은 그들의 재류자격과 일본에서의 직업, 국적 등에 따라 거주하고 있는 지역이나 주택상황이 크게 달라서 외국인 노동자들 간의 거주지 분리현상이 확연히 드러나고 있다.[38]

---

36 강재언 · 김동훈. 앞의 책. pp. 15-17.

37 토무라. 앞의 책. p. 115.

38 예를 들어 도쿄의 경우 미나토구의 고급주택지에는 유럽인이 많고, 신주쿠와 이케부쿠로 등지의 도심부 낡은 목조아파트 밀집지구에는 중국인을 비롯한 아시아계통의 외국인이 많다. 그리고 일제의 식민지배시기 한인노동자들의 이주와 강제징용을 통해 전쟁기의 산업화에 동원하였듯이, 일본인 하층노동자들과 지위가 향상된 재일한인을 대신

표 3.3 일본 외국인 국적분포

구 분	1993		2002	
	인구수	비 율	인구수	비 율
전 체 (외국인수)	21,213,378 (1,320,748)	0.06	12,238,627 (1,851,758)	1.50
한국 조선	682,276	51.7	635,269	37.7
중 국	210,138	15.9	335,575	19.9
브라질	154,650	11.7	254,394	15.1
필리핀	73,057	5.5	144,871	8.6
페 루	33,169	2.5	46,171	2.7
미 국	42,639	3.2	44,856	2.6
기 타	124,819	9.5	225,308	13.4
한 인	682,276	51.7	635,269	37.7

자료 : 『平成15年版 在留外國人統計』. 財團法人 入館協會, p. ⑧.

재일한인은 일본에 가장 많이 거주하고 있는 외국인으로서 특히 오사카와 도쿄에 집중적으로 거주하고 있다. 여기서 대표적인 재일한인 집거지역인 도쿄의 신주쿠와 오사카의 이쿠노 두 곳을 살펴보고자 한다. 왜냐하면 이 두 곳은 일본의 양대 광역도시에 위치하기도 하며, 재일한인의 재류자격(재류목적)에 있어서도 그 차이를 보여주는 곳이기도 하기 때문이다. 도쿄 신주쿠의 경우는 전체 재일한인 중 비영주자, 즉 뉴커머의 비중이 높은 곳이다. 그리고 오사카 이쿠노의 경우는 영주자의 비중이 높은 곳으로, 바로 도쿄는 영주자의 비율이 60%, 오사카는 91%로 큰 차이를 보이고 있다. 이처럼 신주쿠와 이쿠노 두 지역의 상호 비교를 통하여 재일한인 집거지역의 실태를 어느 정도 파악할 수 있다고 본다.

하여 3D 업종에 새로 유입된 남미출신의 외국인 노동자들로 충원되고 있다. 조현미·최영동(2002). "인력수급정책이 외국인 노동자의 거주지 선정에 미치는 영향: 일본, 독일, 한국의 비교연구". 『일본어문학』 제19집, 일본어문학회, p. 14.

표 3.4 한국 조선국적 외국인 도도부현별 재류자격별 등록자수(2002)

재류자격/지역		도 쿄	가나가와	아이치	교 토	오사카	효 고	후쿠오카
한국 조선인수		101,389	34,435	46,134	39,166	152,768	62,714	21,484
영주자	일반영주자	8,038	2,179	1,735	1,113	10,247	2,171	909
	특별영주자	53,575	23,287	40,482	35,924	130,134	57,315	18,295
	계	61,613	25,466	42,217	37,037	140,381	59,486	19,204
비영주자	일본인 배우자 등	4,810	1,862	798	380	2,954	958	391
	정주자	2,844	670	308	238	1,973	476	134
	유 학	7,449	1,075	691	561	1,597	370	538
	가족체재	7,221	1,181	787	318	1,376	358	549
	흥 행	78	41	34	33	168	132	18
	취 학	4,843	377	96	91	141	53	108
	인문지식 국제업무	2,063	254	98	17	228	75	68
	연 수	24	13	4	2	20	4	5
	기 술	1,084	385	160	15	121	74	38
	기 능	510	16	71	7	66	22	19
	기업내전근	920	126	73	2	218	32	77
	교 육	35	4	1	4	14	1	-
	영주자 배우자 등	646	178	152	148	832	278	52
	교 수	194	41	68	57	70	19	68
	기 타	-	-	-	-	-	-	-
	계	32,721	6,223	3,341	1,873	9,778	2,852	2,065

자료 : 『平成15年版 在留外國人統計』. 財團法人入館協會, pp.68-71 재정리.

1980년대 말 이후 일본의 경제호황기에 일본으로 건너간 소위 뉴커머들이 재일한인사회의 새로운 집단을 형성하고 있다. 현재 155만 명을 넘어선 일본의 외국인 거주자들 중에서 재일한인이 60여만 명인데, 이 가운데 특별영주자 52만 명을 제외한 11만 명 중 대다수가 뉴커머의 범주에 들어간다고 할 수 있다 그런데 뉴커머의 실제 수는

표 3.5 도쿄 구역별(市區町村別) 한국 조선국적 등록인구(2002)

지 역	인구수	지 역	인구수
千代田區	380 (377)	澁谷區	1,785 (1,776)
中央區	595 (652)	中野區	3,023 (2,766)
港區	2,630 (2,580)	杉並區	3,214 (3,104)
新宿區	10,264 (10,155)	豊島區	3,278 (3,099)
文京區	2,198 (2,132)	北區	3,197 (3,086)
台東區	4,425 (4,304)	荒川區	7,301 (7,213)
墨田區	2,246 (2,195)	板橋區	3,480 (3,456)
江東區	4,077 (4,020)	錬馬區	3,673 (3,645)
品川區	2,400 (2,340)	足立區	9,125 (9,130)
目黑區	1,610 (1,522)	葛飾區	4,069 (3,920)
大田區	4,164 (4,130)	江戸川區	5,338 (5,162)
世田谷區	3,939 (3,980)		

* ( )의 숫자『平成15年版 在留外國人統計』. 財團法人入館協會. pp. 106-107 참조 정리.
자료 :『外國人登錄人口 平成14年 1月 1日 現在』. 東京都總務局統計部.

상당수의 불법체류자들까지 포함하여 20~30만 명에 이를 것으로 추산된다.[39]

뉴커머의 1/3 이상이 도쿄지역에 살고 있으며, 특히 신주쿠의 쇼쿠안도리(職安通り)에 집중적으로 거주하고 있다. 〈표 3.5〉에서 보는 바와 같이 다수 재일한인이 거주하고 있는 신주쿠는 도쿄의 대표적인 상업지구이다. 그 중에서 신주쿠 남서부의 신주쿠역과 신오쿠보역 그리고 쇼쿠안(職安) 거리를 중심으로 한인 집거지역(코리아타운)이 발달해 있다. 1980년대 중반 이후에 한인 호스티스들이 들어오면서 한인 집

39 윤인진. 앞의 책. p. 159. 그리고 필자는 2004년 2월 신주쿠의 오구보특별출장소에 들려서 재일한인 가운데 뉴커머들에 관하여 묻고 답을 들어보았을 때, 오구보소학교의 외국인 자녀 비율이 절반 이상이 되는데 부모들이 불법체류자로 검거되면 그 자녀들이 빈번하게 결석을 하게 된다는 설명을 듣기도 하였다. 따라서 구역소(區役所)에서는 외국인들과 공생하기 위하여 다양한 프로그램을 개발하여 다민족 간 교류를 도모하고 있다는 설명을 들었다.

거지역이 형성되었다고 한다. 앞서 한인 해외이주사의 비극에 대하여 언급하였지만, 이곳의 한인이주역사 역시 크라브(club)에 근무하는 수천 명의 한인 호스티스들에 의해서 시작되었다. 이들을 상대로 한 상점과 식당들이 문을 열게 되면서, 그리고 1989년 한국의 해외여행 자유화 이후 본격적으로 뉴커머들의 이주가 이루어졌다. 뉴커머는 최소 6만 명이 넘을 것으로 추산되는 불법체류자와 함께 신발, 가방, 석재가공분야, 토목건설현장, 식품가게, 한국 식당, 유흥업소 등에서 일하고 있다. 최근에는 정보기술 분야에서 한국 업체가 증가함으로써 관련 업계에 종사자가 늘고 있다.[40]

이렇게 뉴커머의 직업을 반영하여 신주쿠의 코리아타운에는 약국, 병원, 슈퍼, 비디오 대여점, 서점, 떡 방앗간, 음식점, 옷가게, 세탁소, 교회, 절, 은행, 이발소, 미용실, 찜질방, 부동산소개소, 인쇄소, PC방, 호텔, 사우나, 크라브, 민박집, 여행사, 박물관 등 수많은 한인가게들이 있다. 특히 그곳의 한국 식당에서는 한국의 음식 맛을 그대로 맛

---

40 토시유키 토무라(2003). 앞의 논문 참조. 그리고 한 잡지는 2002년 말 현재 교민업계의 40대 업종 및 직업군을 다음과 같이 소개하고 있다. 필자가 2004년 2월 도쿄에서 수집한 10여 종의 생활정보지를 검토한 결과도 대부분 이 업종들이 지면의 대부분을 점하고 있다. 이는 이들 직종이 다수 재일한인들의 직업 및 종사업종이라는 것 의미한다고 볼 수 있다. ① 일본어학교, ② 유학생, ③ 현지인 주재원, ④ 한국계 종교기관, ⑤ 건설노동자, ⑥ 서비스업, ⑦ 한국음식점(야키니꾸 식당, 한국식 회집, 가정요리), ⑧ 직업소개소, ⑨ 송금업계, ⑩ 여행사, ⑪ 운세철학, ⑫ 국제전화, ⑬ 비디오점, ⑭ 미용업, ⑮ 보따리장수, ⑯ 일반무역업, ⑰ 중고품업, ⑱ 구두, 지갑, 가방제조업, ⑲ 보석가공업, ⑳ 통역 번역 가이드업, ㉑ 의류패션, 액세서리 유통, ㉒ 숙박업, ㉓ 교민잡지 분야(『아리랑』, 『생활정보』, 『시나브로』, 『교차로』, 『그루터기』, 『신동경』, 『동서남북』, 『넷21』 등), ㉔ 식품유통업, ㉕ 주류유통, ㉖ 에스테, ㉗ 인테리어업, ㉘ 한국식품점, ㉙ 의약, 의료분야, ㉚ 사우나, 피부미용, ㉛ PC방, ㉜ 벤처기업, ㉝ 건강산업, ㉞ 컴퓨터프로그래머, ㉟ 기숙사 임대업, ㊱ 교민 인쇄업, ㊲ 문화계 종사자, ㊳ 통신 판매업, ㊴ 이삿짐센터, ㊵ 스포츠 레저분야
〈http://www.arirang21.com/news/print.php?idxno=280, 2004. 2. 10.〉

볼 수 있다. 그것은 한국에서 갓 건너 온 조리사들에 의해서 요리된 음식이기 때문이다. 그런 사정은 오사카의 경우에도 마찬가지이다. 따라서 한국 식당은 현지를 여행하는 한국인들과 한국 맛을 보려는 많은 재일한인 및 일본인들의 인기를 끌고 있다. 또 비디오 대여점은 한류열풍으로 인하여 많은 인기를 누리고 있다. 여기서는 한국 음반과 책, 한복, 수십 종의 교민잡지 등을 24시간 영업을 통해 판매하고 있다.[41]

(2) 오사카의 이쿠노(生野)

오사카는 오사카 부, 교토 부, 나라 현, 효고 현, 시가 현, 오카야마 현 등을 포함한 광역도시로 전체 재일한인의 33.3%(2001년 현재 오사카부 전체 외국인 21만 897명 중 72.4%인 15만 2,768명)가 거주하는 긴키 지역의 중심 도시이다. 오사카에서 부전체(府全體) 재일한인의 22.3%를 차지하는 3만 4,105명의 재일한인이 이쿠노에 거주하고 있다.

예부터 동양의 멘체스터로 불리면서 아시아 각지에 공업제품을 수출하던 공업도시인 오사카에는 1923년 2월 오사카 제주도간 정기항로의 개설로 한반도로부터 수많은 한인노동자가 유입되었다. 그리하여 오사카는 가족단위로 가구를 형성하는 비율이 점증하면서 조선촌(朝鮮村)이라는 밀집지역을 낳았다.[42]

---

41 『재외동포신문』. 2004. 1. 14. 〈http://66.232.141.32/dongpo, 2004. 1. 14.〉

42 오사카 조선촌의 형성은 1907년 東成區 東小橋町 157번지에 소재한 朝鮮町이 건설되면서부터 시작되었다. 그리고 이카이노초(猪飼野町)의 조선촌이 크게 번성하였다. 1920년대 중반 平野川의 개수공사에 조선인 노동자가 다수 동원되어 이곳에 조선촌이 형성되었다. 정혜경. 앞의 책. p. 43.
특히 이 공사에 많은 제주도 출신 한인이 동원됨으로써 이후 동성구가 제주도민의 밀집거주지역이 되었다. 1919년 3월에 시작된 이 공사가 1923년에 끝났음에도, 동원된 도일한인 다수가 그 지역에 거주하게 되면서 조선인 밀집촌도 형성되었을 것이다. 따

표 3.6 오사카 부, 오사카 시, 이쿠노 구 외국인 국적분포(2002)

국 적	오사카 부 (8,805,081)*	오사카 시 (2,474,579)	이쿠노 구 (108,819)
한국 조선	152,768	93,975	34,105
중 국	33,375	16,903	1,186
브라질	4,946	1,472	72
필리핀	4,367	2,103	77
페 루	1,187	421	31
미 국	2,260	1,012	51
영 국	917	–	–
타 이	1,299	–	–
인 도	560	–	–
말레이시아	305	–	–
프랑스	245	–	–
기 타	-	–	–
전체 외국인	210,897	120,997	35,817

* (　)은 총인구수
자료 : 『平成15年 在留外國人統計』. 法務省, pp. 112-113.

한인들이 조선촌을 형성하고 살게 된 이유는 앞서 설명한 바와 같이 ① 일본인 거주지역에서는 주택을 얻을 수 없었고, ② 일본어에 능통하지 못한 한인들끼리 취업알선이 용이했으며, ③ 조선인들의 수입으로는 일본의 거주지역에서 생활할 수 없었기 때문이다. 따라서 조선촌은 상호부조가 잘 이루어져 취직 등 생활상의 편의도 쉽게 얻을 수 있고, 곤경에 처한 조선인들이 의지할 수 있는 곳이었으며, 일본 사회의 조선인에 대한 차별과 배제로부터 자유롭고 안식을 주는 곳이

라서 猪飼野町의 朝鮮村 형성 시기는 1923년 이후로 보는 것이 타당할 것이다. 강재언 · 김동훈. 앞의 책. pp. 46-47, p. 71.
그리고 이쿠노는 특별히 百濟野, 百濟川, 百濟寺, 百濟橋, 百濟驛 등 百濟와 관련된 지명을 많이 갖고 있다. 구다라노(百濟野)는 이쿠노 구와 이웃한 동주길 구를 천년 전에 부르던 이름이고, 현재 이쿠노 중심을 흐르는 平野川을 전에는 百濟川이라고 불렀다. 그리고 이쿠노에는 지금도 구다라바시(百濟驛)가 있다.

었다.[43]

이와 같은 역사적 과정을 거쳐 한인이 많이 거주하게 된 이쿠노에는 한인 관련 시설도 많다. 재일한인 단체인 민단과 총련의 지부, 사찰과 교회, 민족학교 등 관련 시설과 기관을 통하여 민족정체성을 유지하고 있다.[44] 특히 총련에 속한 공화병원과 교육기관 등은 열악한 재정 때문에 어렵게 운영되고 있는 것으로 보였다. 오사카에는 초급학교 7개, 중학교 2개, 고등학교 1개 있는데, 이쿠노에 각기 4개, 1개, 1개가 있다. 이를 통해 재일한인들의 민족교육을 담당해 온 것이다.

그리고 현재 이쿠노의 중심 도로에는 한인가게가 즐비하게 자리잡고 있다. 이들 가게에서는 김치 젓갈 등의 한국인이 주로 먹는 음식과 식품, 한복과 같은 의류 등을 판매하고 있다. 특히 도곡3정목에서 도곡5정목에 걸친 미유기모리(御幸森)에는 코리아타운(コリアタウン)이 조성되어 있다. 그곳 출입구의 백제문에는 "오이소, 보이소, 사이소"(オイソ ポイソ サイソ)라고 한국음을 차용한 현수막이 걸려 있다. 1984년 조선시장을 재건하면서 코리아타운 구상이 나오고, 1993년 미유키모리 거리에 상점가를 완성하면서 한국 관련 상품과 음식을 판매하는 상가가 형성된 것이다. 그런데 이곳 미유기모리의 코리아타운은 도쿄 신주쿠 코리아타운과 달리 도쿄 아다치(足立)의 세키바라(關原), 아라카와(荒川)

---

43 정혜경. 앞의 책. pp. 43-44.

44 필자는 2004년 3월 이쿠노의 한 서점 대표와 면담하였는데, 다음과 같은 오사카 재일한인 문화의 일단을 전해 주었다. 김덕한 등이 중심이 되어 1982년 "생야민족문화제"를 창건하여 20여 년 동안 매년 수천 명이 참가하는 민족축제를 개최해 왔으며, 2003년 20회를 끝으로 마감하였다고 한다. 그는 이러한 이쿠노의 문화행사는 인근 지역으로 확산되어 고베와 교토, 후쿠오카 등에서 유사한 문화행사에 영향을 주었다고 자랑스럽게 말하였다. 그리고 이쿠노에서는 "One Korea Festival"을 통해 재일한인 사이에 화해와 화합을 도모해 왔다고 전하였다.

의 미기와시마(三河島)와 닛뽀리(日暮)의 코리아타운과 흡사하였다. 그것은 뉴커머가 아닌 올드커머, 즉 1989년 한국의 해외여행 자유화 이전부터 거주해 온 재일한인들의 거주지역이기 때문일 것이다.

(3) 신주쿠와 이쿠노의 코리아타운 비교

위에서 신주쿠와 이쿠노의 코리아타운을 살펴보았다. 역동적이지만 향락소비적인 신주쿠는 뉴커머의 유입으로 유흥 서비스업이 주종을 이루는 신흥 한인 집거지역이다. 비교되는 바와 같이 재일한인 3, 4세들이 주로 거주하고 있는 오사카의 이쿠노는 ① 이주시기, ② 재류자격, ③ 거주지역의 지리경제적 조건 등에 있어서 차이를 보이고 있다.

먼저 도쿄도(전체인구 1,218만 7,714명)에는 전체 외국인 33만 1,277명 중 30.6%를 차지하는 10만 1,389명의 재일한인이 거주하고 있으며, 신주쿠에는 2002년 현재 도쿄도 전체 재일한인 중 10.0%인 1만 264명이 거주하고 있다. 그런데 오사카부(전체 인구 880만 5,081명)에는 전체 외국인 21만 897명 중 72.4%인 15만 2,768의 재일한인이 거주하고 있으며, 이쿠노에는 2002년 현재 오사카 부 전체 재일한인 중 22.3%인 3만 4,105명이 거주하고 있다.

신주쿠와 이쿠노의 인구를 비교하면, 이주시기에 있어서 신주쿠

표 3.7 신주쿠와 이쿠노의 재일한인 인구수

구 분	신주쿠	이쿠노
총인구	12,817,714	8,805,081
외국인 총인구	331,277	210,897
都府 재일한인수	101,389 (외국인의 22.3%)	152,768 (외국인의 72.4%)
區 재일한인수	10,264 (재일한인의 10.0%)	34,105 (재일한인의 22.3%)

표 3.8 신주쿠의 재일한인 인구수 증감

구 분	1970	1975	1980	1985	1990	1995	2000	2003
인구총수	386,445	358,342	339,123	334,977	312,140	285,437	285,197	299,099
외국인등록 인구총수	380,833	352,784	333,087	325,442	295,437	266,622	263,417	270,102
중 국	1,564	1,255	1,272	2,730	6,312	6,583	6,764	9,556
한국 조선	2,721	2,817	3,069	4,315	7,079	7,550	8,928	10,933

자료 : 『平成15年度 新宿區における外國籍住民との共生に關する調査』. 平成 16年 3月. 新宿文化國際交流財團, p. 5.

표 3.9 오사카의 재일한인 인구수 증감

구 분	1996	1997	1998	1999	2000	2001	2002
오사카	170,516	166,232	163,067	160,676	158,702	155,707	152,768

자료 : 오사카총영사관 통계자료(2002).

의 경우는 1980년대 말 이후 이주인구가 급증하였다. 특히 한국 정부의 여행자유화 조치 이후 신주쿠로의 이주자가 늘어나 재일교포 3, 4세가 다수를 이루고 있는 오사카의 이쿠노와 대비된다. 반면 이쿠노의 경우 1996년 이후 2002년까지 아주 완만한 감소추세는 여전히 변화가 없음을 보여준다.

다음으로 재류자격을 보면, 신주쿠의 경우 특별영주자 비율이 10만 1,389명 중 60.7%인 6만 1,613을 차지하여 재일한인만이 아닌 외국인 전체의 비율을 볼 때, ① 유학이 큰 비중 차지하고, ② 특별영주자 비중이 감소하고, ③ 유학생의 급증과 더불어 재류 무자격자 급증하고 있는 특징을 보이고 있다. 특별히 〈표 3.10〉은 신주쿠의 경우를 보여준다. 반면에 이쿠노가 속해 있는 오사카의 경우, 2002년 현재 15만 2,768명 중 특별영주자가 91.8%인 14만 134명을 차지하고 있다.[45]

셋째 지리경제적 조건을 보면, 신주쿠의 경우 도쿄도청이 위치

표 3.10 신주쿠 재일한인 재류자격 변화

구 분	1995	2000	2003
재류자격 없음	–	841	2,050
투자 경영	220	332	375
기 능	219	403	420
기 술	124	276	435
흥 행	573	450	568
기업내전근	398	455	616
정주자	791	1,080	1,191
특별영주자	1,738	1,699	1,578
인문지식 국제업무	918	1,267	1,730
영주자	755	1,033	1,868
일본인 배우자	2,272	2,264	2,363
단기체재	1,190	1,971	2,589
가족체재	2,208	2,798	3,418
취 학	2,910	2,899	3,594
유 학	2,954	2,774	4,580

자료 : 『平成15年度 新宿區における外國籍住民との共生に關する調査』. 平成 16年 3月. 新宿文化國際交流財團, p. 6.

한 도시 중심부에 위치하고, 그리고 유흥지역인 가부키초의 주변에 위치하여 교민업계의 40대 업종에서 보는 바와 같은 직업군에 종사하는 사람이 많다. 거주이유를 보더라도 신주쿠의 경우 면학(勉學)을 위해서, 그리고 통학과 통근에 편리하기 때문이라는 응답자가 다수를 이룬다.[46] 반면 이쿠노의 경우는 오사카 중심으로부터 주변부에 위치하고 있으며 재류자격에서 보는 바와 같이 특별영주권자가 다수이기 때문에 재래의 자영업자가 다수를 구성하고 있다.

45 『平成15年版 在留外國人統計』. 財團法人入館協會, pp. 68–71 참조.

46 『平成15年度 新宿區における外國籍住民との共生に關する調査』. 平成 16年 3月. 新宿文化國際交流財團, p. 21.

5. 결론 : 재일한인사회 연구의의

재일한인사회의 실태조사를 위하여 재일한인 집거지역을 방문하는 동안 필자와 면담한 재일한인 대부분은 일본 사회로부터 차별을 받아온 재일한인을 조국이 지나치게 소홀히 해왔다고 목소리를 높였다. 비록 그들이 취업과 생활의 편의를 위하여 통명을 사용하고 일본의 공교육을 통해 일본 사회에 동화되고 있지만, 한국 정부는 기민정책으로 재일한인을 방기해 왔기 때문에 재일한인 2세 이하는 모국에 대해 큰 실망감을 느끼고 있다는 것이다. 따라서 이제 우리는 재일한인에 대하여 인식을 새롭게 해야 한다.

그러기 위해서는 먼저, 재일한인은 일제 식민지 통치의 산물이기 때문에 민족정체성이 강하다는 점을 알아야 한다. 둘째, 재일한인들이 한국의 산업화 과정에서 크게 기여하였다는 것도 깨달아야 한다. 셋째, 재일동포의 지위개선에 대하여 지원을 아끼지 말아야 한다. 넷째, 조선적 무국적 동포들에 대해서도 관심을 갖고 적극적으로 배려해야 한다. 특히 조선적을 북한 국적으로 본다고 할지라도 한반도의 유일한 정부로 자처하고 있는 한국 정부가 재일 조선적 동포를 동포의 범주에서 제외한다면 여전히 재일한인 방기정책을 계승하고 있는 셈이다. 망국과 기아의 서러움을 안고 일본으로 건너간 한인들과 그 후손을 포용할 수 있을 때 그들의 민족정체성이 유지될 수 있으며, 거주국으로의 귀화에 대한 대안이 될 것이다.

그럴 경우 재일한인은 한일 양국 사이에 중개자로서의 역할을 할 수 있을 것이다. 지금까지 재일한인은 문화적 주도력을 인정받지 못하였는데 분단된 남북한의 대립에 의하여 규정받는 민족주의 정통성 쟁탈전과 일본 사회의 동화 · 배제 사이에서 분열되었기 때문이다. 그러나 이제 세계화 시대에 재일한인은 지방참정권 요구에서 보여주듯이 초국가적인 행위자로 등장하고 있다.[47] 미국과 중국에 거주하고 있는 재외한인이 거주국 사회와 문화에 동화되는 것이 큰 문제가 되지 않는 것과는 달리, 과거 식민지배의 과오를 갖고 있는 일본에 거주하고 있는 재일한인이 일본 사회와 문화에 동화되는 것은 수치로 여겨졌다. 그러나 이제는 세계화의 열린 공간에서 자신의 역량을 최고로 펼칠 수 있는 시대이므로 폐쇄적인 민족의 족쇄를 거두어야 할 때이다. 그것이 이글의 모두에서 강조한 국제경쟁력을 제고시키는 것이다.

끝으로 재일한인 집거지역 사회실태조사를 정리하면서 재일한인 인구수에 관한 필자의 입장을 밝히고자 한다. 현재 일본에는 공식적으로 약 65만 명, 비공식적으로 약 100만 명이 거주하고 있다. 이 같은 공식적인 인구수와 비공식적인 인구수의 차이는 귀화자를 포함하느냐 그렇지 않느냐의 관점에서 비롯한다. 현재 일본에 거주하는 재일한인은 일본에서 온갖 차별을 받아 왔다. 다만 그들이 생활의 편리함 때문에 귀화하였음에도 불구하고, 조국에 대한 의식과 민족정체성을 약화되지 않았다고 그들은 주장한다. 따라서 시민권을 획득한 재미한인을 재외한인으로 대접하는 것과는 달리, 귀화 재일한인을 반민족행위자와 같은 취급을 하는 것이 정당하지 못하다. 마땅히 귀화한 재일한인도 재외한인에 포함되어야 할 것이다.

47 강상중 · 요시미순야. 앞의 책. pp. 189-191.

제4장

중앙아시아 정치체제와 소수민족으로서 고려인

전남대학교 세계한상문화연구단(2008). 『디아스포라연구』. 제2권 제1호 게재논문.

1. 서론 : 현 시기 중앙아시아 고려인 연구 의미

우리는 현 시기 지구화의 흐름에 편승하여 국제경쟁력을 제고하려는 모든 노력을 경주하고 있다. 원료공급과 상품시장을 대부분 해외에 의존하고 있는 우리나라는 국제경쟁력 제고를 위하여 7,000만 우리 민족의 10%에 이르는 재외한인을 민족자산화하려는 노력도 함께 하고 있다. 물론 이에 대한 비판이 없는 것도 아니며, 그 동안 전혀 배려하지 못했던 재외한인에 대하여 새삼스럽게 이제야 찾아본다는 지적도 함께 받는다. 그렇지만 700만 해외동포와 모국이 상생하려는 전략은 네트워크 시대를 맞이하여 그 의미가 깊다고 할 수 있다.

해외의 한민족은 주로 중국, 미국, 일본 등에 거주하고 있지만, 러시아 및 중앙아시아 지역에도 50만 명이 넘는 우리 동포가 살고 있다. 한국과 소련 사이에 국교정상화가 이루어지기 전까지 러시아 및 중앙아시아에 거주하고 있는 동포는 남한과 단절된 상태에 놓여 있었다. 그러나 소련과의 국교정상화에 이어서 중앙아시아 지역 국가들의 독립 및 수교로 인하여 이제야 왕래할 수 있게 되었다.

1991년 말 뒤늦게 소련의 해체와 더불어 독립하였지만, 과거 실크로드의 중심적 위치에 있었던 중앙아시아 지역 국가들은 현재 세계의 이목을 받고 있다. 특히 카스피 해 유전 개발과 2001년 9·11테러 이후 미국의 아프가니스탄 침공으로 중앙아시아 지역이 각광을 받고 있다. 소련의 붕괴 이후 이 지역에 여전히 영향력을 유지하려는 러시아 및 새롭게 영향력을 확장하려는 미국, 그리고 자원외교에 나선 중국 사이에 보이지 않는 갈등이 빚어지고 있다. 우리 역시 35만 명에 이르는 동포가 거주하고 있는 이 지역에 경제적 이해를 갖고 관심을 갖기 시작하였다. 과거 한국 자본의 중국 진출과 같이 해외시장을 개척하려는 한국의 자본은 많은 동포들이 거주하고 있는 중앙아시아 지역에 눈을 돌리게 되었다.

중앙아시아 5개국 우즈베키스탄(Республика Узбекистан; O'zbekiston Respublikasi), 카자흐스탄(Республика Казахстан; Қазақстан Республикасы), 키르키즈스탄(Киргизская Республика; Кыргыз Республикасы), 타지키스탄(Республика Таджикистан; Ҷумҳурии Тоҷикистон), 투르크메니스탄(Туркмения; Türkmenistan)은 전통적인 이슬람 문화와 더불어 과거 소련의 구성공화국으로서 권위주의 정치문화가 남아 있다. 체제전환기에 처한 중앙아시아 지역의 5개 국가에 거주하고 있는 한민족인 고려인들은 거주국가의 정치경제적 상황에 나름대로 대처해 가고 있다. 특히 모국과의 왕래가 잦아지면서 새롭게 고려인 사회에 대한 조명이 이루어지고 있다. 모국이 어려웠던 시기에 월경을 하여 척박한 땅에서 해외한인 이주사를 개척하였던 고려인들에 대한 모국의 배려는 위에서 언급한 민족자산화의 논리를 떠나 이루어져야 한다고 주장되고 있다. 그렇지만 모국이 해외동포들에 대한 관심을 갖게 된 배경은 바로 모국의 경제적 능력이 그만큼 향상되었기 때문에 가능한 일이다. 그러한 조건 위에서 우리는 1937년 연해주로부터 중앙아시아로 강제이주당한 고려인의 비참한 이주역사를 조금이라도 이해하기 위하여 먼저 중앙아시아 지역에 대한 정치경제적 특징과 그 지역의 소수민족에 대한 이해가 필요하다.

2. 중앙아시아 국가들의 정치체제

(1) 탈소비에트 중앙아시아의 체제전환

유럽과 아시아 대륙을 잇는 중앙아시아는 15세기 초반 중국에서 인도를 거쳐 유럽으로 이어지는 해로가 발견되기 이전까지 대륙횡단 무역로인 실크로드의 중심지로서 역사적 역할을 수행해 왔다. 그런데 이 지역에는 16~17세기의 사마르칸트한국, 히바한국, 18세기 코칸드한국 등 3한국에 의해서 정립을 이루고 있었다. 19세기 중반 제정러시아는 중앙아시아로의 진출을 꾀하여 1868년 부하라를, 1873년 히바를, 1976년 코칸드한국을 병합하였다. 그리하여 19세기 후반에는 중앙아시아 모든 지역이 러시아의 통치 하에 들어갔다. 이어서 중앙아시아는 소비에트 러시아의 지배를 받다가 70년 사회주의 역사를 뒤로 하고 소련의 해체와 더불어 새로운 환경 하에서 새 역사를 만들어가고 있다.

그런데 중앙아시아에 대한 개념은 단순히 지리적인 것보다 문화적인 것으로 이해되어 왔다. 즉 슬라브계를 중심한 백인계 공화국과 다른 튀르크계 공화국을 지칭하는 개념으로 사용되어 왔다.[1] 현재 중앙아시아 지역에는 몽골, 신장을 포함하여 과거 실크로드에 위치하고 있었던 우즈베키스탄, 카자흐스탄, 키르키즈스탄, 타지키스탄, 투르크

1 지리적인 중앙아시아 이해는 훔볼트와 오부르체프 등에 의해서 이루어졌다. 훔볼트는 동서로는 카스피 해에서 만주지역 홍안령 산맥에 이르는 지역과 남북으로는 알타이 산맥에서 히말라야 산맥에 이르는 지역을 중앙아시아 영역으로 설정하였다. 그런데 소련에서는 여기서 아랄 해와 카스피 해 지역, 그리고 추가로 티베트 고원과 쿤룬 산맥을 제외시켜 좁게 중앙아시아를 이해하였다. 최한우(2001). "중앙아시아 지역연구 현황과 과제". 한국외국어대학교. 『국제지역연구』 제5권 제1호, pp. 119-120.

메니스탄과 더불어 아프가니스탄, 파키스탄, 이란, 터키와 코카서스 지방의 아제르바이잔, 아르메니아, 조지아가 위치하고 있다.

여기서는 이들 국가를 광범하게 포괄할 경우 러시아 요인을 고려한다면 구소련의 구성국으로 한정할 수 있다. 그 중에서 페르시아계의 타지키스탄과 튀르크계의 우즈베키스탄, 카자흐스탄, 키르키즈스탄, 투르크메니스탄 5개국에 국한하여 살펴보고자 한다. 왜냐하면 주요 구성 민족이 다를 뿐 러시아의 영향력이 강하며, 중앙아시아의 중앙에 위치하여 유사한 권역으로 묶을 수 있기 때문이다. 특히 이들 국가 중 우즈베키스탄과 카자흐스탄에 다수 고려인이 거주하고 있다는 점을 고려하였다.

표 4.1 중앙아시아 각국 개황

구 분	우즈베키스탄	카자흐스탄	키르키즈스탄	타지키스탄	투르크메니스탄
면적(km^2)	447,400	2,717,300	198,500	143,100	488,100
인 구	27,780,059	15,284,929	5,284,149	7,076,598	5,097,028
Muslim(%)	88	47	75	85	89
대통령	까리모프 (1990년 이후)	나자르바예프 (1990년 이후)	바키예프 (2005. 8 선출)	라몽 (1994년 이후)	베르디무하메드 (2007.2 선출)
GDP ($ billion)	10.83	53.6	2.255	2.066	15.18
1인당 GDP	2,000	9,400	2,100	1,300	8,500
석유생산량 (bbl/day)	142,000	1.3million	1,378	252.8	213,700
가스생산량 (billion cu m)	62.5	20.49	29million	39million	58.57
수 출 ($ billion f.o.b)	5.51	35.55	701.8million	1.16	5.421
수 입 ($ billion f.o.b)	3.99	22	1.777	1.513	3.936

자료 : CIA. World Factbook(2007). 〈https://www.cia.gov/library/publications/the-world-factbook/index.html〉

그럴 경우 중앙아시아 지역연구는 포스트 소비에트의 틀에 국한될 가능성이 많다고 지적된다.[2] 바로 소련 붕괴 이후 중앙아시아가 독자적인 위치에서 주목을 받게 되었으며, 소련 해체 후의 동향파악, 한국과의 연고를 출발점으로 한 이 지역에 대한 역사적 접근 등이 이루어졌다. 이후 중앙아시아에 대한 연구는 다기화되면서 정치경제적 접근, 이슬람운동을 포함한 종교와 민족문제 등에 대한 접근이 이루어졌다.[3]

소련의 구성공화국이었던 중앙아시아의 여러 나라는 과거 사회주의 경제체제로부터 자본주의적 시장경제체제로의 전환을 도모하고 있는 가운데 이행기의 제반문제점을 노정하고 있다. 이제 체제전환 15년의 시간이 지난 시점에 중앙아시아 5개국은 과거 소련으로부터 강요받았던 소비에트화로부터 벗어나 새로운 민족정체성을 정립할 것이 요구되는 것과 모순되게, 아직 과거 정치체제의 특징이었던 권위주의적 성격을 탈피하지 못하고 있다. 또 시장경제로의 전환을 추진하는 가운데 러시아에서 체제전환의 문제점으로 올리가르히가 지적되는 바와 같이 이들 국가 역시 정치권력과 유착된 대자본들의 불건전성이 문제로 제기되고 있다. 정치경제적 불안정, 이에 수반된 민족주의와 이슬람 근본주의의 등장, 인구성비의 변화 등을 중앙아시아 국가들의 현안으로 지적할 수 있다. 요컨대 중앙아시아 국가들은 소련으로부터 독립 이후 새로운 민족정체성의 정립과 시장경제로의 건전한 전환, 이슬람 문화의 복고 등이 현안으로 제기되었다.[4]

다시 말해 독립국가로서 과거의 탈각을 벗기 위하여 소련식의

---

2 이웅현(2007). "한국의 중앙아시아 연구 15년 약사". 이웅현 편. 『중앙아시아의 문명과 반문명』. 리북, p. 16.

3 이웅현(2007). 앞의 논문. pp. 24-27.

4 최한우(2001). 앞의 논문. p. 121.

사회주의 유제를 청산하는 것이 이들 국가의 현안인 것이다. 포스트 소비에트 틀 속에서 이해되는 중앙아시아는 먼저 과거 러시아와의 관계를 살펴보아야 한다. 1924년 소비에트에 전 중앙아시아가 귀속된 이래 1991년 12월 31일 소련이 해체되기까지 사회주의체제 하에서 민족의 자치가 부여된 채 소련의 공화국을 구성하고 있었다. 그런데 소련이 해체되자 구소련의 정통성은 러시아공화국이 계승하고, 나머지 14개 구성공화국이 각기 독립하였다. 소련 해체 직전 이들 구성국들 가운데 발틱 3국(리투아니아 Литовская Республика, 라트비아 Латвийская Республика, 에스토니아 Эстонская Республика)과 그루지아(Грузия)를 제외하고 12개 국가는 독립국가연합(Содружество Независимых Государств)을 결성하였다.[5] 특히 중앙아시아 5개국은 중앙아시아협력기구(CACO)를 결성하여 상호 협력을 기초로 지역공동체 구성을 지향하고 있다.

그런데 중앙아시아 지역은 독립 이후 에너지자원과 같은 경제적 이해 때문에 미국과 중국 등의 관심을 받게 되었다. 중앙아시아의 지정학적 중요성을 정리하면, 첫째 유럽과 아시아를 잇는 전략적 요충지, 둘째 유라시아 대륙의 세력균형을 결정짓는 교통의 요지, 셋째 석유와 가스와 같은 에너지원이 풍부한 천연자원의 보고이기 때문이다.[6] 더불어 이 지역은 이슬람 부흥운동이 일어나는 등 주변의 이슬람

---

5 당시 그루지아는 미가입 상태였는데 1993년 가입하였으며, 또 투르크메니스탄은 당시 가입하였다가 2005년 탈퇴하여 준회원국으로 남아 있다. 아제르바이잔도 1992년 탈퇴하였다가 재가입하였는데, 이들 국가는 다른 회원국에 비하여 러시아로부터 독립적인 성향이 강하다고 볼 수 있다. 독립국가연합은 소련을 구성하였던 연방국가(Federation)와는 달리 국가연합(Confederation)의 성격을 갖는 것으로 국가 사이의 느슨한 결합을 의미한다. 당시 구성국들에 산재한 구소련의 핵무기 해소문제, 자급자족이 곤란한 불균형적인 경제수급 상황에 비추어 이의 결성은 불가피하였다고 볼 수 있다.

6 강명구(2006). "중앙아시아 5개국의 국가발전전략". 신범식 편. 『21세기 유라시아 도전과 국제관계』. 한울, pp. 316-317.

국가들과 이슬람세력의 확장을 우려하는 서구 및 러시아 사이의 긴장이 야기되고 있다.

당초 소련으로부터 독립을 하게 된 중앙아시아 국가들은 페르시아계의 타지키스탄을 제외하고 친미적인 터키와 관계를 강화하고 정치경제적 지원을 기대하였다. 그러나 경제적 여력이 없는 터키의 지원은 이루어질 수 없었고, 다만 중앙아시아의 경제적 이해에 관심을 갖고 있으며 이슬람의 영향력 확대를 우려한 미국의 지지를 얻는 데 그쳤다. 특히 범튀르크주의(Pan-Turkism)의 부상을 염려한 미국은 이후 지속적으로 중앙아시아에 깊은 관심을 갖게 된다.

따라서 이들 중앙아시아 지역의 여러 나라는 미국, 러시아, 중국 등에 큰 기대를 갖고 실리를 추구하는 다원적인 개방외교를 추구해 나갔다. 그런 과정에서 이들 나라의 범튀르크주의운동은 약화되었으며, 러시아와 미국, 중국 등 중앙아시아에 관심을 갖는 나라에 기대를 걸고 유대를 강화하게 되었다. 특히 독립 이후 장기집권을 하고 있는 이들 나라의 지도자들은 과거 공산주의자로서 권력유지를 위하여 자민족 중심의 정체성을 강조하면서 범튀르크주의라든가 이슬람부흥운동과 거리를 두게 된 것이다.

그런 가운데 중앙아시아 5개국 가운데 우즈베키스탄은 탈소비에트화 내지 탈러시아화를 적극적으로 추진하고 있다. 구체적으로 중앙아시아 각국의 러시아와의 관계를 보면, 먼저 카자흐스탄과 키르키즈스탄, 타지키스탄은 대내외적으로 러시아로부터 벗어나기 어려운 구조를 갖고 있으며, 실제 탈러시아를 추구할 경우 권력을 유지하기 어렵거나 경제적으로 타격을 받기 때문에 친러시아 정책을 추구하고 있다. 그리고 투르크메니스탄의 경우는 독립국가연합에 대한 가입과 탈퇴 과정에서 보는 바와 같이 이해관계에 따라 친러시아 입장과 탈러시아 입장을 바꾸어 왔다.

또 중앙아시아에서 카자흐스탄과 함께 주도권을 다투는 우즈베키스탄은 국경문제와 민족문제 등으로 인하여 친러시아적인 정책을 펴고 있는 카자흐스탄과 달리 탈러시아적인 정책을 추구하고 있다. 친러시아 정책을 추구하는 역내 국가들과의 교역에서 경제적 이익은 커녕 손실을 감수하고 있는 우즈베키스탄은 러시아보다는 미국을 중심으로 한 서방과의 유대를 강화하고 미국으로부터 지원을 기대하고 있다. 특히 2001년 미국의 대탈레반 전쟁 이후 미국에 공군기지를 제공하고 있는 우즈베키스탄은 여타 역내 국가들과 달리 가장 적극적으로 친서방 내지 친미정책을 추구하고 있다. 보다 구체적인 내용은 중앙아시아 민족주의에서 살펴본다.

(2) 중앙아시아 국가들의 정치체제

현재 중앙아시아 각국은 대단히 권위주의적인 성격의 정부가 장기집권하고 있는 경우가 많다. 이는 역사문화적인 배경 하에 형성된 것으로 민주적 국가건설의 경험이 없고, 소련의 소비에트 사회주의 체제의 유산에서 비롯한 것으로 볼 수 있다. 중앙아시아 지역의 국가들은 과거 소비에트 시기의 정치적 유산을 그대로 물려받았다. 이들 나라는 전체주의적 특성, 일당주의와 정치우선주의, 인권문제 등의 부정적인 정치문화를 청산하지 못하고 있다. 이는 정치적인 불안요인으로 잠재되어 있을 뿐만 아니라, 경제적인 문제로 이어지고 있다.

구체적으로 중앙아시아 정치체제를 보면 대통령 중심제 정부형태를 취하고 있다. 여기에 의회주의적 성격을 가미하고 있지만, 대단히 권위주의적인 성격을 띤 대통령제이다. 중앙아시아 대통령의 권한을 보면, 수상과 검찰총장, 헌법재판소장, 중앙은행총재, 감사원장 등의 임명권을 가지며, 법률안 상정권, 의회해산권(타지크 제외), 법률안거부권, 비상조치권, 국민투표회부권, 군통수권 등을 갖는다.[7] 그런데 투르크메니스탄의 경우 독특하게 할크 마슬라하티(인민회의)를 두어 헌법제정 및 개정, 국가발전방향, 조약비준, 전쟁선포, 대통령의 탄핵결의 등의 권한을 가짐으로써 인민권력의 최고기관 역할을 하고 있다.

중앙아시아의 대부분 국가가 대통령 1인에게 권력이 집중되어 있고, 대통령의 친인척이 부패에 관련되어 대중들로부터 불신을 사고 있기 때문에, 장기집권하고 있는 현집권층이 대중들의 저항에 언젠가는 교체될 것이 분명해지고 있다. 즉 집권층의 강제에 의하여 잠재되어 있는 정치불안 요인이 언제 표면화될지 모를 지경에 있는 것이다.

이렇듯 중앙아시아에서의 정치불안은 외부에서 오는 것이 아니라 내부에서 야기될 수 있다. 정치지도자들이 장기집권 과정에서 경제적 문제를 해결하거나 발전을 도모하지 못할 경우와 후계자 선출문제를 민주적으로 해결하거나 여러 민족과 종족들의 합의와 지지에 의하지 못할 경우 혼란이 야기될 수 있다.[8]

다른 한편 내부적 요인 못지않게 외부적 요인도 향후 정치불안을 초래할 수 있다. 특히 미국과 중국의 중앙아시아에 대한 깊은 관심은 러시아의 이 지역에서의 영향력 유지·확대 정책과 갈등을 빚고 있기 때문이다. 미국은 2001년 9·11테러 직후 다음과 같은 목적을 갖고 아프가니스탄을 침공하였다. 요컨대 대탈레반 전쟁을 수행하면서

7 김인성(2006). “중앙아시아 정치체제”. 『민족연구』, p. 45.

8 성동기(2003). “대탈레반 전쟁 이후 중앙아시아의 정세변화와 연구과제”. 중앙아시아학회. 『중앙아시아연구』 제8호, p. 107.

중앙아시아에서 러시아의 영향력을 축소하고, 카스피 해 지역에서의 자원을 확보하고, 중앙아시아에서 중국과 이란의 세력확대를 견제하려는 의도를 가졌다. 이 지역의 자원에 대한 강대국들의 관심은 무력충돌로까지 이어질 수 있음을 아프가니스탄 공격으로 확인할 수 있다.

끝으로 중앙아시아는 러시아와의 지역별 분업체계로 일국적 차원에서 경제의 순환이 이루어지는 경제구조가 가능하지 못하였다. 독자적인 경제운영이 어려운 중앙아시아는 불가피하게 순조로운 체제전환 과정이 지연되고, 대외환경에 의존하게 되는 문제점을 낳게 되었다. 특히 정경유착에 의한 체제전환 과정은 국가의 경제시스템이 원활하게 운영되는 것을 막았다. 노멘클라투라 자본주의라고 할 수 있는 올리가르히의 정실성은 경제구조를 더욱 악화시키고 부의 공정한 분배를 이루지 못하게 하고 있다. 다만 중앙아시아에서는 당분간 강력한 권위주의적 성격의 정치체제 때문에 경제불안이 정치불안으로 이어지지 않고 있다.

3. 중앙아시아 국가들의 민족주의와 소수민족

(1) 중앙아시아와 이슬람

중앙아시아 지역의 국가들 대부분 사람들은 이슬람을 신앙으로 취하고 있다. 중앙아시아에 이슬람이 전파된 것은 7세기 중엽이다. 이는 정통칼리프시대에 이루어진 아랍무슬림의 대정복사업의 결과이다. 이후 중앙아시아의 이슬람화는 보다 더 진척되어 10세기 무렵에는 중앙아시아 전역에서 이슬람화가 완결된다.

제정러시아 시기에는 이슬람에 대한 탄압과 유화정책을 반복하면서 이 지역에서의 이슬람 세력이 크게 약화되었다. 이렇듯 제정러시아의 지배와 이어진 소비에트 시기 종교 탄압이 심하였던 탓에 일반인들이 신앙생활은 독실하지 않다. 그렇지만 소비에트는 토착종교인 이슬람에 대한 전면적인 통제를 통하여서도 효율적인 지배를 보장할 수 없었기 때문에 일정 정도 종교자유를 허용하였다.

중앙아시아의 이슬람은 온건 수니파가 다수이다. 특히 하나피파는 율법에의 절대적인 복종보다는 율법해석의 편의성을 중요시하고, 종교적 정통성보다는 사회경제적 필요성을 강조한다. 하나피파의 이러한 온건성은 현실에 순응하게 되어 유연하고 비폭력적인 성격을 갖게 되었다. 하나피파 다음으로 많은 신도수를 가진 수피즘의 경우도 현세적 지향에서 탈피한 신비주의적 경향을 갖는 이슬람 분파로서 투르크 민속신앙과 기독교가 결합한 형태이다.[9] 세속적 정치권력에 대한 하나피파의 순응주의는 제정러시아와 소비에트 권력에 대한 복종으로 이어졌고, 수피즘도 반세속적인 신비주의로 빠지거나 금욕주의로 내면화되면서 지배세력에 저항하지 못하고 순응하게 되었다. 이를 공식적 이슬람(Official Islam)과 병행이슬람(Paralleled Islam)으로 설명하기도 한다.

한편 제정러시아가 중앙아시아를 지배하던 19세기 말 이슬람개혁운동은 자디드운동으로 일어났는데, 이어진 소비에트 혁명과정에서 무력으로 진압되었다. 이후 소비에트 시대에 이슬람세력은 거의 사라졌으며, 이슬람은 세속적인 구복신앙으로 남게 되었다. 실제 중앙아시

9 이문영(2003). "중앙아시아의 종교상황과 종교정책". 『국제지역연구』 제7권 제1호, p. 148.

아 사람들은 엄격한 이슬람 율법에 구속되는 것을 원치 않는다고 평가받고 있다.[10]

그러나 소련 붕괴 이후 그 동안 종교적 탄압을 받았던 이슬람세력은 아주 서서히 영향력을 확대해 나가고 있다. 그리하여 공산주의를 대신하여 이슬람이 중앙아시아를 지배할 것이라는 전망을 하기도 하지만, 이슬람 근본주의와 연결된 세력들이 직접 반체제적 테러를 주도한 결과 현재 중앙아시아 집권층으로부터 지지를 받지 못하고 있으며, 이러한 지도부의 입장은 다수 국민들로부터 이해를 받고 있다.

중앙아시아의 민족주의 운동과 더불어 이슬람운동 역시 이 지역의 정치사회적 불안요인으로 지적된다. 만약 중앙아시아에서 이슬람이 정치세력화할 수 있다면, 그것은 정치지도자들이 장기집권을 통하여 후계자들을 민주적으로 선출할 수 있는 조건을 갖추지 못하거나, 경제적 발전을 도모하지 못할 경우이다. 그럴 경우 이슬람은 종교적 대안을 모색하지 않을 수 없을 것이다.[11]

따라서 중앙아시아에서는 갈수록 심화되는 빈부의 격차와 실업 사정을 감안하면 이슬람 원리주의 운동의 등장과 그들의 정치세력화를 예상할 수 있다. 특히 원리주의 급진파가 정치세력화를 꾀할 경우 그것은 일국에 그치지 않고 중앙아시아 각국의 국경이 접한, 인종적 경계와 지리적 경계가 일치하지 않은 곳에서 성장할 가능성이 많다. 더 나아가 이슬람 원리주의는 이 지역에서의 지역갈등과 함께 주변국들의 이해와 맞물려 국제적 분쟁으로 심화될 가능성이 많다.

---

10 성동기(2002). “중앙아시아의 정세변화와 전망”. 한국민족연구원. 『민족연구』 제8호, p. 100.

11 성동기(2003). 앞의 논문. p. 93.

소련 붕괴 이후 중앙아시아에는 두 가지 부류의 이슬람 정치세력이 출현하였다. 먼저 일국적 차원의 정치세력으로서 우즈벡의 '이슬람 민주주의', '인민전선' 등이 있고, 범국가적인 조직으로서 '이슬람 부흥당'이 있다. 그리고 이슬람 원리주의 운동이 대두하고 있는데, 와하비운동(Wahhabi Movement)이 우즈베키스탄의 페르가나 지역에서 전개되고 있다. 그런데 이슬람 부흥당과 와하비운동은 서로 협력관계에 있지 않다.[12]

이처럼 중앙아시아의 이슬람세력이 모두 과격한 폭력이나 극단주의 행동을 취하지 않는다는 점을 특징으로 들 수 있다. 그리고 중앙아시아의 이슬람은 정치세력화할 수 없는 본질적인 특성을 갖고 있다. 그 이유는 중앙아시아인들이 탈소비에트화를 주장하고 있다고 하더라도 이전의 소비에트에 많이 동화되었으며, 현재의 무슬림 대부분이 구복신앙의 정도로 이슬람을 믿고 있기 때문이다. 요컨대 그들 스스로 이슬람의 정치화와 그에 따른 사회적 불안을 원치 않고 있기 때문이다.[13]

따라서 중앙아시아 대부분의 국가에서 지도자와 국민들은 이슬람 자체를 정치세력화를 원치 않고 있기 때문에 이슬람 원리주의자 세력은 중앙아시아에서 그 영향력을 확산할 수 없을 것으로 전망하고 있다.[14] 무슬림이 가장 많은 우즈베키스탄의 경우도 카리모프 대통령

---

12 우덕찬(2001). "중앙아시아 국가들의 대이슬람 정책에 관한 연구". 중앙아시아연구 제5호, pp. 160-168.

13 성동기(2003). 앞의 논문. p. 90.

14 Richard B. Dobson(1994). "Islam in Central Asia : Findings from National Surveys". *Central Asia Monitor*. No.2; 성동기(2003). 앞의 논문. p. 92에서 재인용. 중앙아시아에서 무력에 의한 이슬람저항운동은 1992년 5월부터 1996년 6월까지 타지키스탄에서 일어났던 내전이 유일하다. 개혁세력에 대한 탄압반대, 타직어와 이슬람 등 전통문화

에 의해 표면적으로 종교탄압을 하지 않고 있지만, 주변국가의 내분을 구실삼아 이슬람의 정치세력화를 원치 않고 통제를 가하고 있다. 페르가나 계곡에 와하비파들이 있긴 하지만 그 영향력은 그 지역에 국한되어 있다.

(2) 중앙아시아의 민족주의와 소수민족

중앙아시아 지역에는 100여 개의 다민족 국가로 구성되어 있다. 그런데 이 지역은 슬라브계와 투르크계 민족이 주류를 구성하고 있다. 소련 해체 이후 중앙아시아 국가들에서 나타난 민족주의운동은 이슬람 부흥운동과 마찬가지로 현 시기 이 지역의 현안으로 등장하고 있다. 그런데 중앙아시아 민족주의 역사적 기원에 관하여 과거 소비에트 국가가 만들어주었다는 전통주의적 해석과 새로운 수정주의적 해석으로 나뉜다. 전통주의적 해석에 의하면 중앙아시아 지역은 러시아에 의한 식민화가 이루어지기 전에는 어떤 민족도 없었을 뿐만 아니라 민족의식도 결여하고 있었는데, 1924년 소비에트 통치 아래 몇 개의 민족공화국으로 나뉘고 소련의 주변국가에서 민족주의 정권 아래 독립국가로 성장하게 되었다는 것이다.[15]

다시 말해 소비에트 국가가 중앙아시아의 민족을 형성한 일차적

보호, 대통령 직접선거 등을 내세운 개혁연합세력은 바로 '타지키스탄 이슬람부흥당'에 의해서 주도되었다. 물론 이 내전의 원인으로 경제문제, 종족 간 분열 등을 들 수 있다. 이문영(2004). "현대 중앙아시아의 이슬람 정치세력화". 『러시아연구』 제14권 제1호, pp. 246-250.

15 오재완(2006). "중앙아시아 민족주의 운동". 한국민족연구원. 『민족연구』, p. 21. 이를 박창규는 명칭민족화라고 부른다. 요컨대 중앙아시아의 민족형성은 소련시기에 이루어진 것으로 본다. 박창규(2007). "중앙아시아 다문화주의 가능성". 『민족연구』, p. 160.

인 기관이라는 해석이다. 소비에트가 법령으로 국경선을 획정하고, 국명을 정하고, 그 나라의 역사를 만들어주고, 종족집단을 규정해 주고, 심지어 언어까지 만들어 주었다는 것이다. 그러한 이유는 범이슬람 및 범투르크주의가 결집되는 것을 방지하기 위하여 종족정체성과 지방어의 분리를 조장하였다는 것이다. 이렇게 소비에트는 이 지역의 분할지배를 위하여 국가를 만들어 주었을 뿐만 아니라 민족사, 민족음악과 민족문학까지 만들어 주었다.[16]

이에 반하여 수정주의적 해석은 민족이 인공적으로 만들어진 것이 아니라, 지속적인 과정을 통하여 만들어진 상상의 공동체라는 것이다. 러시아의 종족적인 차별에 의하여 각성하기 시작한 토착 지식인들에 의해서 민족형성이 이루어졌는데, 소비에트는 이렇게 이미 존재한 민족적 분할을 기초로 제도화시킨 것에 불과하다는 것이다. 특히 중앙아시아의 민족영토 구획은 일방적으로 강제된 것이 아니라, 토착 민족주의 세력과 민족공산주의자, 지방의 러시아 관리, 모스크바 지도부 등 복잡한 여러 요인이 상호작용한 결과물로 볼 수 있다.[17]

중앙아시아에서 민족주의가 등장한 역사적 배경에 대해서 일별해 보면 다음과 같다. 먼저 레닌 시기에는 러시아에서 사회주의혁명이 성공한 데 소수민족의 지원을 무시할 수 없었기 때문에, 민족자결주의 원칙에 따라 연방제를 통하여 다민족국가인 소련을 유지할 수 있었다. 요컨대 비러시아계 민족들이 소비에트 체제를 수용하는 대신에 민족명칭에 부합되는 행정단위를 가질 수 있도록 하여 소연방에

---

16 Oliver Roy(2000). *The New Central Asia : The Creation of Nations*. London. I. B. Tauris. 오재완(2006). 앞의 논문. p. 24에서 재인용.

17 오재완(2006). 앞의 논문. p. 28.

가입시켰다.[18] 레닌은 비러시아 민족의 문화발전과 민족들의 다원성을 인정하는 현지화 정책을 추구하였고, 스탈린 시기에 들어서도 집권 초기에는 '사회주의적 형식과 민족주의적 내용' 이라는 원칙에 민족적 자율성을 인정하는 기초 위에서 사회주의적 가치를 추구하였다.

그러나 레닌에 이어서 권력을 계승한 스탈린은 곧 이러한 원칙을 무시하고 소련 내의 소수민족에 대한 탄압을 강화하였다. 문화적 일관성에 따른 소수민족의 전통과 관습의 폐지, 언어의 통일성 유지, 강제이주 등의 소수민족 탄압정책이 실시되었다. 특히 사회주의적 산업화의 과정이 소련의 다수 민족인 러시아인에 의해서 수행된 결과 토착민은 산업화의 주변에 머물러 있을 수밖에 없었다. 그럼에도 불구하고 소련은 연방제를 제도적으로 유지하기 위하여 지역의 토착민들이 지역공화국의 당과 정부기구를 구성하도록 권한을 지방정부에 이양하면서 민족갈등을 잠재워 나갔다.[19]

이렇듯 러시아 중심의 민족적 위계서열화의 제도적 틀이 연방제였다. 바로 소비에트연방은 민족적 자치지역에 기반한 국가형태라고 할 수 있다. 더불어 언어정책과 인구의 이주 및 분산정책 그리고 강력한 산업화 추진을 통하여 민족 사이의 융화와 동화를 지속적으로 추진하였다. 특히 러시아인들을 소수민족의 거주지역에 정책적으로 이주하였으며, 소수민족은 추방 등의 강제적 방식에 의하여 다른 민족이 거주하는 지역으로 분산 배치되었다.[20] 그런 과정에서 1937년 독일인

18 Philip G. Roeder(1991). "Soviet Federalism and Ethnic Mobilization". *World Politics*. No. 43(Jan.). pp. 196-232.

19 양정훈(2005). "러시아의 대중앙아시아 외교정책의 변천과정". 『슬라브연구』 제21권 제1호, pp. 147-148.

20 조정남(1996). 『러시아 민족주의 연구』. 고려대학교출판부, p. 279.

과 고려인 등 소련 내 소수민족에 대한 강제이주 정책이 실시되었다.

그렇지만 대체로 소비에트 시기 중앙아시아 지역 역시 사회주의 이념과 러시아 중심의 정책에 따라서 여타 소수민족 사이에는 차별을 볼 수 없었다. 더구나 정치경제적인 이유에 의해서 인위적으로 인종의 이동이 강제되어 다민족이 공존해 왔다. 어떤 의미에서 중앙아시아에서는 민족국가를 형성해 본 경험이 없었다고 볼 수 있기 때문에 현재와 같은 심각한 민족분규는 일어나지 않고 있다.

중앙아시아의 민족주의는 역사적으로 주변 강대국의 침략과 장기간의 지배 탓으로 단일한 민족(nation) 개념으로 설명할 수 없다. 그 지역에서는 민족보다 다양한 종족(ethnic group)으로 구성되어 있다. 그런데 이때도 종족 간의 정체성 역시 규정하기 어렵다. 종족의 개념이 구성원 사이에 문화적 동질성(유사성)이 강조되고, 이것에 의하여 구분되는 사람들을 타자화한다는 점에서 민족 개념과 동일하게 이해된다. 그런데 민족이 종족과 다른 점은 민족이 국가와 결합한다는 점에서 차이가 있다.

다시 말해 민족은 국가(state), 영토(territory), 주권(sovereignty)으로 이루어지는 정치적 경계와 역사, 혈통, 언어, 종교 등 문화적 경계와 일치하는 맥락에서 인지되는 사람들을 의미한다. 요컨대 민족주의란 국가적 단위와 종족적 단위가 일치할 것을 주장하는 이념적 성향을 말한다.[21] 다만 종족은 생물학적 의미를 내포하는 인종과 위의 민족 사이에서 위치하여 두 개념을 동시에 갖고 다양하게 사용된다. 따라서 독립 이후 민족국가 내에서 종족 사이의 갈등이 야기되고, 주류 지배민족에 의한 소수 민족에 대한 배타성이 노골화되기도 한다.

---

21 김광억(2005). "종족의 현대적 발명과 실천". 김광억 외. 『종족과 민족』. 아카넷, p. 21.

그런데 중앙아시아에서 민족주의가 대두한 배경은 과거 소련체제 하에서 국민을 통합시켰던 이데올로기 대신에 독립된 국가의 지배이데올로기 필요성이 제기되었고, 각국의 인구구성에 있어서 다수를 점한 민족에 의해서 자연스럽게 그러한 통합이데올로기를 동원한 데 있다. 그럼에도 불구하고 중앙아시아의 민족주의는 어느 정도 민족주의 정책이 성공적이라는 평가를 받는 우즈베키스탄을 제외하고 탈소비에트화의 노력이 본격적으로 전개되기 전에는 많은 시간이 걸릴 것으로 보인다.

중앙아시아 지역 국가들은 각기 단일민족에 의한 국가건설이 이루어진 것이 아니며, 각국의 다양한 민족 가운데 주류 민족을 중심으로 국가형성이 이루어지고 그들 자신만의 민족정체성을 찾고 있다. 그런 의미에서 중앙아시아 민족주의는 소수민족의 피해와 재이주를 야기하고 있다고 볼 수 있다.[22] 중앙아시아에 거주하고 있는 고려인들의 경우 러시아로 재이주하는 경향이 점증하고 있는 것도 이런 이유로 설명이 가능하다.

따라서 중앙아시아로부터 인구유출이 늘어나고 있다. 특히 그 중에서 러시아인과 독일인들의 모국으로의 귀환이 이어지고 있다. 그럼에도 불구하고 중앙아시아에서 러시아인은 세 번째로 많은 인구 구성비를 가진 민족이다. 우즈베키스탄을 제외하고는 러시안 디아스포라에 의한 민족분규는 일어나지 않고 있다. 그것은 중앙아시아 각국이 러시아와의 분쟁을 피하려는 것과 마찬가지로 국익을 동포의 이익

---

22 성동기(2004). "현대 중앙아시아 지역연구와 러시아". 한국슬라브학회. 『슬라브학보』 제19권 제1호, p. 284. 성동기에 의하면 우즈베키스탄의 경우 우즈베크인과 우즈베크족으로 구별하여 우즈베크족은 투르크계 부족의 일부로, 우즈베크인은 역사문화적 동질성을 갖춘 민족으로 보고 있다.

보다 우선시하기 때문이라고 볼 수 있다.[23 24]

다만 중앙아시아의 민족화에 반발하는 러시아인은 러시아어의 국가어화 내지 공용어화, 공공기관 내에 민족 개별의 자리할당 제도의 도입, 문화적 자치, 러시아와의 이중국적 승인 등을 요구하고 있다.

〈표 4.2〉에서 보는 것처럼 중앙아시아는 다민족국가로서 민족 사이의 갈등요인이 잠재되어 있다. 특히 여러 민족이 공존하고 있어 언제든지 분쟁지역이 될 수 있는 곳으로 페르가나와 오쉬지역을 들 수 있다. 페르가나는 우즈베크인, 타지크인, 키르키즈인이 혼재하고 있고 우즈베키스탄, 타지키스탄, 키르키즈스탄이 둘러싸고 있기 때문에 민족분쟁의 가능성이 높은 곳이다.

그러나 내전을 치른 타지키스탄을 제외하고는 두드러진 민족갈

표 4.2 2007년 9월 현재 중앙아시아 각국의 민족분포 비율

단위 : %

구 분	자민족	러시안	제2, 3민족	기 타
우즈베키스탄	80.0	5.5	5.0 (타지크)	9.5
카자흐스탄	53.4	30.0	3.7 (우크라이나)	12.9
키르키즈스탄	64.9	12.5	13.8 (우즈벡)	8.8
타지키스탄	79.9	1.1	15.3 (우즈벡)	4.7
투르크메니스탄	85.0	4.0	4.0 (우즈벡)	7.0

자료 : CIA. World Factbook(2007). 〈https://www.cia.gov/library/publications/the-world-factbook/index.html〉

23 박창규(2007). "중앙아시아 다문화주의 가능성". 『민족연구』, p. 171.

24 구소련 외부지역에 모국을 갖고 있는 민족으로서 중앙아시아 독일인과 고려인을 들 수 있는데, 독일인은 모국으로 귀환하는 비율이 늘어나 중앙아시아 독일인은 그 수가 감소하고 있다. 반면에 고려인들은 한국이 재외동포정책을 적극적으로 취하지 않고 있는데 연유한다. 또 현지 중앙아시아 고려인들은 러시아어를 말하는 소수민족으로서 모국의 동족과 달리 독자적인 정체성을 갖고 있는 것으로 볼 수 있다. 박창규(2007). 앞의 논문. p. 174.

등이 나타나지 않고 있다. 그 이유는 민족분쟁이 유발되지 않도록 유화정책을 펴고 있기 때문이며, 이슬람을 동원하지 않은 점에 있다. 특히 카자흐스탄의 경우 다수 인구를 점하고 있는 러시아인을 의식하여 온건한 민족정책을 펴고 있다. 그런데 우즈베키스탄의 경우 자민족의 구성비가 80%에 이르고 있어 가장 독자적으로 민족주의 정책을 펼 수 있었다.

한편 중앙아시아에는 2005년 현재 CIS 지역 53만 명의 구소련 거주 고려인 가운데 70%가 거주하고 있으며, 그 중에서 우즈베키스탄에 23만 명, 카자흐스탄에 10만 명이 살고 있다. 그리고 키르키즈스탄에 약 2만 명, 타지키스탄에 2,000여 명, 투르크메니스탄에 400여 명이 살고 있다.[25] 이들에 대해서는 다음 장에서 구체적으로 살펴보고자 한다.

4. 중앙아시아 지역의 고려인

(1) 중앙아시아 고려인의 이주역사

중앙아시아 지역에 거주하는 고려인들은 1937년 이전에 이미 그 지역에 산발적으로 이주하여 약간의 한인이 거주하고 있었다고 하지만, 본격적으로 거주하기 시작한 것은 1937년 소련 정부에 의한 강제이주의

---

25 외교통상부, "2005년도 재외동포현황". 외교통상부 재외동포 현황조사는 매 2년마다 재외공관을 중심으로 하여 현지 한인단체 등의 협조를 얻어 실시되며, 자료는 홀수년도 하반기에 게재된다. 2007년도 외교통상부 자료에 따르면 우즈베키스탄 18만 명, 카자흐스탄 10만 명, 키르키즈스탄 2만 명이 거주하고 있다. 우즈베키스탄의 경우 고려인들의 러시아로의 이주에 따른 것으로 보고 있다. 〈http://www.mofat.go.kr/index.html〉

결과이다. 스탈린 정권하에서 이루어진 강제이주 정책에 따라 소련 극동의 연해주에 살고 있었던 한인을 대거 중앙아시아 지역에 강제 이주시킨 결과 현재와 같은 분포를 보이고 있다.

당시 소련 정부는 일본의 소련 침략을 경계하여 영내에 거주하고 있는 한인들이 일제의 간첩으로 이용될 가능성이 많기 때문이라는 명분과, 당시 한국과의 접경지역에 다수 한인들의 이주로 인하여 한인 집거지역이 형성되는 것을 경계하여 강제이주시켰다고 하지만 아직 정확인 이유가 밝혀지지 않고 있다.[26]

1937년 8월 소련인민위원회와 소련공산당중앙위원회 명령 No.1428-32ss "극동구 국경지역으로부터 한인이주에 대하여"를 통하여 연해주 거주 한인 18만 명을 모두 중앙아시아로 강제이주시켰다. 당시 대독 협력의 오명을 받았던 독일인들과 타타르인 및 체첸인들도 함께 강제이주 대상이 되어 중앙아시아로 보내졌다. 바로 이들이 소련 내 소수민족으로서 강제추방의 대상이 된 것이다.[27] 강제이주 당한 고려인들은 소련인들도 신이 버린 땅이라고 한 중앙아시아의 황량한 벌판에 버려졌다. 그 해 9월 이주가 시작되기 전에 한인사회의 지도급 인사 2,500명을 처형하였고, 1937년 말 종료된 강제이주와 정착과정에

---

26 연해주 거주 한인들이 강제이주에 관한 선행연구로 다음과 같은 것들이 있다. 이종훈(1997). "중앙아시아 고려인의 연해주 재이주가 갖는 정치경제적 의미". 『재외한인연구』 제7호; 한막스(1998). "한인 강제이주의 역사적 의의". 『재외한인연구』 제7호; 김게르만(2005). 『한인이주의 역사』. 박영사; 윤인진(2002). 『독립국가연합 고려인의 생활과 의식』. 고려대학교 민족문화연구원; 보리스 박니콜라이 부가이(2004). 『러시아에서의 140년간』. 블라지미르 김(2000). 『러시아한인 강제이주사』. 경당; 김달현 외(2001). "중앙아시아 고려인의 사회문화생활과 민족정체성에 관한 연구". 재외동포재단연구과제.

27 이는 본질적으로 인종청소에 해당하는 불법적인 범죄행위라고 할 수 있다. 따라서 소련 붕괴 후 1993년 3월 러시아 최고회의는 '재러시아 한인 명예회복에 관한 법안'을 통하여 강제이주와 탄압은 불법임을 인정하고 고려인의 명예를 회복시켜 주었다.

서 어린이와 노약자 등 수 만 명의 인명이 희생되었다.[28]

중앙아시아 지역에 강제 이주당한 고려인들은 비교적 집중 거주 지역을 형성하고 있는데, 이는 1953년 스탈린이 사망하기 전까지 정착지로부터 이전의 자유를 제한받았기 때문이다. 따라서 고려인들은 콜호즈를 중심으로 집단생활을 하였다.[29] 황무지에서 맨손으로 일어선 고려인들은 특유의 근면함으로 모범적인 농장을 일구었다.

중앙아시아에 강제로 이주당한 고려인은 황막한 토지 위에서 운하를 파고 논을 만들고 벼를 심어 농사를 지었다. 그들은 콜호즈를 중심으로 농사에 주력하여 수많은 사회주의 노력영웅을 낳았다. 뿐만 아니라 고려인들은 자녀들에 대한 교육열이 높아서 많은 고려인들이 소련의 구성공화국에서 정계, 관계, 경제계의 요직에 올랐다. 그들은 과거 수십 년 동안 피나는 노력을 통하여 현지의 거주 국가에서 비교적 안정적 기반을 구축할 수 있었다.

이러한 역사를 갖고 있는 중앙아시아 고려인 사회는 다음과 같은 몇 가지 특징으로 요약할 수 있다. 높은 현지사회에의 동화율, 나름대로의 민족정체성 유지, 높은 도시 진출률 등이 그것이다. 먼저 지리적·역사적으로 상당기간 모국과 단절된 경험은 생존전략 차원에서 고려인들로 하여금 현지사회에 적극적으로 동화될 필요를 제기하였다. 특히 모국어 사용에 있어서 낮은 구사비율은 러시아어의 사용을

28 3만 6,442가구 17만 1,781명으로 출발하여 우즈베키스탄에 1만 6,272가구 7만 6,525명, 카자흐스탄에 2만 170가구 9만 5,256명이 정착하였다.

29 그러나 중앙아시아 지역에 거주하는 한인들은 여타 지역에 거주하고 있는 재외한인에 비하여 집중거주 비율이 낮다. 미국과 일본 및 중국에 거주하는 재외한인들은 전형적으로 집중거주지역을 형성하고 있는 특징을 보이는 데 반하여, 중앙아시아를 비롯한 CIS 지역 거주 재외한인들은 이에 비하여 그 집중도가 낮다고 볼 수 있다. 장윤수 외(2005). 『재외한인 집거지역 사회경제』. 집문당 참조.

통하여 현지 사회에 쉽게 적응할 필요성에 다름 아니다.[30] 그렇지만 고려인은 나름대로 민족적 정체성을 유지하고 있다. 그들이 현지사회에 적극적으로 적응할 필요가 있었지만, 일상의 생활에서 한민족 고유의 문화적 정체성을 유지하고 있다는 점은 특기할 만하다. 고려극장과 고려일보라는 문화기관과 언론매체를 통하여 그리고 세시풍속을 통하여 그나마 민족정체성을 유지할 수 있었던 것은 높게 평가해야 할 것이다.[31] 마지막으로 높은 교육열로 인한 도시 이동이 높은 비율로 나타난다는 점이다. 사회적 신분상승의 기회를 추구하고자 하는 이유에 기인하겠지만, 고려인이 높은 교육열은 민족적 특징이라고 할 수 있다.[32]

(2) 소련 붕괴 후 중앙아시아 고려인 사회의 현황

소련 붕괴 이후 고려인들은 현지사회의 변화에 따라 새로운 대응을 요구받고 있다. 경제적 기반이었던 콜호즈가 붕괴되고, 시장경제로의 전화과정에서 정치적 경제적 사회적 불안요인이 높아지면서 소수민족으로서의 새로운 삶의 조건에 직면하게 되었다. 그에 따라 고려인들은 시장경제로의 빠른 적응과 도시로의 이동으로 대응하였다. 영농비의 상승, 열악한 생활환경과 유통구조, 기반시설이 미비한 농촌으로부

30 카자흐스탄 거주 고려인은 여타 지역에 거주하는 재외동포에 비하여 한국어를 구사하는 능력이 조금 뒤떨어져 있음을 확인할 수 있다. 장윤수(2006). "재외한인의 문화생활 비교". 『국제지역연구』 제10권 제4호, p. 290.

31 전남대학교 세계한상문화연구단 재외한인 집거지역 문화팀의 조사결과 의하면, 한민족 고유의 명절과 민속 등에 있어서 모국과의 단절기간이 길었던 것에 비하여 상당한 정도로 민족문화를 유지하고 있음을 확인해 주고 있다. 장윤수(2006). 앞의 논문. pp. 300-307.

32 이준규(2001). "소련의 해체와 중앙아시아 고려인". 『민족문화』 제7호, p. 145.

터 도시로 이동하여 자영업으로 전환을 도모하고 있다. 도시로 이주하지 않은 경우에도 집단농장으로부터 개인농이나 고본질을 통하여 농업경영의 변화를 꾀하고 있다.[33]

그리고 소련 붕괴 이후 독립한 중앙아시아 국가에서 민족주의운동이 등장하면서 소수민족에 대한 배타적인 분위기가 득세하고 있다. 명칭민족(名稱民族) 내지 선주민족(先主民族) 중심의 언어정책에 대하여 고려인은 다양하게 대응하고 있다.[34] 특히 현지인들은 우즈베크어와 카자흐어와 같은 현지어를 모르고 러시아어만을 사용하는 고려인들에 대하여 불편한 감정을 드러내고 있다. 이에 따라서 중앙아시아 고려인들은 러시아어를 사용하는 러시아 영내로 이주하거나, 현지어를 습득함으로써 이러한 변화상황에 대처하고 있다. 한편으로 서구로 이민을 생각하거나 한국어 습득을 통하여 한국 기업에 취직하거나 한국으로 진출을 꾀하고 있다.

이에 따라서 많은 고려인들이 도시로 이동하고 있으며, 모스크바와 볼고그라드 그리고 강제이주 이전의 고향인 러시아의 연해주 등지로 옮겨 가고 있다.[35] 특히 중앙아시아 각국의 시장경제로의 전환과정에서 집단농장보다 상공업 비중이 커지고, 도시로의 이주가 늘어나

---

33 전신옥(2007). "연해주 한인의 중앙아시아로의 강제이주와 정착 그리고 사회경제적 현황". 『통일문제연구』 제47호, pp. 230–233. 고려인의 높은 교육열은 도시로의 이동을 부추기고, 더불어 다양한 직업을 선택할 수 있는 기회를 제공하고 있다.

34 명칭민족이라는 용어는 박창규가, 선주민족은 전신옥이 사용하고 있다. 박창규(2007). "중앙아시아 다문화주의의 가능성". 『민족연구』; 전신옥(2007). 앞의 논문.

35 1993년 러시아의 고려인 강제이주에 대한 명예회복 조치는 고려인의 강제이주 이전 거주지로의 귀환권리를 부여한 것이다. 이때 따라 중앙아시아 고려인들의 연해주로의 본격적인 재이주가 시작되었다. 재이주의 의미는 스탈린에 의한 소수민족 억압정책에 대한 원상회복의 의미를 갖는다. 배수한(2006). "한민족 네트워크와 고려인의 역할". 신범식 편. 『21세기 유라시아 도전과 국제관계』. 한울, p. 543.

고, 가치관의 변화 등이 세대를 따라 심화되고 있다.

전남대학교 세계한상문화연구단의 조사결과에 의하면, 중앙아시아로부터 고려인의 인구유출이 끊이지 않고 있다. 특히 우즈베키스탄으로부터 고려인의 국외 이주가 두드러진다고 보고하고 있다. 그리고 타지키스탄의 경우 내전으로 인하여 1만 3,000여 명이 고려인 중에서 1만 명이 인접 우즈베키스탄과 러시아 남부로 이주한 것으로 나타났다.[36]

요컨대 고려인 인구이동의 특징은 러시아로의 유입, 우즈베키스탄 고려인의 유출 급증, 연고지 중심의 이주, 카자흐스탄 고려인 대부분 잔류 희망 등으로 요약할 수 있다. 이주요인으로는 경제적 요인, 언어문제, 전쟁 또는 분쟁 등을 들고 있다.[37] 특히 소련이 붕괴되고 구성국들의 독립 이후 다수민족의 언어를 공용어로 채택함에 따라서 현지의 주류사회로부터 배제를 당하고 있다. 이제 고려인들은 또 다시 소수민족으로서 러시아어 대신에 새롭게 현지어를 습득해야 할 필요에 직면하고 있다.

5. 결론 : 중앙아시아 고려인 사회의 전망

현 시기 전략적으로 중요한 지역으로 부상하고 있는 중앙아시아는 우리 재외동포가 35만 명이나 살고 있는 지역이다. 한국의 국제경쟁력을 제고하려는 대안으로서 모색된 글로벌코리안 네트워크 구축의 한

36 남혜경 외(2005). 『고려인 인구이동과 경제환경』. 집문당, pp. 44-45.

37 남혜경 외(2005). 앞의 책. pp. 77-84.

축을 담당할 중앙아시아 고려인에 대한 연구의의는 깊다. 구소련의 유산을 청산하고, 시장경제로 전환하는 이행기에 현지사회의 다수민족 중심의 민족화는 소수민족으로서 강제이주 경험을 가진 고려인에게 부담이 되고 있다.

현상적으로는 안정되어 있는 것처럼 보이지만, 장래 정치사회적 불안요인을 잠재하고 있는 중앙아시아는 고려인에게 디아스포라의 운명을 확인시켜 주고 있다. 연구자들 다수가 현재 중앙아시아의 상황에 대하여 종교적으로 민족적으로 우려할 만한 것이 아니라고 평가하고 있기에 한편으로 다행이지만, 현실적으로 중앙아시아 지역으로부터 나와 러시아로 재이주를 꾀하고 있는 다수의 고려인의 존재한다.

중앙아시아 정착과정에서 생존을 위하여 현지사회에 동화되었던 고려인들에게 또 다른 현지사회의 다수민족이 동화를 요구하고 있다. 바로 중앙아시아의 고려인 사회는 고려인만의 문제가 아니라, 중앙아시아 각국이 처한 정치경제적 상황과 조건에 따른다. 현지사회 명칭민족의 민족주의화와 현지어의 국어화 등은 고려인들로 하여금 심각한 고민에 빠지게 한다. 중앙아시아 국가들이 민족문화의 복원을 추구하는 데 가장 먼저 시도한 것은 바로 언어정책을 통한 민족화였다. 과거 비러시아인들에 의하여 러시아어가 보급된 이유는 질 높은 교육을 받아 사회적 신분상승을 도모하기 위함이었다. 그런데 이제 명칭민족이 언어를 각국의 국어로 규정하고 나서는 비명칭민족에게는 실리적인 불이익뿐만 아니라 심리적인 불안을 야기하고 있다. 따라서 이들은 러시아어를 상용하는 지역으로 재이주를 꾀하게 되는 것이다.

특히 고려인 사회는 현지어를 구사하는 비율이 대단히 낮아 현지사회에서 배제되는 경향을 낳고 있으며, 다른 지역으로의 재이주를 부추기고 있다. 중앙아시아 지역 거주 고려인들의 한국어 구사능력이 여타 지역거주 한인들에 비하여 떨어진 이유는 비교적 현지사회에 빨리 적응하려고 노력하였기 때문이라고 할 수 있다. 요컨대 강제 이주당한 소수민족으로서 생존을 위하여 한국어를 고집하기 보다는 러시아어를 빨리 그리고 잘할 수 있는 것이 생존의 수단이었기 때문이다.

그렇지만 작금의 중앙아시아 지역의 변화는 고려인 사회에 제약요인으로 작용하기도 하겠지만, 동시에 기회요인이 될 수도 있다. 중앙아시아 각국이 민족화를 추구하고 있지만 극단적인 소수민족 차별로까지 나아가지 않고 있으며, 민족주의화 경향이 다양하기 때문에 배타적인 민족주의로 나가지 않을 것으로 보인다. 그리고 토착민족들의 고려인에 대한 느낌이 대단히 호의적이라는 점이다. 따라서 굳이 새 삶을 개척해야 할 재이주보다 현지사회에서 적응하는 것이 더 타당할 것으로 사료된다.

끝으로 한국과 미국에서 현지사회에 파송된 많은 한국인 개신교 선교사들의 문제를 지적하고 싶다. 우리나라의 교회가 초기 서양선교사들에 의해서 입었던 은혜에 보답한다는 명분으로 해외선교에 많은 희생을 하고 있다. 그런데 중앙아시아는 이슬람을 신앙으로 하는 신자가 다수이거나, 이슬람 원리주의자들이 일부 지역에서 활동하고 있는 것을 감안한다면, 선교사업에 보다 신중할 필요가 있다. 아프가니스탄 한국인 납치사건에서 보는 바와 같이 일부 국가에서는 선교사에 대하여 좋게 보지 않은 현실을 감안해야 한다. 물론 교회가 고려인 공동체 형성에 구심점이 될 수도 있지만, 고려인만을 대상으로 하지 않을 것이므로 충분한 고려가 있어야 할 것이다.

제5장

재미한인 문화생활과 민족문화

전남대학교 세계한상문화연구단 주최 국제학술회의 발표논문(2005).『세계한민족네트워크: 한상, 교육, 문화공동체』.

1. 서론 : 재미한인사회 탐구의 의미

미국의 제1, 제2 도시인 뉴욕(NY)과 로스앤젤레스(LA)에는 "코리아타운"(KOREA TOWN)이 있다.[1] 이곳에 사는 재미한인들의 생활은 한국 생활과 전혀 다르지 않다. 이곳에 사는 재미동포들은 한국 음식을 먹고, 한국어를 사용하고, 주일에는 한국 교회에 나가는 일상을 살고 있다. 특히 LA 코리아타운은 지금 서울의 모습과 전혀 다를 게 없을 만큼 제반 영역에서 한국 사회를 그대로 닮았다. 닮은 수준을 넘어서 복제의 수준에 이르고 있다고 현지의 한인언론은 전하고 있다.[2] 이곳의 한국식 사우나와 휘트니스센터, 식당, 미용실의 서비스와 인테리어, 그리고 맛과 멋이 서울에서와 똑같은 수준이라는 것이다. 타운 내 쇼핑몰에는 한국에서 구입할 수 있는 모든 물건이 구비되어 있다. 특히 한국인이 모여 사는 세계의 어느 곳과 마찬가지로 현재 한국에서 유행하고 있는 트렌드와 패션 등을 집약시켜 놓은 TV드라마는 현지에서 신속하게 변화하는 서울의 문화를 그대로 전해 주고 있다. 그래서 일

---

1 〈http://www..mofat.go.kr/file/news/03-241(1).hwp, 2004. 6. 7.〉 참조. 외교통상부 자료에 따르면 재외한인은 중국(200만 명), 미국(200만 명), 일본(100만 명), 러시아 및 중앙아시아지역(60만 명), 캐나다(18만 명), 유럽(10만 명) 순으로 다수 거주하고 있다. 그런데 2000년 미국 상무성의 인구센서스 결과에 따르면 108만 명 정도로 파악하고 있다. 미 상무부 센서스국, Population Census, 2000. 그 중에서 LA와 뉴욕 양대 도시를 중심으로 하는 2개 초대광역권에 40%가 집중적으로 거주하고 있는데, LA 지역에는 26만 명(재미한인 전체의 24%), 뉴욕에는 17만 명(재미한인 전체의 16%)의 한인이 살고 있다. 특히 LA 지역의 경우 LA카운티에 19만 명(전체인구의 2%), LA 시에 9만 천명(전체인구의 2.5%)이 거주하고 있다. 특히 LA코리아타운에 약 4만 7,000명의 한인이 살고 있는데, 전체 주민의 20.1%의 비율을 차지하여 중국의 연변자치주를 제외하고는 세계에서 가장 높은 한인 집거정도를 나타내고 있다.

2 『미주중앙일보』. 2003. 9. 24.

찍부터 LA는 '서울시 나성구'라고 불렀다.

일상의 삶뿐만 아니라 LA 지역의 문화와 예술에 있어서도 마찬가지다. 이른바 한국의 이민문화는 한국에서 활동하다가 미국으로 이주한 사람들에 의해서 시작되었고, 그들의 가치관과 의식구조가 그대로 반영되어 있기 때문이다. 따라서 미국 땅에 이식된 한국 문화라고 할 수 있다. 장르에 따라 사정이 다르기는 하지만 아직도 이러한 틀은 완고하게 남아 있는 것이 우리의 현실이다. 예술가들만 그런 것이 아니라, 예술작품의 수용자들 역시 마음은 한국에 두고 있다. 그래서 한국의 베스트셀러가 LA에서도 그대로 베스트셀러가 되고, 한국의 극단이 와서 공연하면 관객이 몰리는 현상이 되풀이되고 있다.[3]

나아가 한인 1세들끼리 어울리던 앙클레이브(enclave)였던 코리아타운이 이제는 미국인들도 즐겨 찾는 휴식 및 문화공간이 되어 가고 있다.[4] 이처럼 미 주류사회에서 코리아타운에 대한 관심이 커지기는 뉴욕의 코리아타운도 마찬가지이다.[5] 뉴욕 맨해튼 미드타운 32번가와

3 장소현(2002). "미주한인 문화예술 50년: 문학, 미술, 연극, 영화". 한미동포재단 미주한인이민 100주년 남가주기념사업회. 『미주한인이민 100년사』. p. 506.

4 소수민족집단의 군집지구는 다음의 3가지 유형, 즉 colony, enclave, ghetto 등으로 구분된다. 먼저 colony는 소수민족집단의 입국기지에 해당되는 지역으로 이민자집단이 주재국에 문화적으로 동원될 때까지 일시적으로 거주하는 곳이다. enclave는 이민자집단이 기능적 이유 때문에 군집화를 선택한 경우로 여러 세대에 걸쳐 존재하는 민족적 집중거주지역이다. 특히 배타성이 강한 문화와 종교를 가진 민족 집단일수록 주거격리를 선호한다. ghetto는 주류집단의 방해와 차별로 여러 세대 이상 존속하는 민족군집지구로서 외부적 요인에 의하여 장기간 지속되는 격리지구를 말한다.

5 뉴욕 시에는 약 9만 명의 재민한인이 살고 있는데, 퀸즈(6만 2,000명), 맨해튼(1만 5,000명), 브루클린(6,210명), 브롱스와 스테이트아일랜드 등에 거주하고 있다. 퀸즈의 플러싱에 뉴욕 시 한인의 72%가 살고 있다. 맨해튼에는 뉴욕 시의 한인 12%가 살고 있는데, 32번가와 브로드웨이 만나는 지역에 한인상가가 집중적으로 형성되어 있다. 미 상무부 센서스국, 『Population Census, 2000』.

브로드웨이를 중심으로 한 맨해튼 코리아타운은 주로 한국인 유학생들과 외국인들이 즐겨 찾는다. 가판대에서 판매하는 관광지도에 'KOREA TOWN'이 표기되어 있고, 32번가와 브로드웨이가가 만나는 4가 거리에는 'KOREA WAY'(한국 타운)라는 이정표가 들어서 있다.[6]

이처럼 서울의 문화를 미국의 LA와 뉴욕에서 경험할 수 있음은 오늘날 세계가 하나의 지구촌이 되었다는 것을 의미하며, 한민족이 세계 주요국가의 주요도시에 네트워크의 거점을 형성하고 있음을 말한다. 따라서 LA와 뉴욕에서 유행하는 것이면 내일 바로 서울에서 볼 수 있다. 특히 미국 출생의 젊은 한인 연예인들이 서울에서 인기를 얻고 있는 것은 문화의 지구화를 반영하고 있다.

이러한 문화의 지구화는 현대사회의 특징에서 설명이 가능하다. 흔히 현대사회는 유목사회이자 정보사회라고 불린다. 여기서 '유목'과 '정보'의 두 단어는 현대사회의 특징을 집약적으로 표현하고 있다. 근대사회의 정착성과 경계를 초월한 상품과 자본과 노동의 자유로운 이동은 경쟁력 제일의 시대에 국제경쟁력을 제고시킨다. 특히 유목민적 사고야말로 정보사회에서의 경쟁력을 높이는 유일한 대안이 되고 있다. 바로 지식과 정보는 사이버공간의 네트워크를 통하여 실시간과 공간을 넘어서 원본 보다 더 풍부한 내용을 가진 사본으로 발전되어 당대의 문화를 열어가고 있다.

그런 의미에서 600만 명에 달하는 재외한인을 가진 우리나라는 세계문명을 선두에서 이끌어갈 수 있다고 평가된다. 비록 식민 지배를 받던 고난의 시기에 우리 민족의 이주역사가 시작 되었지만, 이제

6 『동아일보』. 2003. 2. 12.

는 튼튼한 민족 네트워크의 기반 위에서 유연한 사고를 가지고 정보사회에 잘 적응할 수 있다고 보는 것이다. 특히 노동의 이동이 자유로운 현 시기에 나름의 독특한 민족문화를 공유한 채, 세계의 주요한 국가들의 주요 도시에 집중거주지역을 형성하고 있는 한민족은 다른 이산민족과 더불어 세계문명의 창조대열에서 선두에 설 수 있을 것이다.[7]

이 글에서는 당대 세계질서를 지배하는 미국의 제1, 2도시에 거주하는 재미한인들의 문화생활을 살펴봄으로써 이런 전망에 대한 시사를 받고자 한다. LA와 뉴욕에 거주하는 재미한인들의 문화생활을 살펴봄으로써 한민족의 문화적 정체성을 확인하고, 민족 네트워크를 통하여 경쟁력의 제고가 가능한지 검토하려고 한다. 구체적으로 LA와 뉴욕에 거주하는 재미한인 약 250명을 상대로 실시한 문화 관련 설문조사의 결과를 분석하여, 그들의 일반적인 문화생활과 민족문화의 유지정도 등을 확인해 본다. 물론 LA와 뉴욕의 문화적 배경에는 차이가 존재하며, 두 지역에서 문화활동을 전문적으로 하는 각 분야의 예술가들 역시 그 점을 인정한다.

7 그러나 S. P. Huntington에 의하면 기이하게도 중국의 유교문명과 일본 문명을 나누어 보고 있음에도 불구하고, 한민족의 문명을 세계 8대 문명에 독자적으로 위치 짓지 않고 있다. S. P. Huntington. (1993). "The Clash of Civilization?". *Foreign Affairs*. vol. 72, no. 3.

2. 재미한인사회의 문화사[8]

(1) 미 술

서두에서 전제하였듯이 미국의 LA와 뉴욕의 문화적 배경과 내용의 차이는 크다. 따라서 편의상 두 지역을 나누어 미술, 음악, 무용, 영화, 연극 등 장르별로 간단히 살펴본다. 먼저 LA 미술계를 보면, 1964년 '남가주한인미술가협회' 발족으로부터 LA 지역의 한인미술사가 시작되었다. 김봉태 등을 중심으로 한 유학생들의 단체를 모태로 연륜이 쌓이면서 규모도 커지고 활동도 다양해지고 활발해졌다. 매년 한 번씩 협회 회원작품전을 개최하여 2004년 제36회 전시회를 가진 남가주미술가협회는 다른 장르의 예술단체와 달리 역사가 길고 단결이 잘되는 모범적인 예술단체로 평가되고 있다.

남가주 지역의 한인미술계는 뉴욕과는 분위기가 다르다고 스스로 인정하고 있다. 백남준과 강익중 등 미국 주류화단으로부터 인정받고 있는 세계적인 작가들이 주로 뉴욕에서 활동하고 있기 때문이다. 요컨대 미술가는 많지만 미술에만 전념할 수 있는 작가는 별로 많지 않다는 것이 LA의 현실이다.[9]

한편 LA한국문화원은 미술 분야에서 큰 역할을 하고 있는데, 매년 전시작가를 공개모집하여 한인작가뿐만 아니라 타인종 커뮤니티와의 문화교류를 도모하고 있다. 또한 멕시코문화원과 2000년부터 매해

8 이하 재미한인사회의 예술을 소개하는 부분은 한미동포재단 미주한인 100주년 남가주기념사업회(2002). 『미국한인이민 100년사』와 미주한인이민 100주년 대뉴욕기념사업회(2003). 『대뉴욕한인100년사』에 실린 장소현, 김옥기, 김동석, 이병임 등의 글을 요약 · 정리하였다.

9 장소현. 앞의 글. pp. 518-519. 이하 관련 부분은 장소현의 글을 정리하여 소개.

공동으로 '한·멕시코교류전'을 개최하는 LA 멕시칸커뮤니티와의 교류의 장을 넓히고 있다. 그리고 '가을화랑제'는 한인사회의 주요화랑들과 합동으로 개최하는 한인미술축제로 자리 잡고 있다.

그런데 LA에서 전시공간이 충분치 않은 것이 한인미술계의 애로사항이다. 현재 '한국문화원', '앤드류 샤이어 갤러리', '사비나 리 갤러리', '모던 아트 갤러리', '라디오코리아', '도산홀', '로터스 갤러리', 다운타운의 '인모 갤러리', 샌타모니카 버가못센터의 '엘린 킴 머피 갤러리', 'BGH 갤러리', 오렌지카운티의 '아름화랑', '르네상스 갤러리' 등 같은 화랑과 전시공간이 있다. 그리고 그 동안 '삼일당 화랑', '스코프 갤러리', '시몬슨 갤러리', '존 & 조 갤러리', '갤러리 프린스', '이뮤화랑' 등이 한인 미술계 발전에 기여해 왔다.

또 LA 한인 미술계의 다른 문제점은 점차 그 비중은 줄어들고 있지만 한국에서 활동하는 작가들이 전시회의 상당 부분을 차지한다는 점이다. 한편 "카파(Korean Arts Foundation of America) 미술상"이라고 불리는 한미문화재단미술상은 LA 지역의 미술애호가들을 중심으로 1989년에 제정된 상으로 2년에 한 번씩 미국 내에서 활동하는 장래가 유망한 젊은 한인 작가를 선발하여, 1만 달러의 상금과 함께 작품전시회를 열어주고 있다. 미주 한인사회 유일의 미술상인 이 "카파미술상"에는 미국 전역에서 많은 젊은 작가들이 응모하고 있으며, 미국 미술계의 권위 있는 인사에게 심사를 맡겨 공정을 기하고 있다.[10]

그리고 1999년 10월 개관한 L.A카운티뮤지엄(LA County Museum of Art) 한국관은 비록 큰 규모는 아니지만 한국 미술의 전통을 보여줄 수 있는 귀중한 공간으로 평가되고 있다. 독립 건물을 가진 일본관이나

---

10 장소현. 앞의 글. p. 519.

넓은 방을 차지하고 있는 중국관에 비해 크기나 전시품의 규모가 작지만, 삼국시대로부터 조선시대에 이르는 다양한 미술품을 전시하고 있다. 뮤지엄은 해마다 한 차례씩 한국 미술에 대한 대규모 학술대회와 함께 문화행사를 갖고 있다.

다음으로 뉴욕의 경우를 보면, 다른 영역에서도 마찬가지이지만 미술 부문에서도 단체보다 개인 중심으로 활동을 전개된다는 특징을 보인다. 뉴욕에는 1950년대 이후에 한국에서 미술작가들이 도미하여 작품활동을 시작하였다. 1960년대에 김환기, 김병기, 백남준 등이 뉴욕으로 왔는데, 백남준은 일본과 독일을 거쳐 뉴욕에 자리 잡았다. 비디오아트의 선구자이면서 세계 최고의 비디오아티스인 백남준에 이어서, 설치미술가 강익중이 뉴욕에서 한국인의 위상을 널리 떨치고 있다. 한편 조숙진이 나무작업을 통해 미국 주류화단의 인정을 받았고, 추상미술의 선구자인 김병기는 오랫동안 뉴욕에서 활동을 하다가 이제는 한국을 왕래하면서 왕성한 작품활동을 해 오고 있다. 또 오랫동안 소호에서 활동하다가 귀국한 판화작가 황규백 등이 있다. 현재 뉴욕을 중심으로 활동하고 있는 중견작가는 김보현, 한용진, 임충섭, 김나, 김웅, 조숙진, 이일, 변종곤, 김원숙, 최성호, 김영길이 있다. 그리고 1.5세대인 서도호, 바이런 킴, 마이클 주 등이 미 주류화단에 들어서고 있는 중이다.

한국 최초의 전위작가인 정찬승은 뉴욕 미술계의 터줏대감으로서 외국작가들로부터 정크황제로 불리면서 1980년대의 전성기를 보내고 1994년 타계하였다. 뉴욕에서 활동하다가 1994년 하와이로 이주한 이병용은 2001년 타계하였다. 이들은 세계 예술의 중심지인 뉴욕에서 이주민으로서 고단한 삶을 살다 간 작가들이었지만, 이후 젊은 작가들에게 신화적인 존재로 남아 있다. 그리고 미술의 명문 프랫대학교 교수인 조각가 존 배와 롱아일랜드대학교 미술대에 재직 중인 이승 교수 등이 후진 양성에 힘쓰고 있다.[11]

뉴욕 역시 미술 분야에서 빼놓을 수 없는 것이 바로 한인 화랑이다. 많은 작가들이 그들의 작품을 전시할 수 있는 공간을 찾는 것이 쉽지 않은 마당에 한국인 화랑은 그들에게 큰 도움이 되었다. 초창기에는 화가 김옥지와 박영이 뉴욕에서 화랑을 경영하였으며, 1980~1990년대에는 소호 웨스트 브로드웨이에 이수연이 '수연이 갤러리'를 오픈하여 존 배, 김영길 등 한인작가 몇 명을 전속으로 운영하다가 문을 닫았다. 서울미대를 졸업하고 유학한 조각가 이강자는 1990년 소호 브로드웨이에 '헤나켄트 갤러리'를 오픈하여 한인작가들을 뉴욕에 데뷔시키는 데 큰 역할을 하였다. 그녀는 서울 인사동에도 같은 이름의 갤러리를 열어 서울과 뉴욕을 연결하는 국제적인 전시회를 시도하기도 하였다. 그 무렵 '헤나켄트'는 앤디워홀 같은 대가들의 작품을 전시하는 틈틈이 많은 한인 작가들을 참여시켰으며, 한인사회보다는 맨해튼의 주류 화단계에서 활동하면서 한인작가들의 전시회를 열어 주었다.[12] 이어서 웨스트브로드웨이에서 안성숙이 운영하던 '시그마 갤러리'가, 1990년도 중반에는 소호에서 이정옥의 'API 갤러리' 등이 외국작가 중심으로 전시를 하면서 이일, 김영길, 황주리 등의 작품을 전시하기도 하였다.

특히 1986년 '한인 작가들을 위한 전시공간'이라는 취지로 오픈

---

11 대뉴욕한인 100년사에서 뉴욕에서 "문화예술과 문화단체" 편을 쓴 김옥기는 뉴욕에서 활동한 화가들로서 특별히 장발, 김병기, 김보현, 박남준, 강익중 등의 활동을 구체적으로 소개하고 있다. 김옥기(2003). "문화예술을 빛낸 인물과 문화단체". 미주한인이민 100주년 대뉴욕기념사업회. 『대뉴욕 한인 100년사』. pp. 412-414. 이하 관련 부분은 김옥기의 글 정리하여 소개.

12 김옥기. 앞의 글. p. 410.

한 '스페이스 월드'는 김병기, 백남준, 김보현, 한용진, 임충섭, 강익중, 이승을 비롯하여 300여 명 젊은 한인작가들을 초청하여 기획 초대전을 열어 왔다. 이 갤러리는 한국의 민화전이나 독특한 작품세계를 가진 작가들을 초청하여 작가들의 작품을 소개하여 재미한인들의 순수문화공간으로서 역할을 하고 있다.

그리고 LA와 마찬가지로 뉴욕의 한국문화원 역시 재미화가들의 전시기회를 제공하고, 한국 문화를 미국에 알리는 데 크게 기여하고 있다. 뉴욕문화원의 '갤러리 코리아'는 최근 전문 큐레이터를 두고 좋은 작가들을 선정하는 기획전을 열고 있다.[13]

(2) 음 악

음악 부문에서도 먼저 LA지역을 소개하면 다음과 같다. 남가주 음악계의 대강의 흐름을 살펴보면 1960년대 말 합창단이 시작되는 시기였고, 1970년 초부터 교향악 운동이 활발하게 일어났다. 그리고 1970년대 말에는 작곡발표가 활발했으며, 1980년대 중반에는 오페라운동이 특별했다. 1990년대에는 수준 높은 개인 독창회가 많았고, 1990년 말에는 오라트리오가 시작되어 오늘에 이르고 있다. 한국 음악계와의 교류로는 KBS 교향악단(홍연택 지휘), 시립교향악단(정재동 지휘), 아카데미 교향악단(장일남 지휘), 국립교향악단(곽승 지휘)이 미주를 방문 공연하였다.[14]

초기 미주 이민사에 있어서 활발한 활동을 한 이로 하버드대학교 음악과 얼 김(金乙) 교수가 있다. UCLA와 UC버클리에서 음악을 전

13 김옥기. 앞의 글. p. 412.

14 남가주한인음악가협회(2002). "남가주 한인 음악계 50년". 한미동포재단 미주한인이민 100주년 남가주기념사업회. 『미주한인이민 100년사』. p. 541.

공한 그는 프린스턴대학교 교수를 거쳐 하버드대학교에 재직하면서 후진을 양성하였다. 그가 작곡한 대표적인 작품들로는 'Exercises En Route', 'Earth Light', 'Melodeama Ⅰ & Ⅱ', 'Narrative, Now & Then', 'Twelve Caprices for Solo Violin' 등이 있다. 그리고 로스앤젤레스 지역에서 최초로 독창회를 가진 성악가로 소프라노 조세핀 조가 활발한 활동을 하여 명성을 얻었다.

본격적으로 한국에서 교육을 받은 음악인들이 미국에 온 것은 1960년대로 조민구, 정낙연, 김옥자, 김창부, 권길상, 이우근, 김웅자, 조광혁, 김장환, 박정숙, 김애인, 장대욱 등이 LA에 터를 잡고 활동을 하였다.[15] 이렇게 LA에 모인 한인 음악가들은 1964년에 '한인음악가협회'를 만들었는데, 당시 한인음악인들은 대개 USC와 California Institute of the Arts(Los Angeles Conservatory)에서 공부를 하고 있었다.

그리고 지난 반세기의 남가주 음악계 인물 중 미국 대학에서 후진을 가르친 교수로는 김병곤(작곡, 칼스테이트LA), 정낙영(피아노, 새들백대학), 고봉신(첼로, 칼스테이트 훌러턴), 전희원(피아노, 콜본스쿨) 윤찬호(바이올린, 콜본스쿨) 등이 있다. 남가주지역 출신 1.5세 및 2세로 주류사회에서 크게 활약하는 음악가로는 미셸 김(바이올린)이 뉴욕 필하모닉 부악장으로, 그리고 데이비드 박이 유타필하모닉의 부악장으로 독주자로 있다.

LA에서 음악활동을 활발하게 해 온 음악가는 권길상, 정낙영, 조민구, 김옥자, 이귀임, 이우근, 김천애, 이영애, 임만섭, 김창부, 김애인, 조광혁, 임춘원, 임정선, 박환철, 석우장, 이재우, 방연옥, 김병곤, 김정진, 장동은 등이 있다. 최근에는 백경환 목사, 진정우 박사, 노혜술, 오성해, 노형건, 조덕희, 이종헌, 조성환, 박홍섭, 곽현주, 황

15 남가주한인음악가협회. 앞의 책. p. 542.

혜경 등이 활발하게 음악활동을 하고 있다, 특별히 조민구는 한국교향악단을 창단, 지휘자로서 30년간 94회에 이르는 정기적인 공연을 하고 있다.

한편 LA의 한인국악계를 살펴보면, 1960년대 초기 이민자 김필곤이 두 손녀를 데리고 남가주 지역 교포들의 행사에 참석하여 장고와 춤을 선사한 것이 한국 전통음악의 시작이었다. 1964년 국립국악원 부속 국악사양성소(현재 국립국악학교)에서 정규교육을 받은 국악인 몇 명이 '아리랑 가무단'(김생려, 권려성 단장)의 일원으로 미국 순회연주를 하였다. 이곳 출신 문영삼(가야금), 이동엽(대금), 이동형(피리), 박헌린(해금)이 LA에 정착하여 활동을 하게 되었다. 그러나 국악뿐만 모든 전문예술가들에게 마찬가지였지만, 이민의 땅에서 국악으로는 생계유지를 할 수 없었기 때문에 이들은 공장직공으로, 상점점원으로, 식당웨이트리스로 전공이 아닌 여러 가지 다른 일에 종사할 수밖에 없었다. 양성소 출신 중에는 박종길과 그의 부인 채희아(가야금), 이동엽과 그의 부인 김화자(무용) 등의 국악인 가족이 나오기도 하였다. 그리고 1970년 김동석(가야금)이 리틀엔젤스 가무단의 일원으로 미주 순회공연 후, 1971년 UCLA 유학생으로 이들과 합류하였다.

1973년 '재미국악원'이 발족되어 이를 중심으로 문영삼, 이동엽, 박종길, 이동형, 김동석, 박헌린, 채희아, 김화자, 박동대, 김정수, 김종식 등이 활동하였다. 재미국악원은 미국에 갓 이민 온 국악인들(무용인 포함)에게 재정적으로 많은 도움을 주었다.[16] 1978년 이후 양성소 및 서울음대, 국악예고 출신의 많은 국악인들이 LA 근교로 이주하여 함

16 Korean Ethnic Heritage Group의 CETA(Comprehensive Employment Development Act) Program이 그것이다. 김동석(2002). "미국 속의 한국 음악: 국악". 한미동포재단 미주한인이민 100주년 남가주기념사업회. 『미주한인이민 100년사』. p. 553.

께 활동을 하였다. 박종대(대금), 손봉삼(해금), 이태준(필), 김영욱(거문고), 이병상(대금), 문인윤(피리), 박원경(피리), 고계상(해금), 석세기(가야금, 무용), 김원경(해금), 박희자(가야금), 백옥자(가야금), 김경희(무용), 지윤자(가야금), 최경만(피리), 지순자(가야금) 등이 바로 그렇다.[17]

그리고 1967년 이후 미국 대학에서 한국 국악교육이 시작되었다. UCLA Ethno-Musicology(민족음악대학)에서 한국 음악을 가르치기 시작하였고, 1999년에 LA에 있는 Chong Shin University USA에 한국음악과를 신설하여 학부와 대학원에서 국악과 선교무용으로 학위를 수여하고 있다. Hawaii University에서 한국 음악을 이병원 교수가 가르치고 있고, University of Washington(Seattle)에도 한국 음악을 가르치고 있다. 그 외 동부에 있는 몇몇 대학에서 한국 음악을 교수하고 있다.

한인의 문화예술 가운데 미국 주류사회에서 가장 자랑할 만한 분야는 음악이다. 바로 메트로폴리탄 무대에서 활동 중인 소프라노 홍혜경과 신영옥, 바이올리니스트 장영주, 정트리오 등이 세계적인 인물 들이다. 한국인 음악가들이 세계무대에 알려진 것은 1960년대이다. 피아니스트 한동일과 바이올리니스트 정경화, 그리고 백건우, 김영욱, 정명훈, 강동석 등이 국제콩쿠르에서의 입상을 통해 세계무대에 데뷔를 하였다.

1970년대에는 바리콘 김성길, 이기도, 소프라노 이성숙 등이 줄리아드에 유학하였으며, 이성숙은 1972년 뉴욕시티오페라 "마담 버터플라이"에서 주인공 나비부인을 역을 맡아 한인 성악가로서 국제적인 무대에 진출하였다. 현종곤은 미국인 오케스트라 '웨인심포니'에서 "코리아 환타지"를 지휘하였으며, 테너 박인수는 '에밀레오페라단'을 창단

17 김동석. 앞의 책. p. 554.

하여 오페라 "춘향전" 공연을 비롯한 음악활동을 하였다. 이 시기에 피아니스트 김춘자가 중심이 되어 '서울챔버앙상블'을 창단하여 카네기홀 웨일리사이틀홀에서 연주회를 가졌다. 또 테너 우태호가 '한미오페라단'을 만들어 활동하기도 하였다.

1980년대를 살펴보면, 1981년에는 이준무가 서울음대 동창을 중심으로 '서울음대챔버오케스트라'(이후 '뉴욕서울교향악단', '우륵챔버오케스트라'로 이름 변경)를 창단하여 오늘에 이르기까지 23년이 넘게 63회의 연주회를 가졌다. 1983년에는 심경흠이 '뉴욕코리안심포니'를 창단하여 10여 년을 이끌었다. 1984년 이순희가 설립한 '한국음악재단'은 많은 젊은 음악가들을 미국무대에 데뷔시켰으며, 뉴욕한국문화원의 협조로 우수한 젊은 음악인들의 연주무대를 마련해 주고 있다. 1986년 테너 이병천이 '브니엘 콘서트 콰이어'를 창단하여 매해 12월 에버리 피쇼홀에서 헨델의 메시아 전곡을 연주하면서 발전해 오고 있다. 또 테너 서병선은 '뉴욕예술가곡연구회'를 만들어 가곡을 무대에 올리면서 가곡 교실을 운영하면서 우리 가곡의 보급을 적극적으로 펼치고 있다. 의사인 최진훈이 이끄는 '뉴욕코리안챔버오케스트라'는 매해 카네기홀 웨일리사이트홀에서 정기연주회를 갖고 있다. 그리고 바리톤 최상균은 1997년 '오페라유리디세'를 창단하여 1년에 한두 번씩 공연을 갖고 있으며, 줄리아드예비학교 교수인 성기신은 '뉴욕심포니에타'를 창단하여 활동하고 있다.[18]

1980년대 한인 음악계에서 특이할 만한 점은 줄리아드 음대에 한인들이 많이 입학하면서 전체 학생들의 반 정도가 되어 '줄리아드가 전 세계적인 음악대학이 아니라 한국인 대학이라는 말을 들을 정도가

18 김옥기. 앞의 책. p. 405.

되었다.

1990년대 이후를 살펴보면, 1990년 바리톤 최현수가 차이코프스키 국제음악콩쿠르에서 1위를 차지하여 한국의 위상을 세계에 알렸다. 그리고 1995년 '한국음악재단'은 강효 교수를 음악감독으로, 줄리아드 출신의 우수한 젊은 음악인들을 멤버로 하여 현악실내악단 '세종솔로이스츠'를 창단하여 수준 높은 음악활동을 해오고 있다. 1990년대 말부터는 바이올리니스트 제니퍼 고, 첼리스트 장한나, 다니엘 리, 바이올리니스트 김지연, 줄리엣 강, 안트리오 등의 젊은 음악인들이 국제무대에서 이름을 떨치고 있다.

한편 대중음악가로서 한국의 대중음악의 선두에서 활동하였던 작곡가이자 재즈피아니스트인 윤채현은 1976년 뉴욕에 와서 2000년 작고할 때까지 24년 동안 교회음악, 연극음악, 콘서트 등 클래식음악 활동을 하였다. 그리고 1970년대 청바지와 통기타로 대변되던 한국의 청년문화의 선두에 섰던 한대수가 뉴욕에서 활동하기도 하였다. 그는 시인, 사진작가, 뮤지션으로 활동하면서 80여 곡을 불렀으며 8개의 음반을 출반하였다.

뉴욕에서 활동하는 대표적인 음악가단체를 정리하면, '우륵챔버 오케스트라'(단장 이준무), '한국음악재단'(Korea Music Foundation, 회장 이순희), '뉴욕예술가곡연구회'(회장 서병선), '브니엘 콘서트 콰이어'(Peniel Concert Choir, 단장 이병천), '세종솔로이스츠'(단장 김태자, 음악감독 강효) 등이 있다.

(3) 무 용

미주 한인사회에서의 무용사를 보면, 초창기 이민지인 하와이의 경우에 한국 근대 무용사의 선구자 중 한 사람으로 평가되는 배구자의 활동을 확인할 수 있다.[19] LA 지역에서는 1970년대 초 '재미국악원'이 LA 시정부에서 소수민족의 전통문화를 지원하는 보조를 받아 국악과 함께 무용공연을 하였다. 그러다가 1980년대 들어 전통의 토착화와 창작무용의 활성화에 대한 자각을 주창하며 이병임 등에 의하여 '미주한국무용협회'가 창립되면서 본격적인 무용활동을 전개된다. 그러나 아직 '미주한국무용협회'는 동호인 위주 모임의 성격을 탈피하지 못하였다.

한편 한국 전통춤의 명맥을 이어가자는 취지에서 창립된 '우리춤보전회'를 비롯하여 '김백봉춤보전회'(이복형), '한영숙춤보전회'(김응화) 등이 우리 전통춤을 계승 발전시키고 있다. 현재 남가주에는 김응화, 임미자, 임환초, 주명숙, 임관규 등이 연구소를 운영하며 전통춤, 창작춤, 선교무용 등의 명분으로 활동을 하고 있다.[20] 1990년대 이후 이들 각기 보존회는 한영숙류 승무와 살풀이춤, 태평무, 부채춤의 대가 김백봉을 초빙 "한국 춤 명무 워크숍 시리즈"라는 타이틀로 자신들의 춤을 주제로 한 워크숍을 열었다. 그리고 한국의 중요무형 문화재 제92호 태평무의 예능보유자인 강선영의 LA공연은 LA타임즈의 찬사를 받았다.[21]

또한 1985년 창립된 '미주예총'은 전통문화의 올바른 보급을 위한 정기행사를 매년 실시해 오고 있는데, 이 행사의 대부분은 한국 춤의 다양한 유형들을 장르, 분야별로 소개하는 프로그램으로 진행된다. 한국 춤의 큰 두 갈래인 궁중무용과 민속무용의 다양한 모습들이 이 워크숍 시리즈를 통해 소개되고 있고, 미주의 한인동포사회 또는 미주류사회에 우리 춤의 다양한 모습을 알리는 데 크게 기여하고 있다.

---

19 이병임(2002). "남가주 한인 무용계 50년". 한민동포재단 미주한인이민 100주년 남가주 기념사업회. 『미주한인이민 100년사』. p. 533.

20 이병임. 앞의 책. p. 535. 이하 관련 부분 이병임의 글 정리 소개.

21 이병임. 앞의 책. p. 536.

앞서도 언급한 바 있지만, 한국 문화를 소개하고 한인예술가들의 큰 마당이 되고 있는 LA한국문화원은 무용에 관한 워크숍 및 세미나, 소품 공연들을 하고 있다. 바로 전통무용을 비롯하여 우리의 전통문화와 예술이 LA의 주류문화권에 소개되고 인정받는 데 LA한국문화원이 큰 역할을 하고 있다.

뉴욕 지역의 현대무용분야에서는 김영순이 이끄는 '화이트 웨이브라이징'이 1988년 창단되어 오늘까지 꾸준하게 활동하고 있으며, 전위무용가 홍신자가 1981년 무용단 '래핑스톤'을 창단하여 전위적이고 독특한 작품을 무대에 올려 활동하기도 하였다. 동양의 선사상을 춤으로 표현하는 선무용으로 뉴욕대학에서 무용학 박사학위를 받은 이선옥이 창단한 '선무용단'이 아시아소사이어티 등지에서 공연을 하였다. 박상욱은 '포스 디멘션 댄스'를 창단하여 정부의 기금을 받는 등 몇 년 동안 열의를 갖고 활동하였으며, 안은미가 머리를 깎고 옷을 벗은 채 현란한 춤을 추어 관객들을 감동시키면서 뉴욕타임즈로부터 격찬을 받기도 하였다.

그리고 LA에서와 같이 가끔 한국의 무용단이 뉴욕에 와서 공연하여 미국에 우리의 문화를 알리는 기회를 갖기도 하였다. 한국의 유니버설발레단은 여러 차례에 걸쳐 미국 순회공연을 가졌는데, 최근에는 2001년 뉴욕시티디어터에서 3일간 공연한 '심청'과 '라바야데어'는 뉴욕타임즈를 비롯한 미국의 유수언론으로부터 미국 현지발레단보다 더 우수하다는 평을 받는 등 미국에 한국 발레를 알리는 좋은 기회를 가졌다. 뮤지컬 명성황후, 난타도 호평을 받았다.

현대무용과 달리 한국 무용은 2세들에게 한국 전통무용을 지도하는 학원 역할을 하면서 외국인들에게 우리 문화의 아름다움과 우수성을 보여주는 역할을 해왔다. '뉴욕한국국악원'(박윤숙), '국악협회'(박수연), '전명숙무용단'(전명숙), '한국무용회'(손정아) 등은 1.5세 및 2세 어린이들을 중심으로 한 교육을 실시하면서 각종 행사에 공연 등을 통해 우리의 전통문화를 소개하고 있다.

뉴욕에서 활동한 무용 분야의 전문가를 보면, 종합예술가라 할 수 있는 장두이와 명상무용가 홍신자, 선무용가 이선옥, 현대무용가 김영순, 전위무용가 안은미, 전통무용가 김명수와 손정아 등이 있다. 이들 중에서 장두이와 홍신자, 안은미는 최근에 귀국하여 국내에서 활동을 하고 있다.[22] [23]

3. 재미한인의 문화생활 일반

(1) 조사방법

▮ 조사도구

LA와 뉴욕에 거주하는 한인들의 문화생활을 살펴보기 위하여 설문조사를 실시하였다. 인구사회학적 변인은 연령, 성별, 학력, 직업, 거주기간 등이다. 다음 설문의 내용으로 재미한인들이 어떠한 문화생활을 향유하고 있는지 문화공간 이용정도, 장르별 한국 문화의 접촉매체, 장르별 한국 문화의 접촉공간, 한국 문화의 접촉정도, 민속과 명절을 지내는지 여부, 돌잔치와 결혼잔치 그리고 회갑잔치와 같은 민속을 지

22 『재외동포신문』. 2005. 1. 10.

23 『재외동포신문』. 2005. 5. 16.

키는지 여부, 경조사에서의 부조금 출연 여부, 민속놀이 경험 여부, 한복착용 여부, 대표적인 한국 음식을 어느 정도 즐기는가 등을 물었다.

▌조사지역 및 조사대상자 수

재미한인들의 문화생활에 관한 실태 조사는 미국에서 한인들이 가장 많이 거주하는 LA와 뉴욕에서, 20세 이상의 성인 남녀를 대상으로 하였다. 총 조사대상자수는 242명으로, LA 197명, 뉴욕 45명이다.

설문조사는 2005년 2월부터 4월까지 2개월간 실시되었는데, 현지의 전문 조사원이 대상자를 직접 방문하여 설문조사를 실시하였다. 설문지는 한국어로 각각 작성되었는데, 설문조사 결과에서 한국어의 구사능력(말하기, 쓰기, 듣기)이 보통 이상이라는 응답자가 98%에 이르러 조사에 어려움은 없었다.

▌조사대상자의 일반적 특성

조사대상자의 일반적 특성은 〈표 5.1〉과 같다. 재미한인 응답자는 30대와 40대의 비율이 높았고, 응답자의 성비는 여성이 53.5%로 남성이 46.5%로 나타났다. 학력은 대졸 이상이 85%에 이를 정도로 높게 나타났다. 종교는 개신교가 66.2%로 압도적으로 많았고, 무종교(14.8%), 천주교(9.3%) 순으로 나타났다. 직업은 전문가(23.0%), 서비스종사자(16.8%) 순이었다. 거주기간은 5년 이하(28.7%), 10년(21.7%), 15년(20.0%), 20년(14.3%), 25년(8.7%) 순이었다.

▌자료분석

수집된 자료는 SPSS 12.0 Package를 이용하여 분석되었다.

표 5.1 조사대상자의 일반적 특성

N(%)

변 인	구 분	미 국
연 령	70대 이상	2 (0.8)
	60대	14 (5.8)
	50대	31 (12.9)
	40대	77 (32.1)
	30대	87 (36.3)
	20대	28 (11.7)
	19세 이하	1 (0.4)
성 별	남	112 (46.5)
	녀	129 (53.5)
학 력	초졸 이하	1 (0.4)
	중졸	0 (0)
	고졸	34 (14.8)
	대졸	118 (51.3)
	대학원 이상	77 (33.5)
종 교	개신교	157 (66.2)
	천주교	22 (9.3)
	불교	12 (5.1)
	이슬람	0 (0)
	기타	11 (4.6)
	종교 없음	35 (14.8)

변 인	구 분	미 국
직 업	의원, 고위관리직	7 (3.1)
	전문가	52 (23.0)
	기술공, 준전문가	8 (3.5)
	사무종사자	19 (8.4)
	서비스종사자	38 (16.8)
	판매종사자	24 (10.6)
	농업, 임업 관련	1 (0.4)
	기능원	3 (1.3)
	장치기술종사자	0 (0)
	단순노무종사자	14 (6.2)
	학생	31 (13.7)
	전업주부	24 (10.6)
	미취업	5 (2.2)
거주기간	5년 이하	66 (28.7)
	10년	50 (21.7)
	15년	46 (20.0)
	20년	33 (14.3)
	25년	20 (8.7)
	30년	11 (4.8)
	35년	4 (1.7)
	40년 이상	0 (0)

(2) 조사내용

▌평소 문화공간 이용정도

시·군·구민회관은 한인들의 생활장소 주변에 있을 것으로 짐작되지만 이용하지 않은 비율이 73.9%로 다른 문화공간에 비하여 가장 낮게 나타났다. 실제 시·군 구민회관이 한인집거지역 근처에 있는지 아니면 없는지 등을 현지조사를 해 보아야 그런 결과를 이해할 수 있겠지만, 재미한인들의 문화생활과 연관이 적은 문화공간의 하나라고 볼 수 있다. 그리고 1년에 최소한 1번 이상 이용한 적이 있는 공간으로 박물

표 5.2 문화공간 이용

N(%)

구 분	공연장	박물관	미술관	문화원	시·군·구민회관	도서관
이용한 적 없다	71 (33.3)	60 (30.2)	88 (45.8)	119 (66.5)	116 (73.9)	41 (18.8)
1년에 1~11회	127 (59.6)	136 (68.3)	99 (51.6)	56 (31.3)	35 (22.3)	93 (42.7)
1달에 1~3회	13 (6.1)	3 (1.5)	4 (2.1)	4 (2.2)	5 (3.2)	60 (27.5)
1주일에 1~6회	1 (0.5)	0 (0)	1 (0.5)	0 (0)	1 (0.6)	21 (9.6)
매 일	1 (0.5)	0 (0)	0 (0)	0 (0)	0 (0)	3 (1.4)

관(68.3%), 공연장(59.6%), 미술관(51.6%), 도서관(42.7%), 문화원(31.3%), 구민회관(22.3%) 순으로 나타났다. 그 가운데 도서관의 경우는 1년에 최소한 1회 이상(42.7%), 1달에 1~3회(27.5%), 1주일에 1번 이상(9.6%)의 순으로 나타나 한인들의 교육열 내지 문화생활을 집작할 수 있다. LA의 경우 코리아타운 내에 있는 '피오피코-코리아타운도서관'은 이번 현지조사를 통하여 실제 많은 한인들이 이용하고 있는 것을 확인할 수 있었으며, 한인 대상으로 문학인 초청행사나 한인들을 위한 종이공예 등을 주관하고 있었다.

▌한국 문화를 체험하기 위한 문화공간의 이용정도

위에서 살펴본 바와 같이 재미한인들의 이용하는 문화공간 중에서 도서관 이용률이 높기 때문에 자연스럽게 도서관에서 한국 문화를 경험하는 경우가 많다고 볼 수 있다. 도서관에서는 도서의 열람과 대출과 같은 정보이용의 경우와 연극공연과 음악회, 미술전시회 등과 같은 각종 문화행사를 접할 수 있는 공간이기 때문일 것이다. 그리고 여기서

표 5.3 한국 문화를 체험하기 위한 문화공간의 이용정도

N(%)

구 분	공연장	박물관	미술관	문화원	시 · 군 · 구민회관	도서관
이용한 적 없다	106 (51.5)	124 (67.4)	128 (70.7)	135 (74.6)	144 (85.7)	99 (26.8)
1년에 1~11회	96 (46.6)	58 (31.5)	52 (28.7)	44 (24.3)	21 (12.5)	58 (29.6)
1달에 1~3회	4 (1.9)	2 (1.1)	1 (0.6)	2 (1.1)	2 (1.2)	30 (15.3)
1주일에 1~6회	0 (0)	0 (0)	0 (0)	0 (0)	1 (0.6)	9 (4.6)
매 일	0 (0)	0 (0)	0 (0)	0 (0)	0 (0)	0 (0)

도 이용한 적이 없는 문화공간으로 구민회관이 85.7%로 가장 높게 나타났다. 그 뒤를 이어 문화원(74.6), 미술관(70.7), 박물관(67.4), 공연장(51.5) 순으로 이용률이 높아졌다. 특히 공연장이 경우는 현지의 한인 음악가나 교향악단, 한국에서 순회공연을 하는 문예인들의 공연을 관람하기 위하여 최소 1년에 한 번 이상 이용하는 것으로 보인다. 이를 통해서 향수를 느끼고, 이국생활의 위안을 받지 않을까 추측해 본다.

▍한국 문화의 접촉매체

음악과 미술, 영화, 드라마, 공연 등의 한국 문화는 어느 매체를 통하여 접촉하는가라는 질문에 장르별로 이용하는 매체가 다르게 나타난 것을 충분히 이해된다. 그것은 시각과 청각, 시청각 어느 감각을 주로 이용하느냐에 따라 다르게 나타날 것이다. 예를 들어 음악의 경우는 라디오(45.9)와 인터넷(39.3) 그리고 TV(33.5)를 통해서 체험하고, 미술의 경우는 신문(33.1), 잡지(21.9), 인터넷(22.7), TV(17.4)를 통해서 체험하는 것으로 나타났다. 그리고 영화는 비디오(49.2)나 인터넷(31.8), TV(29.8)

표 5.4 한국 문화의 접촉매체

N(%)

구 분	음 악	미 술	영 화	드라마	공 연
신 문	57 (23.6)	80 (33.1)	60 (24.8)	53 (21.9)	66 (27.3)
잡 지	25 (10.3)	52 (21.9)	23 (9.5)	19 (7.9)	13 (5.4)
TV	81 (33.5)	42 (17.4)	72 (29.8)	135 (55.8)	36 (14.9)
VIDEO/DVD	53 (21.9)	15 (6.2)	119 (49.2)	91 (37.6)	16 (6.6)
라디오	111 (45.9)	11 (4.5)	12 (5.0)	12 (5.0)	14 (5.8)
인터넷	95 (39.3)	55 (22.7)	77 (31.8)	51 (21.1)	46 (19.0)
기 타	8 (3.3)	27 (11.2)	19 (7.9)	8 (3.3)	50 (20.7)

를 통해서 감상하고, 드라마 역시 비슷하게 TV(55.8), 비디오(37.6), 신문(21.9), 인터넷(21.1)을 통해서 감상하는 것으로 나타났다. 영화와 드라마에서 차이는 인터넷을 통해서 드라마보다 영화를 이용하는 경우가 더 높게 나타난다. 공연의 경우 기타(20.7)는 직접 기술하지 않았지만 아마 공연장에 직접 가서 관람하는 경우가 아닐까 생각한다.

▌한국 문화의 접촉공간

접촉매체와 마찬가지로 접촉 장소의 경우에도 시각과 청각, 그리고 시청각 등 감각기관이 다름에 따라 접촉 장소가 다르게 나타난다. 인터넷(44.2)이나 가정(32.2)에서 오디오를 통해서, 미술은 미술관(28.9)이나 인터넷(26.9)을 통해서, 영화는 인터넷(36.8), 극장(31.8), 가정(22.7)의 순으로, 드라마는 가정(43.4)과 인터넷(30.6)으로 체험하는 것으로 나타났다.

이상에서 나타난 것처럼 인터넷은 장르를 불문하고 다양한 장르에서 문화를 경험하는 공간이자 매체가 되었다. 따라서 모두에 언급한 것처럼 재미한인들이 정보사회의 공간에서 잘 적응하고 있는 것으로 볼 수 있다. 즉 음악, 영화, 드라마, 미술 등 모든 장르에서 인터넷

표 5.5 한국 문화의 접촉공간

N(%)

구 분	음 악	미 술	영 화	드라마	공 연
축제마당	25 (10.3)	3 (1.2)	3 (1.2)	6 (2.5)	28 (11.6)
공연장(극장)	30 (12.4)	4 (1.7)	77 (31.8)	4 (1.7)	50 (20.7)
미술관	3 (1.2)	70 (28.9)	1 (0.4)	3 (1.2)	6 (2.5)
도서관	5 (2.1)	5 (2.1)	5 (2.1)	2 (0.8)	7 (2.9)
박물관	4 (1.7)	17 (7.0)	–	–	1 (0.4)
교육관	5 (2.1)	2 (0.8)	1 (0.4)	2 (0.8)	2 (0.8)
문화원	5 (2.1)	9 (3.3)	3 (1.2)	1 (0.4)	8 (3.3)
인터넷	107 (44.2)	65 (26.9)	89 (36.8)	74 (30.6)	45 (18.6)
가 정	78 (32.2)	12 (5.0)	55 (22.7)	105 (43.4)	18 (7.4)
기 타	22 (9.1)	30 (12.4)	18 (7.4)	18 (7.4)	40 (16.5)

은 다양하고 신속한 정보를 제공하는 공간이자 매체라고 할 수 있다. 다만 재미한인들이 다른 인종에 비하여 인터넷의 이용정도가 어떤지는 다른 기회를 통해서 확인할 필요가 있다.

▌한국 문화 접촉정도

재미한인들이 한국 문화를 어느 정도 접촉하는가는 장르별로 차이가 있다. 미술과 공연의 경우 47.%와 41.9%가 1년에 한 번도 경험하지 않은 것으로 나타나고, 음악과 드라마의 경우는 8.3%와 14.0%가 매일

표 5.6 한국 문화 접촉정도

N(%)

구 분	음 악	미 술	영 화	드라마	공 연
없다	23 (10.5)	93 (47.7)	32 (14.5)	24 (10.5)	80 (41.9)
1년에 1~11회	86 (39.3)	86 (44.1)	110 (50.0)	52 (22.8)	100 (52.4)
1달에 1~3회	28 (12.8)	10 (5.1)	50 (22.7)	47 (20.6)	4 (2.1)
1주일에 1~6회	42 (19.2)	5 (2.6)	25 (11.4)	73 (32.0)	5 (2.6)
매 일	40 (18.3)	1 (0.5)	3 (1.4)	32 (14.0)	2 (1.0)

표 5.7 명 절

N(%)

없다	38 (15.7)	대보름	23 (9.5)	단오	3 (1.2)	동지	13 (5.4)
설날	189 (78.1)	한식	12 (5.0)	추석	123 (50.8)	기타	6 (2.5)

접촉할 정도로 많이 접촉하고 있다. 특히 드라마는 한류열풍의 주요 원천으로 설명되듯이 재미한인들의 드라마 접촉정도는 상당히 높은 것으로 나타난다. 따라서 미국에 거주하는 한인들이 계속적으로 음악과 드라마 같은 영역에서 한국 문화와의 접촉을 유지함으로써 현재 한민족 공동체의 일원으로서 감정을 공유하고 있는 것으로 판단된다.

4. 재미한인의 민족문화 향유정도

(1) 명 절

우리 민족은 절기에 따라 명절을 지내왔다. 명절은 농경사회에서 농사의 중요한 절기의 하나이기도 하였지만, 공동체 구성원들 간에 공감대를 확인하는 정서적으로 의미 있는 것이기도 하였다. 그러한 풍습은 현대사회에 이르기까지 깨지지 않고 지켜지고 있는데, 일부 명절은 그 의미가 약화되기도 하였다. 특히 서양문화가 지배적인 미국 땅에서 한인들은 개신교 신자가 대부분이고 정보 서비스업을 주로 하는 사회적 배경하에서 농사를 주로 하던 시기의 우리 민족 고유의 절기를 지키는 것은 쉬운 일이 아닐 것이다.

이번 응답자 가운데 우리 민족의 고유한 명절 중에서 현재 그 가정에서 지내는 명절을 있는 대로 고르라는 질문에 설날이 78.1%로 가장 많이 나왔다. 그 뒤를 추석명절(50.8%)이 이었으나, 설날에 비하여 차이가 많았다. 그 외의 명절은 재미한인들에게 큰 의미를 갖지 않은 것으로 나타났다. 더구나 15.7%의 응답자는 지키는 명절이 없다고 답하였다. 따라서 재미한인들에게 아직은 설날과 추석이 지킬 만한 민족명절로 여겨지고 있으며, 이를 통하여 가족 간에 유대뿐만 아니라 민족공감대를 형성하는 기반이 되리라 생각한다.

(2) 민속

그리고 제사와 성묘, 세배, 집안잔치 같은 민속을 지키는가의 물음에 각종 잔치는 지키고 있지만, 제사는 64.6%, 성묘는 52.8%의 응답자가 지키지 않고 있다. 더구나 집안을 지켜준다는 성주신 신앙의 경우는 34.3%가 그 의미를 모를 정도로 토속신앙은 잊혀가고 있는 것으로 나타났다. 이 역시 재미한인 다수가 개신교 신자이기 때문이라고 판단된다. 다만 돌잔치, 결혼잔치, 회갑잔치 등은 80%가 넘는 비율로 지키고 있음을 보여준다. 민속에 따라 큰 차이가 있지만, 여전히 우리 민족은 경조사를 통해서 유대관계를 강화하고 있다고 판단된다. 그리고

표 5.8 민속

N(%)

구 분	지킨다	안 지킨다	모른다
제 사	65 (33.3)	126 (64.6)	4 (2.1)
돌잔치	187 (89.5)	16 (7.7)	6 (2.9)
결혼잔치	198 (90.8)	15 (6.9)	5 (2.3)
회갑잔치	166 (82.6)	27 (13.4)	8 (4.0)
성 묘	73 (41.5)	93 (52.8)	10 (5.7)
세 배	158 (74.9)	46 (21.8)	7 (3.3)
성주신	4 (2.8)	90 (62.9)	49 (34.3)

표 5.9 부조금 지출 여부

N(%)

구 분	있다	없다	모른다
돌잔치	206 (89.2)	20 (8.7)	5 (2.2)
결혼잔치	221 (92.9)	15 (6.3)	2 (0.8)
회갑잔치	178 (80.2)	41 (18.5)	3 (1.4)
장례식	199 (85.8)	29 (12.5)	4 (1.7)

이는 민족구성원 간에 아직 정서적 공감대가 형성될 기반을 갖고 있음을 보여준다.

또 그러한 애경사의 민속을 지킬 때 부조금을 지출하는가의 물음에 80%가 넘는 응답자가 부조금을 내고 있는 것으로 답하고 있다. 이는 앞서 강조한 바와 같이 한인들 상호 간에 애경사를 같이하고, 상호 부조함으로써 유대를 강화할 뿐만 아니라 고난한 이민생활에서의 온갖 어려움을 극복하고 있는 것으로 볼 수 있다.

(3) 민속놀이

우리 민족에게는 고래로부터 다양한 민속놀이가 전해져 온다. 이런 놀이는 대개 절기와 관련이 있으며 명절에 주로 하여 공동체 구성원들 간에 친목과 유대를 다지는 계기가 되었다. 이번 조사에서 재미한인들은 아직도 몇 가지의 민속놀이는 하고 있는 것으로 답하고 있다. 특히 윷놀이는 86.8%가 해본 적이 있으며, 화투놀이의 경우도 63.2%가 해보았다고 답하고 있다. 그 외의 민속놀이도 30%가 넘는 답을 하여 아직도 상당한 문화적 공감대를 유지하고 있다고 판단된다.

다만 이주시기에 따라서 어느 정도 차이가 날 것으로 판단된다. 즉 고국으로부터 격리시기에 따라 민속놀이의 경험정도가 달라질 것

표 5.10 민속놀이

N(%)

윷놀이	210 (86.8)	널뛰기	87 (36.0)	연날리기	110 (45.5)	줄다리기	131 (54.1)
그네뛰기	90 (37.2)	씨 름	70 (28.9)	제기차기	112 (46.3)	공기놀이	131 (54.1)
팽이치기	80 (33.1)	강강술래	54 (22.3)	장 기	101 (41.7)	화투놀이	153 (63.2)

이다. 일찍이 이주한 사람은 놀이 경험이 희미할 것이며, 최근에 이주한 사람은 보다 더 풍부한 놀이 경험을 갖고 있을 것이다. 또 다른 한편 당초 미국에 이주한 뒤 '한국의 날'과 같은 축제기간에 민속놀이의 경험을 하였는지 차이를 알아보는 것도 의미가 있을 것이다.

(4) 의식주

문화생활 가운데 가장 기본적인 것이 의식주에 관한 것이다. 따라서 이번 조사에서 한복과 한국 음식, 온돌식 난방 등에 관하여 질문하였다. 그런데 한복의 경우는 음식과 달리 상용하지 않은 것은 국내의 우리들의 일상과 동일한 것으로 나타났다. 그러나 김치와 장류 같은 우리 고유의 음식은 매일 또는 하루에 한 번은 먹는 것으로 응답하여 소위 한국인의 독특한 식성인 짜고 매운 음식을 즐겨 먹는 것으로 나타났다.

먼저 한복의 경우 평생 한두 번 입어 보았거나(52.7), 1년에 한두 번 입어 본 것으로 응답하였다(27.8). 그리고 한복을 입는 경우는 언제냐는 질문에 명절(47.9)과 결혼식과 같은 집안행사(38.8), 교회행사(21.9) 등에서 입는 것으로 나타났다. 따라서 우리와 마찬가지로 한복은 일상복이 아니라 특별한 경우에 입는 옷으로 인식하고 있다. 그리고 한복은 매우 비싸고 보관이 어렵기 때문에 한국 전통무용을 전공하지

표 5.11 한국 음식 섭취정도

N(%)

구 분	전혀 먹지 않는다	1년에 1~11회	1달에 1~3회	1주일에 1~6회	매일 먹는다
쌀 밥	3 (1.2)	2 (0.8)	4 (1.7)	31 (12.9)	201 (83.4)
된장(국)	3 (1.2)	12 (5.0)	41 (16.9)	121 (50.0)	65 (26.9)
고추장	2 (0.8)	8 (3.3)	46 (19.2)	111 (46.4)	72 (30.1)
김 치	2 (0.8)	2 (0.8)	6 (2.5)	57 (23.7)	174 (72.2)
떡	10 (4.3)	88 (37.9)	89 (38.4)	24 (10.3)	21 (9.1)

않는 한 장만하기도 곤란할 것으로 생각된다.

다음으로 음식의 경우를 보면, 쌀밥은 매일 먹는 응답비율이 83.4%로 가장 높게 나타났고, 다음으로 김치(72.2%)가 그 뒤를 이었다. 그에 비하여 된장과 고추장 등 장류는 좀 덜 먹는 것으로 나타났는데, 매일 먹는 응답자의 비율이 26.9%와 30.1%의 비율을 보였다. 다만 떡의 경우는 고유한 한국 음식이라고 할 수 있으나, 특별한 행사의 경우에 먹는 것으로 이해된다. 그리고 주택의 경우 온돌식 난방은 95.8%가 설치하지 않았다고 답하여, 미국에서의 한인들의 주생활은 한국의 개량형 온돌식 난방방식과 다른 모습을 보여주고 있다.

결국 재미한인들의 의식주 가운데 식생활을 제외하고 의주에 있어서는 한국의 고유방식으로부터 멀어진 것으로 생각되지만, 음식문화는 고유한 맛을 상실하지 않고 있다. 더구나 LA와 뉴욕의 코리아타운에는 많은 한인식당이 있기 때문에 굳이 가정에서 한국 음식을 조리해 먹지 않더라도 쉽게 먹을 수 있다.

(5) 민족음악

민요, 판소리, 농악, 탈춤 등 민족음악의 향유정도를 알아보면 직접 경험한 경우는 더 낮은 비율로 답하고 있지만, 모두 85%가 넘는 비율로 그런 음악을 듣거나 본 적이 있다고 답하고 있다.

표 5.12 민족음악 향유정도

N(%)

구 분	간접경험	직접경험
민 요	226 (95.4)	102 (43.4)
판소리	217 (91.6)	20 (8.8)
농악(풍물)	220 (91.7)	42 (18.6)
탈 춤	207 (88.8)	30 (13.2)

(6) 속신과 속담

마지막으로 한국인이면 어렸을 때부터 자주 듣던 속신과 속담의 경우 재미한인은 어떠한지 보았는데, 대개 90%가 넘는 비율로 들어본 적이 있다고 응답하고 있다. 구체적인 내용은 "까치가 울면 반가운 손님이 온다", "까마귀가 울면 불길한 일이 생긴다", "돼지꿈을 꾸면 부자가 된다", "첫눈 올 때까지 손톱의 봉숭아꽃물이 빠지지 않으면 좋다", "장가갈 때 신랑이 웃으면 첫 딸을 낳는다", "열 길 물속은 알아도 한 길 사람 속은 모른다", "낮말은 새가 듣고 밤 말은 쥐가 듣는다", "천리길도 한 걸음부터", "먼 데 있는 사촌보다 가까운 이웃이 낫다", "말 한마디로 천 냥 빚을 갚는다" 등이었다.

5. 결론 : 민족문화 네트워크 구축의 필요성

2005년 4월 30일 미국 LA 다운타운에서는 종합한국문화축제 "다이나믹 코리아 2005 : 한국문화축제 및 LA시장배 세계태권도대회"가 개최되었는데, 한인들과 타인종 약 1만 명이 행사장을 찾았다고 한다. 태권도대회, 전통혼례식, 다도시범, 이영희한복패션쇼, 국립국악원 공연, 인기가수 공연 등 다양한 행사가 치러져 한국 문화의 진수를 만끽하는 좋은 기회였다고 행사 참가자들의 감동을 한인언론이 전하고 있다.[24]

뉴욕에서도 2004년 10월 2일 "코리안 퍼레이드"가 열렸다. 뉴욕한인회가 주최하고 뉴욕한국일보가 주관하는 이 퍼레이드는 힘든 이국생활을 하고 있는 한인동포들로 하여금 동포애를 나누고 정체성을 유지하는 데 큰 역할을 한다. 뿐만 아니라 한국 문화를 미국인들과 함께 하면서 코리아타운이 고립된 인종 섬이 아니라 다인종사회의 한 문화를 현지의 거주민들과 공유한다는 것을 인식시키는 계기가 되었다. 맨해튼 브로드웨이 42가를 출발해 23가까지 행진하는 "2004 코리안 퍼레이드"는 노인(상록회), 봉사(KCS한인봉사단체, 뉴저지 한인커뮤니티센터, 뉴욕한인여성네트워크 등), 전우회(6 · 25참전 동우회, 대한민국 재향군인회, 해병전우회 등), 교육(럿거스대학, 뉴욕침구대학, 뉴욕브로드웨이 한국학교, 퀸즈한인천주교회 한글학교, 뉴욕한국학교 등), 문화, 스포츠 등 50여 개의 단체가 대거 참여하여 예년보다 훨씬 더 성대하게 열렸다. 구체적인 참여단체들을 소개하면 한국국악협회 미동부지회, 한국무용회, 한미현대미술협회, 뉴욕풍물단, 청사초롱어린이무용단, 권칠성 뜬쇠사물놀이패, 이영희박물관 등이 참

24 『재외동포신문』. 2005. 5. 16.

여하여 다양한 한국 문화를 소개하였다.[25]

더구나 우리의 한류는 동남아에서뿐만 아니라 미국에서도 열풍을 일으키고 있다. 중국인들이 집중 거주하고 있는 뉴욕 플러싱의 차이나타운에서 한국의 드라마는 매우 인기가 높다. 플러싱의 쇼핑몰 홍콩플라자에서 DVD 판매점에서 중국인들에게 가장 인기 있는 한국 드라마 '상도', '겨울연가', '가을동화', '첫사랑', '유리구두' 등은 고객 대부분이 시청을 마쳤고, 신작출시를 기다리고 있을 정도로 인기가 높다고 한다. 다른 지역의 한류에 대한 설명과 같이 한국식 사랑 이야기가 중국인들의 감성을 파고들기 때문이라는 분석을 할 수 있는데, 이러한 한국 드라마의 판매는 뉴욕에도 한류 열풍이 존재한다는 것을 의미한다.[26]

위의 사례에서 보는 것처럼 초국적 자본에 의해서 단일의 세계시장으로 포섭된 지구화 시대에 우리의 민족문화를 찾는 일은 역사적으로 전혀 무의미한 일이 아니다. 단순한 '이민문화'에서 벗어나 '코리언 아메리컨 문화'를 일구어 내는 것, 미주 한인사회에서만 나올 수 있는 독자적인 예술세계를 개척하여 한국과 미국 사회에서 두루 공감을 얻어내고 기여하는 것, 이것이 미주 한인예술가들에게 주어진 큰 과제이다.[27]

당대는 지구화 시대를 반영하여 재외한인들이 한국 문화를 현지 거주국에서 꽃피우는가 하면, 해외 출신 연예인들이 우리나라에 들어와 활동을 하고 있는데 그 수가 약 200명에 이른다. 미국 출신이 80%인데 어린 나이에 부모를 따라 미국에 건너갔거나 미국 현지에서 태

25 『미주한국일보』. 2004. 10. 3.

26 『뉴욕세계일보』. 2004. 2. 18.

27 장소현. 앞의 글. p. 507.

어난 1.5세대 및 2세대들이다. 그들은 서구의 개방적이고 다양한 문화에 일찍 접하면서 한국에 잘 소개되지 않은 분야나 시도해 보지 않은 분야에 대한 지식이 높고 적응력이 빨라서 한국의 연예계에서 많은 인기를 누리고 있다. 또한 이들은 미국의 한국 문화 소개에 앞장서고 있다.[28]

이같이 나라 안팎에서 진행되는 지구화 경향은 우리 역사의 유목민적 경향과 일치하여 많은 재외한인과 함께 민족문화 네트워크를 형성하는 데 도움이 될 것이다. 특히 미국이 현지에 형성된 코리아타운의 한인문화는 그런 네트워크의 기반이 될 것이다.

---

28 R&B 그룹 '솔리드', JTL의 토니 안, 신화의 에릭, 앤디, god의 대니, 박준형 등이 좋은 예이다. 재미동포 출신 연예인은 대부분 가수들이지만, 김민, 한고은, 김윤진 같은 연기자들도 있다. 특히 김윤진은 뉴욕예술고등학교, 보스턴대학교, 영국드라마아카데미에서 연기전공을 거쳐 활발한 활동을 하고 있다. 그는 2004년 미국 ABC TV의 드라마 '로스트'에 출연하기도 하였다.

제6장

중국 조선족의 문화생활과 민족문화

한국동북아학회(2006).『한국동북아논총』제11권 제2호 게재논문.

1. 서론 : 중국 조선족사회 연구 의미

현재 해외에는 약 700만 명의 동포가 살고 있다. 미국, 일본, 중국, 러시아 및 중앙아시아 등 주요국가에 다수의 해외동포가 집중적으로 거주하고 있다. 특히 해외동포는 집단적으로 거주하고 있는 특징을 보이는데, 중국의 조선족 역시 동북3성에 집중 거주하고 있다. 길림성(114만 6,000명), 흑룡강성(38만 5,000명), 요녕성(24만 1,000명)이 위치한 동북3성에 200만 명 조선족의 93%가 거주하고 있다. 그 중에서 길림성의 연변조선족자치주에 길림성 조선족의 70%, 중국 조선족 전체의 43%인 83만 명이 집중 거주하고 있다. 연변자치주의 조선족은 주 전체인구의 35%의 비율을 차지할 정도이다.[1] 그런데 최근 들어 조선족 거주 분포에서 변화가 일어나고 있는데, 중국의 산업화 더불어 동북3성의 농촌지역으로부터 산해관 이남의 황해 연안에 위치한 해안 도시로 거주지역을 옮겨가고 있다.

동북3성에 거주하고 있는 조선족은 집거구 내지 산재구를 형성하거나, 타민족과 잡거구를 형성하고 있는데, 조선족 거주지에 건립된 자치정부 기구는 조선족 자치주 1, 조선족 자치현 1, 조선족 향, 진 43, 조선족 촌 1,000여 개가 있다. 중국 조선족은 ① 벼농사를 짓기 위한 집단노동의 필요성, ② 혈연과 지연 등을 중시한 한민족의 전통적인 상부상조의 공동체 의식과 문화에 기인하여 동북3성에 집거지역을 형성하였다. 이로 하여금 중국 조선족이 어느 지역의 해외동포보다 한민족의 고유한 문화를 더 유지하고 있을 것으로 짐작할 수 있다.

---

1 中國國務院人口普查辦公室 國家統計局人口和社會科技統計司 編. (2002). 『中國 2000年 人口普查資料』. 中國統計出版社.

해외에 거주하고 있는 한민족의 문화적 동질성은 지식과 정보와 같은 문화상품이 부가가치를 높일 수 있는 정보사회에서 우리 문화의 가치를 제고시킬 것으로 기대된다. 그런 의미에서 해외거주 동포들의 문화생활과 민족문화 향유정도를 조사하는 것이 필요하고, 이를 한민족 문화공동체 구축의 기초로 활용할 수 있을 것이다. 민족문화의 동질성에 기반한 문화공동체의 구축은 무한경쟁의 지구화 시대 한민족의 생존전략 차원에서 인식할 필요가 있다.

이러한 배경 아래 무한한 잠재력을 갖고 성장하고 있는 중국 거주 조선족의 민족문화적 동질성을 파악하고자 하는 이 조사는 연변조선족자치주의 주도인 연길시에 거주하는 조선족 성인 남녀 175명을

표 6.1 조사대상자의 일반적 특성

변 인	구 분	N(%)	변 인	구 분	N(%)
연 령	19세 이하	3 (1.7)	직 업	의원, 고위관리직	13 (7.4)
	20대	77 (44.3)		전문가	7 (4.0)
	30대	35 (20.1)		기술공, 준전문가	12 (6.9)
	40대	38 (21.8)		사무종사자	5 (2.9)
	50대	9 (5.2)		서비스종사자	10 (5.7)
	60대	10 (5.7)		판매종사자	27 (15.4)
	70대 이상	2 (1.1)		농업, 임업 관련	21 (12.0)
성 별	남	78 (44.6)		기능원	2 (1.1)
	녀	97 (55.4)		장치기술종사자	5 (2.9)
학 력	초졸 이하	10 (5.8)		단순노무종사자	40 (22.9)
	중졸	44 (25.4)		학생	20 (11.4)
	고졸	65 (37.6)		전업주부	7 (4.0)
	대졸	49 (28.3)		미취업	6 (3.4)
	대학원 이상	5 (2.9)	거주기간	5년 이하	4 (12.5)
종 교	개신교	1 (0.6)		10년	2 (6.3)
	천주교	13 (7.7)		15년	5 (15.6)
	불교	6 (3.6)		20년	7 (21.9)
	이슬람	0 (0)		25년	8 (25.0)
	기타	3 (1.8)		30년	2 (6.3)
	종교 없음	145 (86.3)		35년	0 (0)
				40년 이상	4 (12.5)
			N		175

대상으로 실시되었다. 조사시점은 2005년 2월부터 3월까지 2개월이었으며, 조사대상자의 일반적 특성은 〈표 6.1〉과 같다. 조사내용은 문화 공간 이용정도, 한국 문화 접촉정도와 접촉매체, 접촉 공간, 민속과 명절을 지내는지의 여부, 돌 결혼 회갑잔치와 장례식과 같은 경조사에서의 부조금 지출여부, 한복 착용정도, 쌀밥과 김치를 어느 정도 즐겨먹는가 등을 조사하였다.

2. 중국 조선족의 문화생활 일반

(1) 한국어 사용

언어사용문제는 해외동포들의 현지 적응수준을 나타내고, 세대와 문화를 구분하는 경계선이기도 할 것이다. 그런데 중국의 조선족은 이주시기가 미국이나 일본 지역에 비하여 빨랐음에도 불구하고, 집거구를 형성하여 한민족 고유의 문화를 향유할 수 있는 조건을 갖추고 있었으며, 항일투쟁과 혁명투쟁에서의 공로를 인정하여 중국 정부는 조선족의 자치를 인정한 까닭에 한국어를 유지할 수 있었다.

중국 조선족은 집거구의 조선족 학교에서 조선어로 교육을 받고 있기 때문에 한국어를 잘 구사하고 있다. 그렇지만 최근에 들어서 조선족의 이농현상과 조선족 인구감소에 따른 조선족 학교의 폐교로 인하여, 한족학교로 진학하는 조선족이 많아지면서 점차 한국어를 구사하는 조선족이 줄어들고 있는 추세이다. 특히 중국 사회에서 한족들과 경쟁에서 이기기 위하여 중국어를 잘 구사하는 능력이 구비되어야

표 6.2 한국어 구사능력

N(%)

구 분	전혀 하지 못한다	잘 하지 못한다	보통이다	잘 한다	아주 잘한다
말하기	6 (3.4)	22 (12.6)	76 (43.4)	39 (22.3)	32 (18.3)
읽 기	3 (1.7)	13 (7.5)	72 (41.6)	52 (30.1)	33 (19.1)
쓰 기	4 (2.3)	16 (9.3)	68 (39.5)	45 (26.2)	39 (22.7)

하기 때문에 더욱 한국어를 사용하는 조선족이 줄어들고 있다.[2]

그렇지만 이번 조사에서 한국어의 말하기, 읽기, 쓰기능력에서 보통 이상이라고 응답한 중국 조선족은 각기 84.0%, 90.8%, 88.4%에 이를 정도로 높은 수준에서 한국어의 구사가 이루어지고 있다. 잘하지 못하거나 전혀 하지 못한다고 응답한 사람은 16.0%, 9.2%, 11.6%에 지나지 않아 평균 11.2%의 조선족이 한국어를 잘 구사하지 못한 것으로 나타났다. 그런데 최근 들어서 조선족의 대도시로의 이주현상 때문에 조선족 집거구가 위기에 부딪히면서, 조선족 학교가 폐교하는 경우가 많아지고, 한국어를 사용하는 문화공간이 좁아지면서 점차 한국어 구사능력이 떨어지고 있다. 또 중국인과의 경쟁 때문에 증대되는 조선족의 중국어 선호경향은 조선족공동체의 한국어 상실위기로 이어지고 있다.

(2) 문화공간 이용정도

문화공간은 문화생산자의 문화장르를 문화수용자가 즐기는 공간으로 다양한 문화장르를 수용자와 연계시키는 매개체이다.[3] 그러한 문화공

2 김현동 · 주인영(1988). 『재중동포사회 기초자료집 II』. 재외동포재단, pp. 220-222.
3 김옥랑 · 백선기(2004). 『문화예술공간과 문화연구』. 한울, p. 28.

간으로 공연장(극장), 박물관, 미술관, 문화원, 도서관 등을 들 수 있다. 중국 조선족이 거주하는 동북3성에는 성, 주, 현 등 각급 지자체별로 문화관을 두고 있다. 이들 조선족문화관은 문학, 음악, 미술, 공연, 무용, 서예, 연극 등 다양한 분야에서 수많은 활동을 통하여 문화공간의 역할을 다하고 있다. 그리고 이러한 조선족의 민족예술 활동은 조선족의 문화를 창달하고 민족 정체성을 유지하는 데 크게 기여하고 있다. 연변자치주의 주도인 연길시의 경우에도 박물관, 도서관, 미술관 등을 독립적으로 갖추고 있어 조선족들이 문화공간으로서 활용하고 있다.

조선족이 평소 이용하는 문화공간으로 공연장(극장), 박물관, 미술관, 문화원, 구민회관, 도서관 등을 예시하였는데, 이용한 적이 없는 공간으로 각기 63.6%, 75.0%, 88.9%, 82.9%, 83.3%, 45.2%가 응답하였다. 조사결과는 문화공간 중에서 도서관을 가장 많이 이용한 반면에 미술관을 가장 많이 이용하지 않고 있음을 보여주었다. 그리고 도서관은 1달에 1회 이상 이용하는 사람이 32.4%에 이를 정도로 문화공간 중에서 가장 많이 이용하고 있었다. 그 다음으로 공연장을 이용하는 것으로 나타났다.

표 6.3 문화공간 이용

N(%)

구 분	공연장	박물관	미술관	문화원	시·군·구민회관	도서관
이용한 적 없다	89 (63.6)	99 (75.0)	112 (88.9)	107 (82.9)	105 (83.3)	71 (45.2)
1년에 1~11회	43 (30.7)	30 (22.7)	10 (7.9)	15 (11.6)	14 (11.1)	35 (22.3)
1달에 1~3회	7 (5.0)	3 (2.3)	4 (3.2)	6 (4.7)	3 (2.4)	28 (17.8)
1주일에 1~6회	0 (0)	0 (0)	0 (0)	1 (0.8)	4 (3.2)	20 (12.7)
매 일	1 (0.7)	0 (0)	0 (0)	0 (0)	0 (0)	3 (1.9)

(3) 한국 문화를 체험하기 위한 문화공간의 이용정도

중국 조선족은 해방 이전에는 항일투쟁 과정에서 모국과 일체감을 갖고 생활하였을 것이나, 해방 이후에는 사회주의 중국의 건설로 모국과 단절을 경험하였을 것이다. 중국의 개혁 개방 이전에는 중국 조선족은 북한과 교류를 하고 있었을 터인데, 개방 이후 1991년 한국 정부와 관계정상화로 인하여 남한과의 교류가 활성화되고 왕래가 잦아지면서 한국의 대중문화를 접하고 있다.

그들은 한국 문화를 체험하기 위한 문화공간으로 역시 도서관을 가장 많이 이용하는 것으로 응답하였다. 이는 앞서 평소 중국 조선족이 이용하는 문화공간에서 도서관을 가장 많이 이용하고 있다고 답한 데서 충분히 짐작할 수 있다. 한국 문화의 경험을 위하여 이용한 적이 없는 문화공간으로 도서관(55.2%), 공연장(69.7%), 박물관(81.2%), 문화원(82.4%), 구민회관(85.6%), 미술관(87.4%) 순으로 답하여 평소 이용하는 문화공간의 비율과 동일한 순서로 답하였다.

표 6.4 한국 문화를 체험하기 위한 문화공간의 이용정도

N(%)

구 분	공연장	박물관	미술관	문화원	시 · 군 · 구민회관	도서관
이용한 적 없다	101 (69.7)	112 (81.2)	118 (87.4)	112 (82.4)	113 (85.6)	85 (55.2)
1년에 1~11회	35 (24.1)	21 (15.2)	10 (7.4)	18 (13.2)	12 (9.1)	29 (18.8)
1달에 1~3회	9 (6.2)	4 (2.9)	5 (3.7)	3 (2.2)	3 (2.3)	23 (14.9)
1주일에 1~6회	0 (0)	1 (0.7)	2 (1.5)	2 (1.5)	3 (2.3)	15 (9.7)
매 일	0 (0)	0 (0)	0 (0)	1 (0.7)	1 (0.8)	2 (1.3)

(4) 한국 문화의 접촉매체

문화의 영역이 어느 감각에 주로 호소하는가에 따라 다를 것이므로 중국 조선족들이 한국 문화를 접촉하기 위한 매체는 장르에 따라서 다양하게 나타났다. 한국 문화 중에서 음악의 경우 TV를 이용한다는 응답비율이 76.0%로 나와 수위를 차지하였다. 구체적으로 TV(76.0%), VIDEO/DVD(43.4%), 인터넷(26.3), 라디오(20.0%), 신문(10.3%), 잡지(4.0%) 순으로 매체를 이용하였다. 이런 응답비율은 라디오나 인터넷을 통하여 음악을 청취하는 한국 내 사정과 조금은 다른 것으로 보인다.

미술은 잡지(251.%), TV(12.0%), 신문(10.9%), 인터넷(5.7%), 기타(8.0%), VIDEO/DVD(2.3%) 순으로 답하여 전반적으로 이용률이 낮게 나타났다. 이는 앞의 평소 문화공간 이용률과 맥락을 같이 하는 것으로 이해할 수 있다. 영화는 TV(81.7%), VIDEO/DVD(45.1%), 인터넷(17.7%), 신문(8.6%), 잡지(7.4%) 순으로 답하였는데, 드라마와 같은 순서로 각기 87.4%, 39.4%, 14.9%, 6.9%, 5.1%로 응답하여 비슷한 비율을 보이고 있다. 공연은 공연장에서 경험하는 것이 당연할 것이므로 예시한 매체 중 TV(45.7%) 등을 통하여 중계방송이나 녹화방송을 보거나 듣지 않으면, 예시한 매

표 6.5 한국 문화의 접촉매체

N(%)

구 분	음 악	미 술	영 화	드라마	공 연
신 문	18 (10.3)	19 (10.9)	15 (8.6)	12 (6.9)	14 (8.0)
잡 지	7 (4.0)	44 (25.1)	13 (7.4)	9 (5.1)	6 (3.4)
TV	133 (76.0)	21 (12.0)	143 (81.7)	153 (87.4)	80 (45.7)
VIDEO/DVD	76 (43.4)	4 (2.3)	79 (45.1)	69 (39.4)	15 (8.6)
라디오	35 (20.0)	0 (0)	3 (1.7)	4 (2.3)	7 (4.0)
인터넷	46 (26.3)	10 (5.7)	31 (17.7)	26 (14.9)	12 (6.9)
기 타	2 (1.1)	14 (8.0)	4 (2.3)	0 (0)	7 (4.0)

체들을 통하여 관련 소식을 보고 들을 것으로 짐작할 수 있다. 따라서 매체 이용비율이 10% 미만으로 상당히 낮게 나타났다.

(5) 한국 문화의 접촉공간

한국 문화를 접촉하는 공간 역시 접촉매체와 마찬가지로 장르에 따라서 다양하게 나타났다. 음악은 가정(46.9%), 인터넷(25.7%), 축제마당(14.9%), 공연장(14.3%) 순으로 답하였다. 미술은 기타(15.4%), 가정(13.1%), 미술관(9.7%), 인터넷(7.4%), 문화원(5.1%), 도서관(4.6%), 박물관(4.6%) 순으로 답하였다. 미술의 접촉정도가 낮기 때문에 문화공간 이용정도 역시 전반적으로 응답비율이 낮게 나타났으며, 미술관을 직접 찾아가서 관람을 하는 것보다 기타의 공간이나 가정에서 도록이나 관련 자료를 보는 것으로 이해할 수 있다.

영화는 가정(61.1%), 인터넷(24.4%), 극장(6.9%) 순으로 응답하고 있으며, 드라마 역시 가정(61.7%), 인터넷(22.9%), 극장(5.7%)의 순서로 보는

표 6.6 한국 문화의 접촉공간

N(%)

구 분	음 악	미 술	영 화	드라마	공 연
축제마당	26 (14.9)	0 (0)	6 (3.4)	8 (4.6)	15 (8.6)
공연장(극장)	25 (14.3)	3 (1.7)	12 (6.9)	10 (5.7)	36 (20.6)
미술관	1 (0.6)	17 (9.7)	1 (0.6)	0 (0)	0 (0)
도서관	3 (1.7)	8 (4.6)	2 (1.1)	1 (0.6)	0 (0)
박물관	1 (0.6)	8 (4.6)	1 (0.6)	2 (1.1)	1 (0.6)
교육관	0 (0)	1 (0.6)	1 (0.6)	2 (1.1)	1 (0.6)
문화원	8 (4.6)	9 (5.1)	1 (0.6)	3 (1.7)	0 (0)
인터넷	45 (25.7)	13 (7.4)	42 (24.4)	40 (22.9)	17 (9.7)
가 정	82 (46.9)	23 (13.1)	107 (61.1)	108 (61.7)	49 (28.0)
기 타	7 (4.0)	27 (15.4)	6 (3.4)	8 (4.6)	9 (5.1)

것으로 응답하여 영화와 드라마는 가정에서 TV나 VIDEO를 통해서 관람하거나, 인터넷을 통해 보는 것으로 이해할 수 있다. 공연의 경우는 가정(28.0%), 극장(20.6%), 인터넷(9.7%), 축제마당(8.6%) 등에서 한국 문화를 경험하고 있는 것으로 응답하였다. 여기서도 극장보다 가정이 더 많은 응답을 한 것은 TV를 통해서 가정에서 접촉하는 것으로 볼 수 있다.

(6) 한국 문화의 접촉정도

중국 조선족들의 한국 문화 접촉정도는 장르에 따라 크게 차이가 난다. 접촉한 적이 없다는 응답비율이 미술(54.5%), 공연(33.6%), 음악(6.4%), 영화(3.8%), 드라마(1.8%) 순으로 나타났다. 미술의 접촉정도가 낮은 것은 앞의 조사결과와 일관된 응답이다. 한편 매일 접촉하고 있다는 응답비율은 드라마(53.4%), 영화(30.2%), 음악(28.8%), 공연(8.0%), 미술(6.1%) 순으로 답을 하여 이용하지 않는 장르에 대한 질문과 일관된 응답을 하고 있다. 요컨대 중국의 조선족은 한국의 드라마와 영화 등을 즐겨 보고 있는 것으로 볼 수 있다. 이는 정보통신의 발달에 따른 자연스러운 결과이기도 하겠지만, 특히 한류열풍에 따른 현상이라고도 해석할 수 있겠다.

표 6.7 한국 문화 접촉정도

N(%)

구 분	음 악	미 술	영 화	드라마	공 연
없다	10 (6.4)	54 (54.5)	6 (3.8)	3 (1.8)	42 (33.6)
1년에 1~11회	14 (9.0)	32 (32.3)	14 (8.8)	5 (3.1)	54 (43.2)
1달에 1~3회	25 (16.0)	6 (6.1)	29 (18.2)	9 (5.5)	12 (9.6)
1주일에 1~6회	62 (39.7)	1 (1.0)	62 (39.0)	59 (36.2)	7 (5.6)
매 일	45 (28.8)	6 (6.1)	48 (30.2)	87 (53.4)	10 (8.0)

3. 중국 조선족의 민족문화 향유정도

(1) 명 절

중국의 조선족사회의 민속예술실태에 관한 실태조사 결과를 담아서 2003년 『재중동포의 무형문화재』가 발간된 바 있다.[4] 이 책자는 연변조선족자치주의 민족음악, 민족무용, 탈춤과 농악, 무속신앙, 축제와 놀이, 세시풍속 등에 관한 조사보고서이다. 특히 2002년 연변조선족자치주 50주년 기념행사가 연변조선족 민속문화관광절 행사와 함께 개최되었는데, 여기서 소개된 다양한 조선족의 전통문화를 중심으로 현지조사의 결과를 보고하고 있다. 그리고 중국 동북3성에 거주하고 있는 조선족의 구체적인 생활문화에 대해서는 국립민속박물관의 조사를 통하여 3권의 보고서로 출판되었다.[5] 국립민속박물관의 보고서는 조사지역 각기 생활문화의 이주역사, 지역사회의 구조, 가족생활, 경제생활, 의식주 생활, 의례와 신앙생활, 언어생활, 세시와 놀이 등을 중심으로 중국 조선족의 광범한 생활문화를 조사하여 정리 보고하고 있다.

중국 조선족은 대체로 민족명절을 잘 지키는 편이지만, 최근 들어서 그 세시풍속이 조금씩 변하고 있다. 연변에는 설날(원일)과 양력설, 부녀절(3 · 8), 노동절(5 · 1), 청년절(5 · 4), 아동절(6 · 1), 노인절(8 · 15), 9 · 3 해방기념절 및 연변조선족자치주 성립기념일(구삼절), 10 · 1 국경

4 국립문화재연구소(2003). 『재중동포의 무형문화재』.

5 국립민속박물관(1996). 『중국길림성 한인동포의 생활문화』; 국립민속박물관(1998). 『중국흑룡강성 한인동포의 생활문화』; 국립민속박물관(1997). 『중국요녕성 한인동포의 생활문화』.

절 등이 있다. 특히 아동기념절과 노인절 그리고 구삼절에 많은 조선족들이 참여하고 있으며, 연변자치주에만 있는 노인절에는 부모님을 찾아뵙는 등 큰 명절로 지켜지고 있다. 노인절은 광복을 경축하는 조선족의 행사로 중국정부를 의식하여 그러한 명칭을 사용하고 있는 것 같다.[6]

우리 민족의 고유한 명절 가운데 현재 지키고 있는 명절을 있는 대로 고르라는 질문에 추석(93.1%), 설날(91.4%), 대보름(83.4%), 단오(77.1%), 동지(72.6%), 한식(13.1%), 기타(4.0%), 없다(1.1%) 순으로 답하였다. 중국 조선족이 가장 중요한 전통 명절로 지내는 추석은 중국 사람들과 함께 동북3성의 조선족들도 가장 많이 참여하고 즐기는 것으로 조사되었다. 대부분의 조선족 집거구에는 추석기간 동안 조선족들이 참여하는 행사를 대대적으로 거행하여 문화적 정서를 공유하는 계기가 되고 있다. 연변자치주의 경우는 조선족자치주 성립을 기념하면서 더불어 민족대축제인 추석을 맞이하여 대대적으로 축제를 개최한다. 2005년에는 자치주 성립 50돌을 맞이하여 조선족민속관광박람회까지 함께 개최하여 조선족의 복장, 음식, 거주, 예의, 풍속 등 여러 면에서 민족 특색을 띠고 있음을 자랑하면서 추석명절을 주정부 차원에서 거행하였다.[7] 요녕성과 흑룡강성의 경우에도 각기 추석을 즈음하여 조선족 축제를 거행하고 있다.[8]

---

6 박경휘(1988). 『중국조선민속사연구』. 료녕민족출판사, p. 420.

7 『경향신문』. 2005. 9. 14. 한편 한국 정부가 단오를 유네스코의 세계문화유산으로 신청한 데 이어서, 중국정부도 추석을 세계문화유산으로 신청하기 위한 노력을 기울이고 있다. 흩어졌던 가족이 한데 모여 단합된 모습을 보이고 조화를 이루는 동양사상이 담겨 있고, 음력설과 함께 대표적인 중국의 전통 명절이라는 주장이다. 더불어 전 세계의 3,000만 명에 이르는 화교를 단합시키고 조국애를 불러일으키는 의도도 있는 것으로 보인다. 『경향신문』. 2005. 9. 19.

또한 설날(원일)에 그들은 "섣달 그믐날 잠을 자면 눈썹이 하얗게 된다"는 속신을 믿고, 남녀노소가 늦게까지 자지 않고 모여서 논다. 그리고 정월 초하룻날 일찍 일어나 어른들께 세배를 드린다.[9] 상원이라고 하는 대보름에는 오곡밥을 지어먹고 산나물을 먹는다. 이날의 민속으로는 "내 더위 사 가거라"라는 더위 팔기, 호두와 콩 같은 껍질이 단단한 과실을 깨 먹는 부럼깨기를 하거나, 귀밝이술을 먹기도 한다.[10]

그리고 지내지 않는 명절이 없다고 응답한 비율이 1.1%에 지나지 않을 정도로 중국의 조선족은 우리 민족의 고유한 명절을 잘 지키고 있었다. 이는 아마 민족자치주를 형성하여 민족명절을 지킬 수 있었을 뿐만 아니라, 벼농사를 주로 하였기 때문에 농사철에 맞는 절기인 명절을 잘 지키고 있는 것으로 볼 수 있다. 특히 명절을 지킨다는 중국 조선족의 높은 응답비율은 다른 지역에 거주하는 여타의 재외한인에 비하여 큰 차이를 보이고 있다.[11]

표 6.8 명절

중복응답, N(%)

명 절	빈 도	명 절	빈 도
없다	2 (1.1)	대보름	146 (83.4)
설 날	160 (91.4)	한 식	23 (13.1)
단 오	135 (77.1)	동 지	127 (72.6)
추 석	163 (93.1)	기 타	7 (4.0)

8 『요녕조선문보』. 2005. 9. 20; 『흑룡강신문』. 2005. 9. 12.

9 국립민속박물관(1996). 『중국길림성 한인동포의 생활문화』. pp. 300-301.

10 위의 책. p. 303.

11 장윤수(2006). "재외한인 문화생활 비교분석". 전남대학교 세계한상 · 문화연구단 주관 2006년 합동 국제학술회의. 『21세기 사회과학의 이슈: 동북아 신국제질서, 중국발전 패러다임, 코리안 디아스포라』, p. 55.

(2) 민속

앞의 명절과 함께 지키고 있는 민속에 대한 질문에 결혼잔치(99.4%), 회갑잔치(99.4%), 돌잔치(96.5%), 제사(95.9%), 세배(91.0%), 성묘(45.1%), 성주신(18.8%) 순으로 답하였다. 중국 조선족은 성묘와 성주신을 제외하고 관혼상제 내지 통과의례에 대하여 90%가 넘는 아주 높은 수준에서 우리 민속을 지키고 있다고 답하였다. 이 역시 앞의 명절과 같이 여타 지역의 재외한인과 달리 큰 차이로 우리 민족문화를 유지하고 있는 것으로 조사되었다.[12] 결혼잔치나 회갑잔치에 많은 친척들이 모여서 축하를 해 주고, 피로연을 갖는 것은 우리의 사정과 다를 게 없다.[13]

다만 우리의 통념에 비추어 제사를 지낸다는 응답자가 90%가 넘는 데 반하여, 성묘를 하지 않는 비율이 23.3%에 이르고 심지어 31.6%가 그 내용을 모른다고 답한 것은 조금 이해되지 않는 부분이다. 아마 이는 중국에서 화장이 일반화되어 있기 때문인 것으로 보인다. 물론 성주신은 많이 지키지 않을 뿐만 아니라 모르는 응답자가 과

표 6.9 민속

N(%)

구 분	지킨다	안 지킨다	모른다
제 사	163 (95.9)	2 (1.2)	5 (2.9)
돌잔치	164 (96.5)	3 (1.8)	3 (1.8)
결혼잔치	172 (99.4)	1 (0.6)	0 (0)
회갑잔치	173 (99.4)	0 (0)	1 (0.6)
성 묘	60 (45.1)	31 (23.3)	42 (31.6)
세 배	142 (91.0)	12 (7.7)	2 (1.3)
성주신	21 (18.8)	37 (33.0)	54(48.2)

12 장윤수. 앞의 글. p. 56.

13 김현동 · 주인영. 앞의 책. pp. 272-273.

반수에 가까웠다.

중국연변인민출판사에서 발간한 『조선민족의 미풍량속』에 의하면 인간의 출생에서부터 죽음에 이르기까지 출산, 돌, 생일, 혼례, 회갑례, 상례, 제례 등에 대한 전통적인 통과의례를 자세히 소개하고 있다.[14] 그런데 중국의 조선족은 중국 정부가 소수민족을 보호하고 더불어 소수민족의 문화 또한 보호하고 있기 때문에 조선족의 미풍양속의 전승을 통해서 조선족의 자기존재를 확인해야 한다고 주장하기도 하지만, 중국의 조선족 또한 나름의 생활편리를 추구하면서 발달하는 과학기술시대에 맞게 변해야 한다고 주장하기도 한다.[15]

더불어 경조사의 경우에 부조금을 지출하는가의 질문에 응답자 평균 86.2%가 그렇다고 응답하였다. 결혼잔치(87.3%), 돌잔치(86.5%), 회갑잔치(86.1%), 장례식(84.9%) 순으로 비슷한 비율로 높게 응답하여 조선족 상호 간에 애경사를 같이하고, 상호 부조함으로써 유대를 강화하고 고단한 이국에서의 어려운 생활을 극복하고 있는 것으로 볼 수 있다. 앞의 명절과 민속에서 알 수 있는 바와 같이 벼농사의 집단노동 필요성에 기인한 것으로 이해된다.

표 6.10 부조금 지출 여부

N(%)

구 분	있다	없다	모른다
돌잔치	147 (86.5)	20 (11.8)	3 (1.8)
결혼잔치	151 (87.3)	20 (11.6)	2 (1.2)
회갑잔치	149 (86.1)	21 (12.1)	3 (1.7)
장례식	146 (84.9)	22 (12.8)	4 (2.3)

14 안석봉 편(1994). 『조선민족의 미풍양속』. 연변인민출판사.

15 천수산(1999). "우리의 풍속문화를 전승 발전할 데 대하여". 로주철 편. 『조선민족문화연구 II』. 료녕민족출판사. pp. 176-177; 허계화(1999). "현대과학기술과 전통적 민속문화". 로주철 편. 『조선민족문화연구 II』. 료녕민족출판사, p. 201.

(3) 민속놀이

우리 민족에게는 고래로부터 다양한 민속놀이를 즐겨왔는데, 민속놀이는 농사절기와 관련이 있으며, 공동체 구성원들 간에 친목과 유대를 다지는 계기로 삼았다. 세시풍속에 즐기는 민속놀이로 윷놀이, 그네뛰기, 줄다리기, 씨름, 널뛰기 등이 있다. 중국 조선족은 그들이 잘 지키는 명절에 음주가무를 즐기며, 민속놀이뿐만 아니라 축구와 배구를 즐기는 것으로 조사되고 있다.[16] 그리고 그네뛰기, 줄다리기, 씨름, 널뛰기, 장기 등과 같은 민속놀이는 놀이라기보다는 운동경기로서 구삼절이나 노인절 등에 행해지고 있다.[17] 구삼절에 함께 개최되는 민속문화관광절에 전통적인 한민족 고유의 민속놀이를 통해 민족성을 확인하는 동시에, 국가민족사무위원회 지원으로 개최되는 소수민족전통운동대회에서 중국 내 소수민족의 하나로서 민족 간 교류와 단결을 도모하고 있다.[18]

중국 조선족이 즐기는 민속놀이는 화투놀이(93.7%), 윷놀이(88.0%), 제기차기(72.6%), 연날리기(53.1%), 줄다리기(49.1%), 그네뛰기(48.6%), 장기(46.3%), 공기놀이(45.1%), 씨름(38.9%), 팽이치기(37.1%), 널뛰기(33.1%), 강강술래(10.9%) 순으로 나타났다.[19] 앞의 민속명절에서도 중국 조선족이

---

16 국립민속박물관(1998). 『중국흑룡강성 한인동포의 생활문화』. p. 261.

17 국립문화재연구소. 앞의 책. pp. 102-103; 김선풍(2004). "한국 씨름과 중국 조선족 씨름의 대비". 최인학 외. 『비교연구를 통한 한국 민속과 동아시아』. 민속원, pp. 400-410.

18 방인권(1997). "중국 조선족 민속체육발전 실태에 대한 고찰". 로주철 편. 『조선민족문화연구 Ⅰ』, pp. 87-95.

19 화투패는 부커패와 유사한 것으로, 크기는 더 작다. 48장의 패에 12조의 각종 동식물 도안이 그려져 있는데, 설날 전후의 농한기에 중장년층에서 즐긴다. 김현동·주인영. 앞의 책. pp. 274-275.

표 6.11 민속놀이

중복응답, N(%)

민속놀이	빈 도	민속놀이	빈 도
윷놀이	154 (88.0)	널뛰기	58 (33.1)
그네뛰기	85 (48.6)	씨 름	68 (38.9)
팽이치기	65 (37.1)	강강술래	19 (10.9)
연날리기	93 (53.1)	줄다리기	86 (49.1)
제기차기	127 (72.6)	공기놀이	79 (45.1)
장 기	81 (46.3)	화투놀이	164 (93.7)

상당히 높은 비율로 응답하고 있듯이, 명절에 즐기는 민속놀이 역시 다양하게 즐기는 것으로 응답하였다.[20] 중국 조선족은 해방 이전에 이주했던 사람이 대부분이고 최근에 이주한 사람은 없을 것이므로, 아직까지 한민족 고유의 풍습을 잊지 않고 후손들에게 전수를 잘 하고 있는 것으로 평가할 수 있다.

(4) 의식주

문화생활 가운데 가장 기본적인 것이 의식주 등 생활문화에 관한 것이다. 연변조선족은 집거구를 형성하여 살아 왔기 때문에 주거의 형태나 의복은 조선에서 이주할 때 그대로 조선족 풍습을 유지하고 있다. 다만 농가의 수공업 제품이었던 베, 명주, 무명 등은 자취를 감추고 기계로 직포한 채색 비단과 질 좋은 옷감을 소재로 한 의복으로 바뀌었다.

일반적으로 중국의 조선족은 1950년대부터 1970년대까지 중국

20 민속놀이의 경우에도 중국 조선족은 여타 지역에 거주하고 있는 재외한인에 비하여 높은 비율로 즐기고 있는 것으로 조사되었다. 장윤수, 앞의 글, p. 60.

인들이 보편적으로 입던 중산복을 입었다. 또 개혁개방 이후에는 양복을 입은 경향이 늘어나 전통적인 한복은 농촌의 노인들이나 입고 다녔을 뿐 평소에는 한복을 착용하지 않고 있다. 그렇지만 여성들의 경우는 명절이나 예식에 참석할 때 민족 옷인 한복을 입는다.[21] 또 도시보다 농촌에 거주하는 사람이, 그리고 젊은이보다 노인들이 더 한복을 입는 경우가 많을 것으로 예상되지만, 그들은 한복을 입는 기회와 정도를 묻는 질문에 다음과 같이 답하였다.[22]

먼저 한복의 경우 중국 조선족은 평생 한두 번 입어 보았거나(41.3%), 1년에 한두 번(25.0%), 행사 때마다(18.0%) 입는 것으로 응답하였다. 그리고 한복을 입는 경우는 결혼식과 같은 집안행사(62.3%), 명절(41.1%) 등에 주로 입는 것으로 응답하고 있다. 그 외의 입는 시기(제사, 축제, 교회행사)는 아주 낮게 비율로 입는다고 응답하였다. 다만 중국 조선족이 제사를 지내는 비율이 95.9%로 아주 높게 응답한 데 비하여, 제사 때 한복을 입는 경우는 거의 없는 것으로 대답하였는데, 우리와

표 6.12 한복 착용정도

N(%)

한복 착용정도	빈 도
전혀 입어 본 적이 없다	27 (15.7)
지금까지 한두 번 입어 본 적이 있다	71 (41.3)
1년에 한두 번 입는다	43 (25.0)
행사 때마다 자주 입는다	31 (18.0)
항상 입는다	0 (0)

---

21 박경휘(1994). 『중국 조선족의 의식주 생활풍습』. 집문당, pp. 20-21.

22 한류열풍에 따라서 중국에서 인기 있는 한국 TV드라마 "대장금"은 한복과 한국 음식 바람을 불러일으키고 있다. 상하이에서는 한복을 입고 기념사진을 찍으려는 사람들이 늘고 있다고 한다. 『한겨레』. 2006. 3. 20.

표 6.13 한복을 입는 경우

N(%)

한복을 입는 경우	빈 도
명절	72 (41.1)
제사	1 (0.6)
한국의 날(축제)	3 (1.7)
결혼식과 같은 집안 행사	109 (62.3)
교회행사	6 (3.4)
기타	12 (6.9)

마찬가지로 제사를 지내더라도 한복을 착용하지 않고 있다.

다음 음식의 경우를 보면, 중국 조선족은 타민족 구별되는 독특한 전통적 음식문화를 갖고 있다. 그들은 우리와 같이 주식으로서 밥과 부식으로서 국, 장, 김치 등을 즐겨 먹는다. 또 잔치와 같은 경사스러운 일이 있을 때에는 각종 떡과 당과류를 비롯한 다양한 전통음식을 마련하여 대접한다. 조선족의 독특한 식생활 풍습으로 연장자에게 먼저 음식을 권하는 풍습, 손님을 잘 대접하는 풍습, 술잔을 돌리는 풍습, 경조사에서 먹고 마시며 기분을 해결하려는 풍습 등이 있는데 이러한 것들은 독특한 민족전통으로 전승되고 있다.[23]

중국 조선족은 96.5%가 쌀밥을 매일 먹는다고 답하여 매우 높은 응답비율을 나타냈고, 김치는 69.0% 매일 먹는 것으로 응답하였다. 이를 통해서 중국 조선족은 한민족의 주식인 밥으로부터 열량의 대부분을 섭취하고 있으며, 다양한 김치의 섭취를 통하여 건강을 유지하고 있음을 확인할 수 있다. 이어서 고추장과 된장(국)을 매일 먹는다는 응답비율이 61.4%와 54.1%로 나타났는데, 예로부터 우리 민족이 고추와 콩에 풍부한 영양소를 공급 받아 건강을 유지해 온 전통을 그

23 박경휘(1994). 앞의 책. p. 79.

표 6.14 한국 음식 섭취정도

N(%)

구 분	전혀 먹지 않는다	1년에 1~11회	1달에 1~3회	1주일에 1~6회	매일 먹는다
쌀 밥	3 (1.7)	1 (0.6)	0 (0)	2 (1.2)	166 (96.5)
된장(국)	4 (2.3)	3 (1.7)	11 (6.4)	61 (35.5)	93 (54.1)
고추장	4 (2.3)	2 (1.2)	14 (8.2)	46 (26.9)	105 (61.4)
김 치	4 (2.3)	2 (1.1)	6 (3.4)	42 (24.1)	120 (69.0)
떡	4 (2.4)	20 (11.8)	82 (48.2)	38 (22.4)	26 (15.3)

대로 전승하고 있음을 보여주고 있다. 그리하여 고추장과 된장 등의 음식을 최소한 1주일에 한번 이상 먹는다는 비율이 88.3%, 89.1%에 달하여 상기의 밥, 김치와 함께 민족고유의 음식을 즐겨 먹고 있음을 알 수 있다. 떡의 경우는 집안행사와 같은 특별한 경우 아니면 먹는 기회가 드물 것이므로 자연스럽게 응답자의 비율도 예시한 다른 음식에 비하여 조금 낮게 나타났다.

의식주 가운데 가장 중요한 것이 주거형태일 것이다. 자연의 위협으로부터 자신을 보호하고, 재생산을 위하여 휴식을 취할 수 있는 공간으로서 주택은 필수적인 것이었다. 일찍이 우리 민족은 추운 북부지방에서 발달하여 남부지방으로 전파된 온돌방식의 주거문화를 한반도 전역에 정착시켜 왔다. 온돌은 구운 돌이라는 의미를 갖는 구들을 덥혀서 보온을 하는 난방방식이다. 온돌생활이 민족문화에 끼친 영향은 보면 다음과 같다. 좌식생활을 주로 한 탓에 인체구조에 좋지 않은 영향을 미쳤으며, 앉아서 일하는 농경생활에 적응하는 결과를 가져왔으며, 명절이나 잔치에서도 앉아서 주로 팔을 사용하는 민속놀이를 발달시켰다.[24]

---

24 연변조선족문화발전추진회, 연변조선족민속학회 편(1996). 『조선족민속연구』 제2권.

표 6.15 온돌식 난방

N(%)

온돌식 난방 여부	빈 도
온돌식	110 (64.7)
아니다	60 (35.3)
모른다	0 (0)

이러한 온돌의 풍습은 계승되어 조선족의 독특한 주거생활로서 자리 잡고 있다. 이번 조사에서도 중국 조선족 응답자 가운데 과반수(64.7%)가 역시 온돌식 난방의 주거형태를 취하고 있다고 답하였다.[25] 1996년에 조사된 보고서에 의하면, 연변조선족자치주 용정시 달라재 지방의 조선족 전통농가의 주생활 가운데 난방설비로 전통적인 구들을 사용하고 있으며, 연료는 나무를 사용하고 있다고 전하고 있다.[26] 그러나 다수 중국 조선족의 경우는 우리의 사정과 마찬가지로 옛 온돌식 주거형태를 취하는 것이 아니라 온수난방시설로 바꾸고 있으며, 이번 조사에서 온돌식 난방이라는 의미 역시 온수난방시설을 포함한 것으로 볼 수 있다.

바닥난방시설인 온돌식 난방은 불을 지피는 아궁이, 연기가 지나가는 통로인 고래, 구들장, 그리고 연기가 밖으로 배출되는 굴뚝으로 구성되어 있다. 한반도에서 구들의 유적은 기원전 3세기까지 소급하며, 한반도 전역에서 뿐만 아니라, 우리 민족의 옛 터전인 한반도에 인접한 중국의 동북지역에서도 흔히 발굴되고 있는 전통적인 난방방식이다.[27] 이러한 구들문화는 연해주 옛 발해의 유적지에서도 확인되

연변대학출판사, pp. 52-56.

25 여타의 지역에 거주하는 재외한인은 평균 5% 내외에서 온돌식 난방을 하고 있다고 조사결과가 보고되었다. 장윤수. 앞의 글. p. 65.

26 고도임 외(1999). 『중국 연변의 조선족 전통농가의 주생활』. 가톨릭대학교출판부, p. 88.

고 있으며,[28] 더운 공기를 위로 보내고 바닥은 차가운 라디에이터 방식에 비하여 발쪽이 따뜻하고 머리 쪽 공기가 시원한 구들방식이 훨씬 과학적이라는 주장도 제기되고 있다.[29]

그러나 현대사회에 들어서 아궁이에 땔감을 태워서 취사를 하고, 더불어 그 연기를 통하게 하여 바닥을 덥히는 바닥난방방식을 취하는 경우는 농촌에서도 아주 드물게 되어 대부분 보일러라는 장치를 통한 온수난방방식으로 바뀌고 있다.[30] 나아가 직접 방바닥에 장치한 패널을 덥히는 전기난방방식도 도입되고 있다. 이러한 개량형 온돌난방방식은 최근 중국인들에게도 인기가 많아 한국형 난방방식을 도시의 아파트 시공에 도입하고 있다.[31]

(5) 속신과 속담 인지도

속신과 속담의 경우 우리가 익히 들어 알고 있던 속신·속담 가운데 전문가들의 글에서 가장 많이 인용되는 10가지를 예시하였다. 속신과 속담의 의미가 세계 공통적인 것도 있겠지만, 우리 조상의 지혜와 속신을 담고 있다고 판단되는 예를 제시하여 질문하였다. 중국 조선족은 예시한 속신과 속담 중 여섯 개에 대하여 90%가 넘는 비율로 들어본적이 있다고 답하고 있다. 이를 통해서 문화의 정수라고 할 수 있는 의식의 동질성이 확인되고 있다.

구체적인 내용을 보면 "천리길도 한걸음부터"(97.1%), "열 길 물속

27 김남응(2004). 『구들이야기 온돌이야기』. 단국대학교출판부.

28 『연합뉴스』. 2005. 8. 26.

29 『한겨레』. 2005. 12. 10.

30 김현동·주인영. 앞의 책. pp. 158-168.

31 『한겨레』. 2005. 6. 10.

표 6.16 속신 · 속담

N(%)

속신 · 속담	빈 도
까치가 울면 반가운 손님이 온다	169 (96.6)
까마귀가 울면 불길한 일이 생긴다	161 (92.0)
돼지꿈을 꾸면 부자가 된다	138 (78.9)
첫눈 올 때까지 손톱의 봉숭아물이 빠지지 않으면 좋다	35 (20.0)
장가갈 때 신랑이 웃으면 첫 딸을 낳는다	47 (26.9)
열 길 물속은 알아도 한 길 사람 속은 모른다	152 (96.9)
낮말은 새가 듣고 밤 말은 쥐가 듣는다	166 (94.9)
천리 길도 한 걸음부터	170 (97.1)
먼 데 있는 사촌보다 가까운 이웃이 낫다	142 (8.1)
말 한마디로 천 냥 빚을 갚는다	161 (92.0)

은 알아도 한 길 사람 속은 모른다"(96.9%), "까치가 울면 반가운 손님이 온다"(96.6%), "낮말은 새가 듣고, 밤 말은 쥐가 듣는다"(94.9%), "까마귀가 울면 불길한 일이 생긴다"(92.0%), "말 한마디로 천 냥 빚 갚는다"(92.0%), "돼지꿈을 꾸면 부자가 된다"(78.9%) 순으로 들어 보았다고 대답하였다. 그런데 "장가갈 때 신랑이 웃으면 첫 딸을 낳는다"(26.9%), "첫눈이 올 때까지 손톱의 봉숭아물이 빠지지 않으면 좋다"(20.0%), "먼 데 있는 사촌보다 가까운 이웃이 낫다"(8.1%)는 속신에 대해서는 낮은 비율로 안다고 응답하였다.

(6) 한국 민족문화의 상징

한국 민족문화의 상징으로 중국 조선족은 한복(28.5%), 한글(24.4%), 아리랑(22.7%), 김치(12.2%), 태극문양(6.4%) 순으로 응답하였으며, 여타 예시한 상징에 대해서는 아주 낮게 대답하였다.[32] 민족해방운동의 요람인 이 지역의 역사적 특성을 잘 드러낸 이 항목의 응답비율은 예상보다

표 6.17 한국 민족문화의 상징

중복응답, N(%)

상 징	빈 도	상 징	빈 도
아리랑	39 (22.7)	한 글	42 (24.4)
인 삼	0 (0)	농악(풍물)	0 (0)
청자 · 백자	0 (0)	민요 · 판소리	1 (0.8)
기와 · 초가집	1 (0.6)	태극문양	11 (6.4)
한 복	49 (28.5)	김 치	21 (12.2)
된장 · 고추장	2 (1.2)	무궁화	4 (2.3)
제사 · 조상숭배	0 (0)	추석 · 설날	2 (1.2)

비교적 낮은 수준을 보여주고 있지만, 한복과 한글 아리랑 등을 민족의 상징으로 간주하는 태도는 민족자치주를 형성하고 있는 중국 조선족의 높은 민족정체성을 나타낸다고 평가된다.

4. 결론 : 민족문화를 기반한 네트워킹

이번 조사를 통하여 중국 조선족의 문화생활과 민족문화 향유정도를 확인하였는데, 대체적으로 중국 조선족은 상당히 높은 수준에서 민족문화를 유지하고 있는 것으로 평가할 수 있다. 한국어의 구사능력, 명절과 민속을 지키는 정도, 민속놀이, 의식주 등에 있어서 중국 조선족만큼 고유한 우리의 풍속을 잘 유지하고 있는 재외한인이 없다는 것을 확인할 수 있었다.

32 한 보고에 의하면 재미한인과 재일한인의 경우는 중국 조선족과 달리 39.7% 정도가 한복보다 한글을 한민족의 상징으로 들고 있다고 보고하고 있다. 장윤수. 앞의 글. p. 69.

그런데 문화의 특수성이 없으면 보편성도 없다. 민족문화는 지역적 특성으로 인하여 그 존재 의미를 지니며, 서로의 다양성을 인정하는 기초 위에서 상호 교류하면서 문화는 발전하게 된다.[33] 그러나 민족문화는 생산과 전승 및 향유의 주체가 있다. 중국 조선족 문화 역시 조선족이라는 주체가 분명히 존재하므로 그 주체의 정체성이 이중적이라는 특성에 의하여 조선족의 문화 역시 이중적인 성격을 가질 것이다. 중국 조선족의 민족문화적 특질에 대하여 조선족 사회 내부에서는 ① 중국 문화의 한 부분으로 이해하는 입장과, ② 조선민족문화의 한 부분이라는 입장, ③ 위의 두 부분을 모두 포괄하는 이중성을 강조하는 입장 등으로 나뉘어 있다.[34] 대개의 중국 조선족 학자들은 조선족의 문화가 조선반도로부터 유입되었지만, 중국이라는 역사적 자연적 조건에 의하여 나름대로 독자적인 발전을 하였기 때문에 중국문화와 조선문화의 성격을 이중적으로 갖는다는 입장을 취하고 있다.

중국 조선족은 과거 항일투쟁과 혁명투쟁 과정에서 중국 인민과 함께 한 공로를 인정받아 민족자치주를 형성할 수 있었기 때문에 민족문화를 보호 받고 유지할 수 있었다. 또한 벼농사의 집단노동 특징 때문에 집거구를 형성하였다. 비록 그들이 중국적을 갖고 있는 중국 공민으로서의 정체성과 함께 소수민족으로서 조선족이라는 이중정체성을 갖고 있지만, 이번 조사를 통해 한민족이라는 문화적 공감대를

---

33 임재해(2004). 『민속문화를 읽는 열쇠말』. 민속원, p. 30. 여기서 필자는 인용구 중에서 "민속문화"를 "민족문화"로 바꾸어도 그 의미가 변하지 않는다고 간주하여 바꾸어 인용하였다.

34 중국특색의 조선족문화 과제소조. "중국특색의 조선족문화건설에 대한 기본인식과 대책". 김종국 외(2000). 『중국특색조선족문화연구』. 료녕민족출판사, pp. 9-10; 허명철(2000). "네트워크 시대의 중국 조선족문화". 김강일 외. 『중국 조선족 사회의 문화우세와 발전전략』, pp. 503-505.

확인할 수 있었다. 이로써 민족문화 네트워크 구축 계기를 찾으려는 당초의 연구의의를 어느 정도 충족할 수 있었다. 중국 조선족 사회 내부에서도 거주국의 상황과 조건의 상이함에서 비롯한 중국 특색의 조선족문화의 차이를 인정하는 기초 위에서 네트워크를 통한 민족의 화합과 남북문화의 교류에서 매개역할을 기대하기도 한다.[35]

특히 중국, 대만, 일본, 베트남, 태국 등 동아시아에서의 한류열풍은 재외한인들과는 무관하게 불고 있지만, 조선족 역시 그러한 한류열풍의 주요 소비자로 등장하고 있으며 모국과의 문화적 공감대를 형성하고 있다. 따라서 문화상품이 높은 부가가치를 창출하는 지식정보사회에서 한국 고유의 내용과 구성을 갖춘 한국 문화는 경쟁력 있는 문화상품으로서 한민족 네트워크를 통하여 엄청난 네트워크 효과를 창출할 것으로 기대된다.

다만 중국 조선족이 집거구를 형성하고 있는 동북3성은 최근 들어 중국의 경제성장과 더불어 해체위기를 겪고 있다는 점이 문제로 제기된다. 많은 조선족 젊은이들이 중국의 대도시로, 또는 해외로 빠져 나가는 바람에 조선어 교육과 조선어 문화가 약화되고 있으며, 중국사회로의 동화가 빠르게 진행되고 있다. 조선어보다 중국어를 선호하는 경향은 조선어를 사용하는 문화공간의 축소로 귀결되고 조선족으로서의 정체성 내지 한민족 고유의 문화를 향유하는 정도가 약화되지 않을까 염려되고 있다.[36] 그러나 ① 언어와 문자사업, ② 민족교육, ③ 민족전통의 계승과 발전, ④ 조선족의 문학과 예술 발전, ⑤ 민족전통체육활동, ⑥ 언론사업의 강화를 통하여 중국특색의 조선족 문화

35 허명철. 위의 책. pp. 506-511.

36 정신철(2000). 『한반도와 중국 그리고 조선족』. 모시는사람들, p. 38.

건설을 강화하자는 조선족 사회 내부의 주장이 제기되고 있다.[37]

중국공민과 조선족으로서의 이중 정체성과 현지의 주류사회에서의 착실한 동화를 바라면서 민족성을 유지되길 기대하는 우리의 모순을 현실에서 어떻게 해결할 것인지 그 대안의 모색이 천착되어야 할 것이다. 중국에서 조선족이 생존하기 위해서는 중국 공민으로서 철저한 인식을 갖고 조선족 전체의 위기를 극복하기 위한 조선족 나름의 대안 모색이 그 중의 하나이다.[38]

---

37 김화. "중국특색의 조선족 문화 건설을 강화할 데 대한 거시적 사고". 김종국 외. 앞의 책. pp. 2-8.

38 『시사저널』. 2003. 3. 7.

제7장

재외한인의 문화생활 비교

한국외국어대학교 국제지역연구센터(2006). 『국제지역연구』 제10권 제4호 게재논문.

1. 서론 : 민족문화와 재외한인사회

현대사회에서는 탈산업적 부가가치가 큰 문화와 정보산업이 급성장하고 있다. 특히 지구화 시대 하나의 지구촌 형성은 더욱 문화의 가치를 높일 수 있는 기회를 제공하고 있다. 오늘날 미국 할리우드의 영화산업과 스포츠산업에서 보듯이 자본력을 갖는 문화상품이 우월한 경쟁력을 갖고 세계 소비자의 구매욕을 충족시키고 있다. 따라서 경쟁력이 있다고 평가받는 한 지방의 문화는 언제든지 상품화될 수 있다. 동아시아에서 불고 있는 한류열풍 역시 우리의 문화상품이 충분한 국제경쟁력을 갖추고 있다는 반증이다.

한편 지식정보사회에서는 네트워크의 발달로 지식의 생산과 소비의 속도가 빨라지고 있다. 네트워크에 접속하는 사람이 늘어날수록 네트워크의 사용가치가 커지는데, 재화의 가치는 네트워크를 사용하는 사람들의 수에 의존하여 큰 효과를 발생시킨다. 바로 미국·일본·중국·러시아와 같은 세계의 주요 국가에 거주하고 있는 700만 재외한인과 더불어 한민족 공동체 네트워크를 구축한다면 민족 공동체 형성의 효과는 엄청나게 클 것이다.

우리가 세계의 여러 재외한인 집거지역(코리아타운)을 여행할 때 큰 어려움을 겪지 않고 문화적 공감대를 형성할 수 있는 것은 그곳에 코리아타운이 있기 때문이며, 재외한인들이 향유하는 문화에 있어서 아직 한민족 고유의 본질이 퇴색되지 않았기 때문이다. 특히 작금의 한류열풍도 한인들이 거기 살고 있기 때문에 더욱 거세게 불고 있다. 여기서 우리는 재외한인이 비록 멀리 떨어져 살고 있다고 하더라도 동일한 한민족임을 확인할 수 있었으며 민족 공동체를 구성할 수 있

는 조건을 확인할 수 있다.[1]

미국 로스앤젤레스와 뉴욕의 코리아타운, 일본 도쿄의 신주쿠와 오사카의 이쿠노, 중국의 연변 등은 대표적인 코리아타운으로서, 우리는 이들 지역을 거점으로 민족동질성에 기반을 둔 네트워크 공동체의 구성이 가능하다고 본다. '네트워크 공동체'란 일정한 공간과 특정한 관계를 중심으로 다양한 상호작용 과정에서 공동의 유대와 귀속감을 발전시키는 공동체로 정의된다.[2] 여기서 무한경쟁의 지구화 시대 각국의 집거지역에 거주하는 재외한인은 바로 한민족의 생존을 위한 전략적 차원에서 새롭게 인식되는 것이다.

그런데 한민족 공동체 네트워크의 한 축인 민족문화 공동체를 구축하는 데 있어서 현실적으로 타당한 대안을 제시하기 위해서 재외한인 집거지역 한인사회의 문화에 대한 이해가 선행되어야 한다. 현지인들과의 치열한 생존경쟁 과정에서 정체성의 혼란이 초래되고, 거주국 문화에 동화되는 과정에서 세대 간 갈등을 경험하고 있는 재외한인들이 모국의 경제력 신장과 더불어 그들 스스로 한민족의 문화적 가치를 재발견하고 있기 때문에, 이 시기 재외한인 집거지역 문화생활에 대한 연구는 더욱 의의가 깊다고 할 수 있다. 따라서 이 글에서는 재외한인들을 대상으로 한국의 민족문화를 어느 정도 향유하고 있는지 조사한 결과를 지역별로 비교하였다.[3]

해외에 산재한 한민족을 하나의 네트워크 공동체로 묶어 내려는

---

1 장윤수(2006). "재외한인사회와 민족문화네트워크". 『대한정치학회보』 제14집 제2호, p. 114.

2 성경륭 · 이재열(1999). "민족통합에 대한 네트워크 접근". 서대숙 외. 『민족통합과 민족통일』. 한림대학교 민족통합연구소, pp. 131-132.

3 이 조사는 2005년 2월부터 3월까지 두 달 동안 실시되었다.

이 연구는 재외한인들이 어느 정도 민족적인 문화정체성을 유지해 왔기 때문에 가능할 것이다. 바로 해외이주 150년 동안 그들은 온갖 고난을 마다하지 않고 우리의 언어와 문화를 지켜왔기 때문에 한민족 공동체의 주체로 등장할 수 있는 것이다. 물론 그들은 거주국의 문화에 동화되지 않고는 생존할 수 없었을 것이므로 해외의 한인사회에서 고유한 형태의 한민족문화를 기대하는 것은 곤란하다. 그렇지만 다민족 다문화주의와 문화다양성의 담론이 확산되는 시점에서 각 민족의 고유한 문화 또한 민족의 문화영토를 확보하려는 전략은 의의가 크다. 또한 문화는 이미 정보화 시대에 고부가가치 상품으로 등장하고 있으므로 아직까지 유지 전승되고 있는 재외한인들의 민족문화에 대한 연구는 절실히 필요하다고 본다.

그리고 재외한인들의 모국과의 연계는 바로 그들이 어렵게 지켜온 문화적 동질성에 기반할 것이며, 우리가 기대하는 한민족 공동체 역시 민족문화를 바탕으로 성립될 것이다. 이러한 맥락에서 거주국 문화와의 동화과정에서 재외한인들이 향유하는 문화가 어떻게 변화하였고, 한민족의 문화는 재외한인들에게 어떻게 수용되었는지 이에 대한 검토가 필요하다. 나아가 정보통신의 발달에 따라 문화의 전이가 이전 세대와는 비교할 수 없을 정도로 급속하게 이루어지고 있는 현실에서 지역별 재외한인들의 문화생활 실태를 비교하는 것이 이 논문의 의의라고 할 수 있다. 재외한인 문화생활을 비교하기 위한 구체적인 조사대상지역은 ① 미국(LA, 뉴욕), ② 일본(도쿄, 오사카), ③ 중국(연변, 연길), ④ 카자흐스탄(알마티, 우슈토베) 등이다. 그리고 조사대상을 정리하면 〈표 7.1〉과 같다.

표 7.1 조사대상자의 일반적 특성

N(%)

변인	구 분	미 국	일 본	중 국	카자흐스탄
연령	19세 이하	1 (0.4)	2 (1.6)	3 (1.7)	24 (14.9)
	20대	28 (11.7)	27 (21.4)	77 (44.3)	34 (21.1)
	30대	87 (36.3)	26 (26.6)	35 (20.1)	35 (21.7)
	40대	77 (32.1)	22 (17.5)	38 (21.8)	32 (19.9)
	50대	31 (12.9)	24 (19.0)	9 (5.2)	28 (17.4)
	60대	14 (5.8)	20 (15.9)	10 (5.7)	3 (1.9)
	70대 이상	2 (0.8)	5 (4.0)	2 (1.1)	5 (3.1)
성별	남	112 (46.5)	50 (38.2)	78 (44.6)	57 (35.4)
	여	129 (53.5)	81 (61.8)	97 (55.4)	104 (64.6)
학력	초졸 이하	1 (0.4)	3 (2.6)	10 (5.8)	3 (1.9)
	중졸	0 (0)	3 (2.6)	44 (25.4)	4 (2.5)
	고졸	34 (14.8)	25 (21.9)	65 (37.6)	51 (32.3)
	대졸	118 (51.3)	68 (59.6)	49 (28.3)	87 (55.1)
	대학원 이상	77 (33.5)	15 (13.2)	5 (2.9)	13 (8.2)
종교	개신교	157 (66.2)	31 (24.4)	1 (0.6)	96 (66.2)
	천주교	22 (9.3)	6 (4.7)	13 (7.7)	1 (0.7)
	불교	12 (5.1)	16 (12.4)	6 (3.6)	5 (3.4)
	이슬람	0 (0)	0 (0)	0 (0)	0 (0)
	기타	11 (4.6)	6 (4.7)	3 (1.8)	4 (2.8)
	종교 없음	35 (14.8)	70 (54.3)	145 (86.3)	39 (26.9)
직업	의원, 고위관리직	7 (3.1)	4 (3.3)	13 (7.4)	2 (1.3)
	전문가	52 (23.0)	8 (6.7)	7 (4.0)	25 (16.2)
	기술공, 준전문가	8 (3.5)	2 (1.7)	12 (6.9)	16 (10.4)
	사무종사자	19 (8.4)	24 (20.0)	5 (2.9)	7 (4.5)
	서비스종사자	38 (16.8)	14 (11.7)	10 (5.7)	14 (9.1)
	판매종사자	24 (10.6)	19 (15.8)	27 (15.4)	21 (13.6)
	농업, 임업 관련	1 (0.4)	0 (0)	21 (12.0)	8 (5.2)
	기능원	3 (1.3)	1 (0.8)	2 (1.1)	5 (3.2)
	장치기술종사자	0 (0)	0 (0)	5 (2.9)	3 (1.9)
	단순노무종사자	14 (6.2)	3 (2.5)	40 (22.9)	3 (1.9)
	학생	31 (13.7)	11 (9.2)	20 (11.4)	25 (16.2)
	전업주부	24 (10.6)	29 (24.2)	7 (4.0)	15 (9.7)
	미취업	5 (2.2)	5 (4.2)	6 (3.4)	10 (6.5)
거주 기간	5년 이하	66 (28.7)	21 (26.9)	4 (12.5)	13 (15.7)
	10년	50 (21.7)	8 (10.3)	2 (6.3)	10 (12.0)
	15년	46 (20.0)	8 (10.3)	5 (15.6)	15 (18.1)
	20년	33 (14.3)	2 (2.6)	7 (21.9)	5 (6.0)
	25년	20 (8.7)	5 (6.4)	8 (25.0)	6 (7.2)
	30년	11 (4.8)	5 (6.4)	2 (6.3)	6 (7.2)
	35년	4 (1.7)	5 (6.4)	0 (0)	7 (8.4)
	40년 이상	0 (0)	24 (23.4)	4 (12.5)	21 (25.2)
N		241	131	175	161

2. 재외한인의 문화생활 일반

(1) 한국어 사용

재외한인의 문화생활에 대한 설문은 먼저 한국어 구사능력부터 시작하였다. 언어는 민족문화의 중심을 이룰 것이며, 언어사용 문제는 현지 적응 수준과 방식을 나타내고, 한인사회 내에서 집단과 세대, 문화를 구분하는 경계와 정체성의 원리로 작동한다.[4] 한편 언어능력은 부모, 동년배 집단, 학교에서 각각 어떤 언어를 사용하는가에 따라 현저히 차이를 나타낸다. 재외한인들은 1, 2세와는 달리 3, 4세로 갈수록 한국어 구사능력이 현저히 떨어지고 현지어를 더 잘 구사하게 된다. 이는 재외한인들의 주류사회에 안정적으로 진입하는 과정에서 자연스러운 일이지만, 또한 지구화 시대에 이중 언어를 필요로 하는 상황에서 모국어인 한국어를 배우려는 2, 3세 한인들이 늘어나고 있음은 한인거주국에 공통적으로 나타난다.

재미한인의 경우 대개 이민 1세는 부모 및 동년배와 한국어를 사용하고 학교에서는 영어를 사용한다. 그리고 1.5세대와 2세대는 부모와 대화할 때는 한국어와 영어를 혼용하여 사용하고, 동년배와 학교에서는 영어를 쓰며, 3세대는 모든 경우에 영어를 사용한다. 이번 조사 결과 응답대상 재미한인들의 한국어 구사능력을 보면 말하기, 읽기, 쓰기 등 전 영역에서 아주 잘한다는 대답이 70.1%, 69.7%, 66.7%로 나타나 다른 지역 거주한인보다 한국어 사용능력이 좋은 것으로 나타났다. 전혀 하지 못한다는 응답자는 쓰기에서만 2.1%였고, 말하기와 읽기에서는 1% 미만이었다.

---

4 국립민속박물관(2003). 『미국 하와이지역 한인동포의 생활문화』. p. 224.

재일한인들의 한국어 구사능력은 아주 잘한다는 응답비율이 말하기, 읽기, 쓰기 전 영역에서 31.3%, 32.0%, 32.0%로 나타났다. 중국 조선족 응답자의 경우 아주 잘한다는 응답비율이 말하기 18.3%, 읽기 19.1%, 쓰기 22.7%로 나타났다. 이러한 조사결과는 집거구 형성을 통하여 비교적 우리 문화를 잘 간직한 것으로 평가받는 중국 조선족이 의외로 재미동포와 재일동포에 비하여 한국어 구사능력이 낮다는 것을 보여준다.[5] 중앙아시아의 카자흐스탄에 거주하는 고려인들은 모국과 지리적으로 먼 곳에 위치하면서 모국과의 왕래가 원활하지 않았던 탓에 대체로 한국어 구사능력이 떨어진다. 응답자 가운데 보통 이상이라는 응답비율이 말하기 33.9%, 읽기 25.8%, 쓰기 20.6%로 나타났다.

표 7.2 한국어 구사능력

N(%)

구 분		전혀 하지 못한다	잘하지 못한다	보통이다	잘한다	아주 잘한다
말하기	재미한인	2 (0.8)	5 (2.1)	12 (5.0)	53 (22.0)	169 (70.1)
	재일한인	12 (9.2)	25 (19.1)	29 (22.1)	24 (18.3)	41 (31.3)
	중국 조선족	6 (3.4)	22 (12.6)	76 (43.4)	39 (22.3)	32 (18.3)
	카자흐 고려인	50 (31.4)	55 (34.6)	45 (28.3)	4 (2.5)	5 (3.1)
읽기	재미한인	2 (0.8)	4 (1.7)	15 (6.2)	52 (21.6)	168 (69.7)
	재일한인	14 (11.2)	14 (11.2)	32 (25.6)	25 (20.0)	40 (32.0)
	중국 조선족	3 (1.7)	13 (7.5)	72 (41.6)	52 (30.1)	33 (19.1)
	카자흐 고려인	63 (39.9)	54 (34.2)	29 (18.4)	7 (4.4)	5 (3.2)
쓰기	재미한인	5 (2.1)	7 (2.9)	15 (6.3)	53 (22.1)	160 (66.7)
	재일한인	15 (12.0)	23 (18.3)	26 (20.8)	21 (16.8)	40 (32.0)
	중국 조선족	4 (2.3)	16 (9.3)	68 (39.5)	45 (26.2)	39 (22.7)
	카자흐 고려인	81 (51.6)	43 (27.4)	23 (14.6)	5 (3.2)	5 (3.2)

5 중국 조선족의 한글 사용에 관해서는 김현동 · 주인영(1988). 『재중동포사회 기초자료집II』. 재외동포재단, pp. 220-222 참조.

(2) 평소 문화공간 이용정도

재외한인들의 문화생활은 이민시기와 세대, 직업, 소득수준과 교육수준에 따라 매우 다양할 것이다. 이민자들은 대개의 경우 현지사회에 적응하기 위하여 문화생활을 여유롭게 즐길 만한 처지가 되지 못하였을 것이다. 그리고 그들의 자녀에게도 현지사회에 동화되고 주류사회에 빨리 진입하도록 촉구하고 남다른 교육열을 보였을 것이므로 충분한 여가와 문화생활을 즐길 수 없었을 것으로 짐작된다. 문화생산자와 문화소비자 사이에 문화공간을 매개로 한 재외한인들의 문화생활은 〈표 7.3〉과 같다.

재미한인들은 평소 문화생활 가운데 주로 이용하는 문화공간에 대한 질문에 1년에 1～11회 정도 이용한 적이 있는 공간으로 박물관(68.3%), 공연장(59.6%), 미술관(51.6%), 도서관(42.7%), 문화원(31.3%), 구민회관(22.3%) 순으로 답하였다. 재일한인은 1년에 최소한 1～11회 정도 이용한 적이 있는 공간으로 박물관(50.5%), 공연장(46.8%), 미술관(43.8%), 도서관(42.2%), 구민회관(35.2%), 문화원(24.0%) 순으로 답하였다. 중국 조선족은 1년에 1～11회 정도 이용한 적이 있는 공간으로 공연장(24.1%), 도서관(18.8%), 박물관(15.2%), 문화원(13.2%), 구민회관(9.1%), 미술관(7.4%) 순으로 답하였다.

카자흐스탄 고려인들의 문화공간 이용정도를 보면 공연장을 제외하고는 그 이용정도가 낮게 나타났다. 1년에 1～11회 정도 이용한 적이 있는 문화공간으로 공연장(60.1%), 시민회관(32.6%), 문화원(32.1%), 박물관(27.0%), 미술관(12.9%), 도서관(4.2%) 순으로 답하였다. 전반적으로 다른 지역 거주 재외한인에 비하여 문화공간을 이용하는 비율이

표 7.3 문화공간 이용정도

N(%)

구 분		공연장	박물관	미술관	문화원	시·군·구민회관	도서관
이용한 적 없다	재미한인	71 (33.3)	60 (30.2)	88 (45.8)	119 (66.5)	116 (73.9)	41 (18.8)
	재일한인	50 (45.9)	51 (45.9)	54 (51.4)	72 (72.0)	50 (47.6)	42 (38.5)
	중국 조선족	89 (63.6)	99 (75.0)	112 (88.9)	107 (82.9)	105 (83.3)	71 (45.2)
	카자흐 고려인	57 (39.9)	92 (73.0)	108 (87.1)	91 (67.9)	87 (67.4)	114 (95.8)
1년에 1~11회	재미한인	127 (59.6)	136 (68.3)	99 (51.6)	56 (31.3)	35 (22.3)	93 (42.7)
	재일한인	51 (46.8)	56 (50.5)	46 (43.8)	24 (24.0)	37 (35.2)	46 (42.2)
	중국 조선족	43 (30.7)	30 (22.7)	10 (7.9)	15 (11.6)	14 (11.1)	35 (22.3)
	카자흐 고려인	81 (56.6)	34 (27.0)	16 (12.9)	37 (27.6)	21 (16.3)	5 (4.2)
1달에 1~3회	재미한인	13 (6.1)	3 (1.5)	4 (2.1)	4 (2.2)	5 (3.2)	60 (27.5)
	재일한인	8 (7.3)	4 (3.6)	4 (3.8)	2 (2.0)	12 (11.4)	13 (11.9)
	중국 조선족	7 (5.0)	3 (2.3)	4 (3.2)	6 (4.7)	3 (2.4)	28 (17.8)
	카자흐 고려인	4 (2.8)	0 (0)	0 (0)	5 (3.7)	11 (8.5)	0 (0)
1주일에 1~6회	재미한인	1 (0.5)	0 (0)	1 (0.5)	0 (0)	1 (0.6)	21 (9.6)
	재일한인	0 (0)	0 (0)	1 (1.0)	0 (0)	5 (4.8)	6 (5.5)
	중국 조선족	0 (0)	0 (0)	0 (0)	1 (0.8)	4 (3.2)	20 (12.7)
	카자흐 고려인	1 (0.7)	0 (0)	0 (0)	1 (0.7)	9 (7.0)	0 (0)
매일	재미한인	1 (0.5)	0 (0)	0 (0)	0 (0)	0 (0)	3 (1.4)
	재일한인	0 (0)	0 (0)	0 (0)	0 (0)	1 (1.0)	2 (1.8)
	중국 조선족	1 (0.7)	0 (0)	0 (0)	0 (0)	0 (0)	3 (1.9)
	카자흐 고려인	0 (0)	0 (0)	0 (0)	0 (0)	1 (0.8)	0 (0)

낮게 나타난 점이 큰 차이다. 특히 도서관 이용률이 아주 낮은 것은 특징이다.

(3) 한국 문화를 체험하기 위한 문화공간의 이용정도

재외한인들은 문화공간 중 주로 공연장에서 한국 문화를 체험하고 있는 것으로 응답하였다. 한국 문화를 체험하기 위한 문화공간 이용정도에 있어서, 재미한인들이 1년에 1~11회 이용한 적이 있는 문화공간으로 공연장(46.6%), 박물관(31.5%), 도서관(29.6%), 미술관(28.7%), 문화원(24.3%), 구민회관(12.5%) 순으로 응답하였다. 재일한인도 1년에 1~11회 이용한 적이 있는 문화공간으로 공연장(50.0%)을 들었다. 이어서 박물관(33.3%), 미술관(30.5%), 도서관(25.0%), 문화원(21.3%), 구민회관(19.8%) 순으로 응답하여, 공연장이 한국 문화 체험의 문화공간임을 확인할 수 있다. 중국 조선족들의 경우에도 문화공간 중에서 1년에 1~

표 7.4 한국 문화를 체험하기 위한 문화공간의 이용정도

N(%)

구 분		공연장	박물관	미술관	문화원	시 · 군 · 구민회관	도서관
이용 한 적 없다	재미한인	106 (51.5)	124 (67.4)	128 (70.7)	135 (74.6)	144 (85.7)	99 (26.8)
	재일한인	52 (45.6)	61 (62.9)	64 (67.4)	72 (76.6)	72 (75.0)	61 (61.0)
	중국 조선족	101 (69.7)	112 (81.2)	118 (87.4)	112 (82.4)	113 (85.6)	85 (55.2)
	카자흐 고려인	64 (47.4)	103 (85.8)	105 (89.0)	96 (77.4)	95 (77.9)	111 (97.4)
1년에 1~ 11회	재미한인	96 (46.6)	58 (31.5)	52 (28.7)	44 (24.3)	21 (12.5)	58 (29.6)
	재일한인	57 (50.0)	32 (33.3)	29 (30.5)	20 (21.3)	191 (19.8)	25 (25.0)
	중국 조선족	35 (24.1)	21 (15.2)	10 (7.4)	18 (13.2)	12 (9.1)	29 (18.8)
	카자흐 고려인	64 (47.4)	16 (13.3)	13 (11.0)	23 (18.5)	18 (14.8)	3 (2.6)
1달에 1~ 3회	재미한인	4 (1.9)	2 (1.1)	1 (0.6)	2 (1.1)	2 (1.2)	30 (15.3)
	재일한인	5 (4.4)	3 (3.1)	2 (2.1)	2 (2.1)	5 (5.2)	10 (10.0)
	중국 조선족	9 (6.2)	4 (2.9)	5 (3.7)	3 (2.2)	3 (2.3)	23 (14.9)
	카자흐 고려인	7 (5.2)	1 (0.8)	0 (0)	3 (2.4)	5 (4.1)	0 (0)
1주일에 1~ 6회	재미한인	0 (0)	0 (0)	0 (0)	0 (0)	1 (0.6)	9 (4.6)
	재일한인	0 (0)	1 (1.0)	0 (0)	0 (0)	0 (0)	3 (3.0)
	중국 조선족	0 (0)	1 (0.7)	2 (1.5)	2 (1.5)	3 (2.3)	15 (9.7)
	카자흐 고려인	0 (0)	0 (0)	0 (0)	2 (1.6)	4 (3.3)	0 (0)
매일	재미한인	0 (0)	0 (0)	0 (0)	0 (0)	0 (0)	0 (0)
	재일한인	0 (0)	0 (0)	0 (0)	0 (0)	0 (0)	1 (1.0)
	중국 조선족	0 (0)	0 (0)	0 (0)	1 (0.7)	1 (0.8)	2 (1.3)
	카자흐 고려인	0 (0)	0 (0)	0 (0)	0 (0)	0 (0)	0 (0)

11회 정도 이용하는 것으로 공연장(24.1%), 도서관(18.8%), 박물관(15.2%), 문화원(13.2%), 구민회관(9.1%), 미술관(7.4%)으로 응답하였다.

카자흐스탄 고려인들이 한국 문화를 체험하기 위하여 이용하는 문화공간은 1년에 1~11회 정도가 공연장을 47.4%의 비율로 응답하여 가장 높게 나타났다. 이어서 문화원(18.5%), 구민회관(14.8%), 박물관(13.3%), 미술관(11.0%), 도서관(2.6%)으로 나타났다. 대체적으로 다른 지역 거주 재외한인에 비하여 문화공간 이용률이 낮은 것과 비례하여 한국 문화 체험 비율에 있어서도 낮게 나타났다.

(4) 한국 문화의 접촉매체

음악과 미술, 영화, 드라마, 공연 등의 한국 문화를 어느 매체를 통하여 접촉하는가라는 질문에 장르별로 이용하는 매체가 다르게 나타났다. 재미한인은 음악의 경우 라디오(45.9%)와 인터넷(39.3%) 그리고 TV(33.5%)를 통해서 체험하고, 미술의 경우는 신문(33.1%), 인터넷(22.7%), 잡지(21.9%), TV(17.4%)를 통해서 체험하는 것으로 나타났다. 그리고 영화는 VIDEO/DVD(49.2%)나 인터넷(31.8%)과 TV(29.8%)를 통해서 감상하고, 드라마 역시 비슷하게 TV(55.8%), VIDEO/DVD(37.6%), 신문(21.9%), 인터넷(21.1%)을 통해서 감상하는 것으로 나타났다. 영화와 드라마의 경우 접촉매체를 보면 인터넷을 통해서 드라마보다 영화를 이용하는 경우가 더 높게 나타난다. 특히 영화와 드라마의 경우 TV 또는 VIDEO/DVD를 통해서 한국 문화를 접촉하는 것으로 나타났다. 이는 재미한인사회에서 나타나는 또 하나의 '한류열풍' 현상으로 볼 수 있으며, 이를 통하여 모국문화와의 친화력을 확보하고 나아가 모국과의 문화적 차이를 줄일

수 있을 것으로 판단된다.

재일한인의 경우 음악은 TV(45.0%)와 인터넷(32.8%) 그리고 비디오/DVD(21.4%)를 통해서 체험하고, 미술은 잡지(21.4%), TV(16.0%)와 인터넷(16.0%), 신문(13.7%)을 통해서 체험하는 것으로 나타났다. 그리고 영화는 비디오(49.2%)나 인터넷(31.8%), TV(29.8%)를 통해서 감상하고, 드라마 역시 비슷하게 TV(55.8%), 비디오(37.6%), 인터넷(21.1%)을 통해서 감상하는 것으로 나타났다. 재일한인의 경우 특히 TV를 통해서 음악(45.0%), 영화(46.6%), 드라마(57.3%) 등 다양한 장르의 한국 문화를 접촉하는 것으로 나타났다.

중국 조선족 응답자는 재미한인과 재일한인과 달리 음악의 경우는 라디오와 인터넷을 많이 이용한다는 응답비율 26.3%, 20.0%보다 TV와 VIDEO/DVD를 이용한다는 응답비율이 76.0%와 43.4%로 더 높게 나타났다. 미술의 경우는 잡지(25.1%), TV(12.0%)를 통해서 체험하였고, 한국 영화는 TV(81.7%), 비디오(45.1%), 인터넷(17.7%)을 통해서 감상하고, 한국 드라마 역시 비슷하게 TV(87.4%), 비디오(39.4%), 인터넷(14.9%)을 통해서 감상하는 것으로 나타났다. 중국 조선족은 한국 영화와 한국 드라마를 인터넷을 통해서보다는 주로 TV와 VIDEO/DVD를 이용하는 경우가 더 높게 나타났다.

카자흐스탄에서 고려인들이 한국 문화를 접촉하는 매체를 보면, 음악의 경우 TV가 38.5%로 가장 높고, 신문(15.5%)과 VIDEO/DVD(14.3%), 라디오(11.2%), 인터넷(8.7%), 잡지(8.1%) 등이 그 뒤를 이었다. 미술의 경우는 신문(21.7%), TV(21.1%), 잡지(11.8%) 순으로 응답하였다. 영화는 TV(51.6%), VIDEO/DVD(32.3%) 순이었고, 드라마 역시 TV(54.0%), VIDEO/DVD(13.0%)로 나타났다. 대체로 한국 문화의 접촉매체는 TV를 통하여 접촉하고 있음을 보여준다. 그런데 여기서 카자흐스탄 고려인은 TV를 제외하고는 음악, 미술, 영화, 드라마 등의 영역에서 매체이용률이 낮

표 7.5 한국 문화의 접촉매체

N(%)

구분		음악	미술	영화	드라마	공연
신문	재미한인	57 (23.6)	80 (33.1)	60 (24.8)	53 (21.9)	66 (27.3)
	재일한인	13 (9.9)	18 (13.7)	23 (17.6)	13 (9.9)	23 (17.6)
	중국 조선족	18 (10.3)	19 (10.9)	15 (8.6)	12 (6.9)	14 (8.0)
	카자흐 고려인	25 (15.5)	35 (21.7)	22 (13.7)	3 (1.9)	13 (8.1)
잡지	재미한인	25 (10.3)	52 (21.9)	23 (9.5)	19 (7.9)	13 (5.4)
	재일한인	18 (13.7)	28 (21.4)	24 (18.3)	19 (14.5)	21 (16.0)
	중국 조선족	7 (4.0)	44 (25.1)	13 (7.4)	9 (5.1)	6 (3.4)
	카자흐 고려인	13 (8.1)	19 (11.8)	10 (6.2)	8 (5.0)	2 (1.2)
TV	재미한인	81 (33.5)	42 (17.4)	72 (29.8)	135 (55.8)	36 (14.9)
	재일한인	59 (45.0)	21 (16.0)	61 (46.6)	75 (57.3)	27 (20.6)
	중국 조선족	133 (76.0)	21 (12.0)	143 (81.7)	153 (87.4)	80 (45.7)
	카자흐 고려인	62 (38.5)	34 (21.1)	83 (51.6)	87 (54.0)	22 (13.7)
VIDEO /DVD	재미한인	53 (21.9)	15 (6.2)	119 (49.2)	91 (37.6)	16 (6.6)
	재일한인	28 (21.4)	3 (2.3)	54 (41.2)	38 (29.0)	6 (4.6)
	중국 조선족	76 (43.4)	4 (2.3)	79 (45.1)	69 (39.4)	15 (8.6)
	카자흐 고려인	23 (14.3)	11 (6.8)	52 (32.3)	21 (13.0)	0 (0)
라디오	재미한인	111 (45.9)	11 (4.5)	12 (5.0)	12 (5.0)	14 (5.8)
	재일한인	17 (13.0)	1 (0.8)	5 (3.8)	6 (4.6)	3 (2.3)
	중국 조선족	35 (20.0)	0 (0)	3 (1.7)	4 (2.3)	7 (4.0)
	카자흐 고려인	18 (11.2)	1 (0.6)	6 (3.7)	1 (0.6)	1 (0.6)
인터넷	재미한인	95 (39.3)	55 (22.7)	77 (31.8)	51 (21.1)	46 (19.0)
	재일한인	43 (32.8)	21 (16.0)	33 (25.2)	29 (22.1)	16 (12.2)
	중국 조선족	46 (26.3)	10 (5.7)	31 (17.7)	26 (14.9)	12 (6.9)
	카자흐 고려인	14 (8.7)	5 (3.1)	8 (5.0)	5 (3.1)	1 (0.6)
기타	재미한인	8 (3.3)	27 (11.2)	19 (7.9)	8 (3.3)	50 (20.7)
	재일한인	12 (9.2)	20 (15.3)	5 (3.8)	5 (3.8)	24 (18.3)
	중국 조선족	2 (1.1)	14 (8.0)	4 (2.3)	0 (0)	7 (4.0)
	카자흐 고려인	7 (4.3)	8 (5.0)	3 (1.9)	2 (1.2)	10 (6.2)

게 나타나는 특징을 보여주고 있다.

요컨대 한국 문화를 접촉하기 위한 매체이용에 관한 응답에서 음악은 TV와 VIDEO/DVD, 인터넷을 주로 이용하고, 미술은 신문, 잡지, TV, 인터넷을 주로 이용하는 것으로 나타났다. 영화와 드라마는 TV와 VIDEO/DVD, 인터넷을 주로 이용하는 것으로 응답하여 TV를 공통적으로 이용하는 것으로 나타났다. 다만 카자흐 고려인의 경우만 인터넷 이용이 낮게 나타났다.

(5) 한국 문화의 접촉공간

재미한인은 음악을 인터넷(44.2%)이나 가정(32.2%)에서 오디오를 통해서, 미술은 미술관(28.9%)이나 인터넷(26.9%)을 통해서, 영화는 인터넷(36.8%), 극장(31.8%), 가정(22.7%)의 순으로, 드라마는 가정(43.4%)과 인터넷(30.6%)으로 체험하는 것으로 나타났다. 이제 인터넷은 장르를 불문하고 다양한 장르에서 문화를 경험하는 공간이자 매체가 되었다.

재일한인은 음악을 인터넷(32.8%)이나 가정(32.1%)에서 오디오를 통해서, 미술은 미술관(21.4%)이나 인터넷(16.8%)을 통해서, 영화는 가정(34.4%), 극장(31.3%), 인터넷(29.8%)의 순으로, 드라마는 가정(39.7%)과 인터넷(26.0%)을 통해 주로 체험하는 것으로 나타났다. 여기서도 인터넷은 장르를 불문하고 한국 문화를 경험하는 매체임을 확인할 수 있다.

중국 조선족은 음악을 가정(46.9%)이나 인터넷(25.7%)을 통해서, 미술도 가정(13.1%)이나 인터넷을 통해서, 그리고 미술관(9.7%)에서 접촉하는 것으로 응답하였다. 영화는 가정(61.1%)이나 인터넷(24.4%)을 통해서 주로 접촉한 것으로 나타났다. 한국 드라마는 61.7%가 가정에서

표 7.6 한국 문화의 접촉 공간

N(%)

구분		음악	미술	영화	드라마	공연
축제 마당	재미한인	25 (10.3)	3 (1.2)	3 (1.2)	6 (2.5)	28 (11.6)
	재일한인	18 (13.7)	3 (2.3)	4 (3.1)	3 (2.3)	15 (11.5)
	중국 조선족	26 (14.9)	0 (0)	6 (3.4)	8 (4.6)	15 (8.6)
	카자흐 고려인	38 (23.6)	15 (9.3)	17 (10.6)	11 (6.8)	18 (11.2)
공연장 (극장)	재미한인	30 (12.4)	4 (1.7)	77 (31.8)	4 (1.7)	50 (20.7)
	재일한인	27 (20.6)	5 (3.8)	41 (31.3)	6 (4.6)	37 (28.2)
	중국 조선족	25 (14.3)	3 (1.7)	12 (6.9)	10 (5.7)	36 (20.6)
	카자흐 고려인	12 (7.5)	10 (6.2)	7 (4.3)	4 (2.5)	19 (11.8)
미술관	재미한인	3 (1.2)	70 (28.9)	1 (0.4)	3 (1.2)	6 (2.5)
	재일한인	0 (0)	28 (21.4)	0 (0)	0 (0)	0 (0)
	중국 조선족	1 (0.6)	17 (9.7)	1 (0.6)	0 (0)	0 (0)
	카자흐 고려인	0 (0)	8 (5.0)	3 (1.9)	1 (0.6)	0 (0)
도서관	재미한인	5 (2.1)	5 (2.1)	5 (2.1)	2 (0.8)	7 (2.9)
	재일한인	2 (1.5)	6 (4.6)	1 (0.8)	1 (0.8)	2 (1.5)
	중국 조선족	3 (1.7)	8 (4.6)	2 (1.1)	1 (0.6)	0 (0)
	카자흐 고려인	1 (0.6)	9 (5.6)	3 (1.9)	0 (0)	1 (0.6)
박물관	재미한인	4 (1.7)	17 (7.0)	0 (0)	0 (0)	1 (0.4)
	재일한인	1 (0.8)	8 (6.1)	0 (0)	0 (0)	0 (0)
	중국 조선족	1 (0.6)	8 (4.6)	1 (0.6)	2 (1.1)	1 (0.6)
	카자흐 고려인	1 (0.6)	8 (5.0)	0 (0)	0 (0)	1 (0.6)
교육관	재미한인	5 (2.1)	2 (0.8)	1 (0.4)	2 (0.8)	2 (0.8)
	재일한인	0 (0)	2 (1.5)	0 (0)	0 (0)	0 (0)
	중국 조선족	0 (0)	1 (0.6)	1 (0.6)	2 (1.1)	1 (0.6)
	카자흐 고려인	13 (8.1)	8 (5.0)	9 (5.6)	2 (1.2)	3 (1.9)
문화원	재미한인	5 (2.1)	9 (3.3)	3 (1.2)	1 (0.4)	8 (3.3)
	재일한인	0 (0)	4 (3.1)	0 (0)	1 (0.8)	1 (0.8)
	중국 조선족	8 (4.6)	9 (5.1)	1 (0.6)	3 (1.7)	0 (0)
	카자흐 고려인	12 (7.5)	7 (4.3)	4 (2.5)	3 (1.9)	3 (1.9)
인터넷	재미한인	107 (44.2)	65 (26.9)	89 (36.8)	74 (30.6)	45 (18.6)
	재일한인	43 (32.8)	22 (16.8)	39 (29.8)	34 (26.0)	16 (12.2)
	중국 조선족	45 (25.7)	13 (7.4)	42 (24.4)	40 (22.9)	17 (9.7)
	카자흐 고려인	9 (5.6)	4 (2.5)	8 (5.0)	6 (3.7)	1 (0.6)
가정	재미한인	78 (32.2)	12 (5.0)	55 (22.7)	105 (43.4)	18 (7.4)
	재일한인	42 (32.1)	13 (9.9)	45 (34.4)	52 (39.7)	10 (7.6)
	중국 조선족	82 (46.9)	23 (13.1)	107 (61.1)	108 (61.7)	49 (28.0)
	카자흐 고려인	11 (6.8)	8 (5.0)	15 (9.3)	16 (9.9)	7 (4.3)
기타	재미한인	22 (9.1)	30 (12.4)	18 (7.4)	18 (7.4)	40 (16.5)
	재일한인	7 (5.3)	12 (9.2)	5 (3.8)	10 (7.6)	8 (6.1)
	중국 조선족	7 (4.0)	27 (15.4)	6 (3.4)	8 (4.6)	9 (5.1)
	카자흐 고려인	11 (6.8)	12 (7.5)	15 (9.3)	18 (11.2)	8 (5.0)

접촉하고 있는 것으로 나타났다. 중국에서 한류열풍의 한 축을 조선족들이 차지하고 있는 것으로 보인다.

한국 문화를 접촉하는 공간에 대한 카자흐스탄 고려인의 응답을 보면 대체적으로 축제마당에서 접촉이 이루어지고 있다. 음악(23.6%), 미술(9.3%), 영화(10.6%)의 경우가 바로 그것이다. 그런데 이들은 대체로 다른 지역에 거주하는 재외한인에 비하여 모든 접촉공간에 대하여 낮은 비율로 답하고 있는 특징을 보인다.

(6) 한국 문화의 접촉정도

한국 문화를 어느 정도 접촉하는가라는 질문에도 역시 장르별로 차이가 있었다. 재미한인들이 한국 미술과 공연의 경우 47.7%와 41.9%가 1년에 한 번도 경험하지 않은 것으로 나타났고, 음악과 드라마의 경우는 18.3%와 14.0%가 매일 접촉할 만큼 많이 접촉하고 있다. 드라마는 한류열풍에서 설명되듯이 재미한인들의 드라마 접촉정도 역시 상당히 높은 것으로 나타났다.

재일한인들 역시 미술과 공연의 경우 51.6%와 43.3%가 1년에 한 번도 경험하지 않은 것으로 나타난 반면에, 음악과 드라마의 경우는 9.2%와 8.5%가 매일 접촉하고 있다. 중국 조선족들은 미술과 공연의 경우 54.5%와 33.6%가 1년에 한 번도 경험하지 않은 것으로 나타나고, 드라마와 영화 그리고 음악의 경우는 53.4%, 30.2%, 28.8%가 매일 접촉할 정도로 많이 접촉하고 있다. 이는 재미한인과 재일한인에 비하여 한국 문화에 대한 접촉정도가 상당히 높은 수준임을 보여주는 것이다.

카자흐스탄 고려인은 접촉한 경험이 없는 경우가 영화(29.9%), 드라마(37.8%), 음악(39.8%), 미술(62.5%), 공연(70.2%) 순으로 나타났다. 따라서 한국의 영화(70.1%), 드라마(62.2%), 음악(60.2%), 미술(37.5%), 공연(29.1%)의 순으로 즐기고 있는 것으로 볼 수 있는데, 이는 다른 지역 재외한인에 비하여 아주 높은 수준으로 볼 수 있다.

따라서 1년에 1~11회 정도 접촉하고 있는 경우가 모든 영역에서 가장 높게 나타나지만, 영화와 드라마는 좀 더 자주 접촉하는 것으

표 7.7 한국 문화의 접촉정도

N(%)

구분		음악	미술	영화	드라마	공연
없다	재미한인	23 (10.5)	93 (47.7)	32 (14.5)	24 (10.5)	80 (41.9)
	재일한인	15 (13.8)	49 (51.6)	11 (9.6)	13 (11.1)	43 (43.3)
	중국 조선족	10 (6.4)	54 (54.5)	6 (3.8)	3 (1.8)	42 (33.6)
	카자흐 고려인	41 (39.8)	55 (62.5)	35 (29.9)	42 (37.8)	59 (70.2)
1년에 1~11회	재미한인	86 (39.3)	86 (44.1)	110 (50.0)	52 (22.8)	100 (52.4)
	재일한인	42 (38.5)	39 (41.1)	52 (45.2)	34 (29.1)	48 (49.5)
	중국 조선족	14 (9.0)	32 (32.3)	14 (8.8)	5 (3.1)	54 (43.2)
	카자흐 고려인	35 (34.0)	27 (30.7)	50 (42.7)	37 (33.3)	23 (27.4)
1달에 1~3회	재미한인	28 (12.8)	10 (5.1)	50 (22.7)	47 (20.6)	4 (2.1)
	재일한인	25 (22.9)	5 (5.3)	36 (31.3)	32 (27.4)	3 (3.1)
	중국 조선족	25 (16.0)	6 (6.1)	29 (18.2)	9 (5.5)	12 (9.6)
	카자흐 고려인	15 (14.6)	4 (4.5)	23 (19.7)	22 (19.8)	0 (0)
1주일에 1~6회	재미한인	42 (19.2)	5 (2.6)	25 (11.4)	73 (32.0)	5 (2.6)
	재일한인	17 (15.6)	0 (0)	11 (9.6)	28 (23.9)	1 (1.0)
	중국 조선족	62 (39.7)	1 (1.0)	62 (39.0)	59 (36.2)	7 (5.6)
	카자흐 고려인	9 (8.7)	1 (1.1)	8 (6.8)	8 (7.2)	1 (1.2)
매일	재미한인	40 (18.3)	1 (0.5)	3 (1.4)	32 (14.0)	2 (1.0)
	재일한인	10 (9.2)	2 (2.1)	5 (4.3)	10 (8.5)	2 (2.1)
	중국 조선족	45 (28.8)	6 (6.1)	48 (30.2)	87 (53.4)	10 (8.0)
	카자흐 고려인	3 (2.9)	1 (1.1)	1 (0.9)	2 (1.8)	1 (1.2)

로 답하였다. 드라마는 카자흐스탄 고려인을 제외하고 1주일에 1회 이상 접촉하는 경우가 30%가 넘을 정도로 높게 나타나고 있다. 특히 재미한인과 중국 조선족은 음악과 드라마를 매일 접촉하는 경우가 각기 18.3%, 14.0% 28.8%, 53.4%에 이를 정도로 아주 높은 결과를 보여주고 있다. 이렇듯 재외한인들이 지속적으로 음악과 드라마 같은 영역에서 한국 문화와의 접촉을 유지함으로써 한민족 공동체의 일원으로서 정서를 공유하고 있는 것으로 보인다.

3. 재미한인의 민족문화 향유정도

(1) 명 절

우리 민족은 절기에 따라 명절을 지내왔다. 명절은 농경사회에서 농사의 중요한 절기임과 동시에 공동체 구성원들 간에 공감대를 확인하는 정서적 의미를 갖기도 하였다. 그러한 풍습은 지금에 이르기까지 깨지지 않고 지켜지고 있는데, 일부 명절은 그 의미가 약화되기도 하였다. 특히 서양문화가 지배적인 미국이나 러시아 중앙아시아 지역의 재외한인들은 개신교 신자가 대부분이거나 타종교 내지 무종교라는 거주국의 조건 때문에 조상에 대한 부정적 인식이 강하고 차례상을 차리거나 제사를 지내는 경우가 적다.[6]

재미한인 응답자 가운데 우리 민족의 고유한 명절 중에서 가정에서 지내는 명절을 있는 대로 고르라는 질문에 설날(78.1%)과 추석

6 국립민속박물관(2003). 앞의 책. p. 250.

(50.8%)을 지적하였으나, 그 외의 명절은 재미한인들에게 큰 의미를 갖지 않은 것으로 나타났다. 더구나 15.7%의 응답자는 지키는 명절이 없다고 답하였다. 재미한인들에게 아직 설날과 추석은 민족명절로 지켜지고 있음을 보여주고, 모국에서와 마찬가지로 이를 통하여 가족 간에 유대뿐만 아니라 민족공감대를 형성하는 기반이 되리라 생각한다.[7]

재일한인 역시 명절 중에서 68.7%가 설날을, 그리고 55.0%가 추석을 지낸다고 답하였다. 그 외 한식(30.5%)을 제외한 명절은 재일한인들에게 큰 의미를 갖지 않은 것으로 나타났다. 더구나 재미한인과 비슷하게 17.6%의 응답자는 지키는 명절이 없다고 답하였다.

중국 조선족은 지내는 명절을 있는 대로 고르라는 질문에 추석(93.1%), 설날(91.4%), 대보름(83.4%), 단오(77.1%), 동지(72.6%) 순으로 응답하였다. 재외한인 중에서 중국 조선족이 지키는 명절이 많고, 그것도 가장 높은 비율로 지키고 있었다.[8] 비록 그들이 재미한인이나 재일한인에 비하여 한국어 구사능력이 좀 떨어지긴 하였지만, 민족자치주를 형성하여 고유한 한민족의 민속을 잘 유지하고 있는 것으로 평가할

7 한편 재미한인 사회의 전통적인 절기와 축제는 가족단위로 행해지는 것보다는 한인사회 전체의 공동행사로 조직화되는 경우가 많다. 이는 세시풍속과 축제가 소수민족의 정체성 유지에 중요한 수단이 되기 때문이다. 추석과 설날과 같은 우리 민족의 고유한 명절은 한인사회가 교회나 한인회, 체육회 등을 중심으로 공동체 행사를 만들어 한국축제나 민족축전과 같은 연례축제로 발전시키고 있다. 미국과 같은 다민족사회에서 한인사회가 민족 고유의 전통과 절기를 통해 유대와 결속을 확인하고 정치적 영향력을 표출하는 정체성 정치의 수단으로 세시풍속을 이용하고 있다. 국립민속박물관(2003). 위의 책. p. 264.

8 중국 조선족의 민족음악, 민족무용, 탈춤과 농악, 무속신앙, 축제와 놀이, 세시풍속에 관하여는 국립문화재연구소, 『재중동포의 무형문화재』(2003), 그리고 국립민속박물관이 편찬한 『중국길림성 한인동포의 생활문화』(1996), 『중국요녕성 한인동포의 생활문화』(1997), 『중국흑룡강성 한인동포의 생활문화』(1998) 참조. 특히 연변의 중국 조선족은 명절 가운데 8 · 15광복절을 노인절의 이름으로 경축하고 있다.

표 7.8 명절

중복응답, N(%)

명절/지역		빈 도	명절/지역		빈 도
없다	재미한인	38 (15.7)	대보름	재미한인	23 (9.5)
	재일한인	23 (17.6)		재일한인	11 (8.4)
	중국 조선족	2 (1.1)		중국 조선족	146 (83.4)
	카자흐 고려인	34 (21.1)		카자흐 고려인	14 (8.7)
설 날	재미한인	189 (78.1)	한 식	재미한인	12 (5.0)
	재일한인	90 (68.7)		재일한인	40 (30.5)
	중국 조선족	160 (91.4)		중국 조선족	23 (13.1)
	카자흐 고려인	88 (54.7)		카자흐 고려인	52 (32.3)
단 오	재미한인	3 (1.2)	동 지	재미한인	13 (5.4)
	재일한인	3 (2.3)		재일한인	20 (15.3)
	중국 조선족	135 (77.1)		중국 조선족	127 (72.6)
	카자흐 고려인	21 (13.0)		카자흐 고려인	3 (1.9)
추 석	재미한인	123 (50.8)	기 타	재미한인	6 (2.5)
	재일한인	72 (55.0)		재일한인	6 (0.8)
	중국 조선족	163 (93.1)		중국 조선족	7 (4.0)
	카자흐 고려인	45 (28.0)		카자흐 고려인	8 (5.0)

수 있다.

카자흐스탄 고려인들이 지키는 명절은 설날이 54.7%로 가장 높고, 한식(32.3%)과 추석(28.0%) 등이 뒤를 잇고 있으나 전반적으로 그 비율이 아주 낮게 나타났다.

요컨대 재외한인 공히 설날을 가장 많이 지키는 것으로 답하였고(평균 73.2%), 다음으로 추석(평균 56.7%)을 지키고 있었다. 다만 중국 조선족 경우만 아주 작은 차이로 추석이 1위이고 설날이 2위로 나타났다. 그리고 명절을 지키지 않는 비율이 카자흐스탄 고려인 21.1%, 재미한인 15.7%, 재일한인 17.6%로 나타나 중국 조선족을 제외하고 상당한 비율로 한국 고유의 명절을 지키지 않는다고 답하고 있다. 중국 조선족의 경우 명절을 지키지 않는 응답자의 비율이 1.1%에 지나지 않을 정도로 예시한 명절을 고루 잘 지키고 있음을 보여 준다. 끝으로 특이하게 한식의 경우에 재미한인과 중국 조선족이 5.0%와 13.1%의 낮은 응답비율을 나타낸 데 비하여 30.5%와 32.3%의 재일한인과 카자흐스탄 고려인이 지키고 있는 특징을 보여주고 있다.

(2) 민속

재미한인의 경우 개신교도가 66.2%, 천주교도가 9.3%로 75.5%의 응답자가 기독교도라는 배경 변수를 고려할 때, 제사와 성묘 등의 민속을 64.6%, 52.8%가 지키지 않는 응답은 충분히 예상 가능한 것이었다. 대신에 돌잔치, 결혼잔치, 회갑잔치 등은 80%가 넘는 비율이 지키고 있음을 보여 준다. 민속의 종류에 따라 큰 차이가 있지만, 제사와 성묘 외에는 경조사를 통해서 유대관계를 강화하고 있다고 볼 수 있다.

민속을 지키는가의 물음에 재일한인은 재미한인들과는 달리 각종 잔치를 대체로 잘 지키고 있는 것으로 나타났다. 집안을 지켜준다는 성주신 신앙의 경우는 46.7%가 지키지 않고 있으며, 40.0%는 그 의미를 모를 정도로 토속신앙은 잊혀져가고 있는 것으로 나타났다. 다만 돌잔치(78.8%), 결혼잔치(84.0%), 회갑잔치(75.2%) 등은 75%가 넘는 비율로 지키고 있음을 보여준다. 이러한 결과를 보면 여전히 우리 민족은 경조사를 통해서 유대관계를 유지하고 있다고 판단된다.

중국 조선족은 성묘(45.1%)와 성주신(18.8%)의 경우만 제외하고 각종 잔치는 90%가 넘게 지키고 있는 것으로 나타났다. 결혼잔치와 회갑잔치 99.4%, 돌잔치 96.5%, 제사 95.9%, 세배 91.0% 등으로 우리의

표 7.9 민속

N(%)

구 분		지킨다	안 지킨다	모른다
제 사	재미한인	65 (33.3)	126 (64.6)	4 (2.1)
	재일한인	72 (69.9)	26 (25.2)	5 (4.9)
	중국 조선족	163 (95.9)	2 (1.2)	5 (2.9)
	카자흐 고려인	9 (10.6)	46 (54.1)	30 (35.3)
돌잔치	재미한인	187 (89.5)	16 (7.7)	6 (2.9)
	재일한인	82 (78.8)	11 (10.6)	11 (10.6)
	중국 조선족	164 (96.5)	3 (1.8)	3 (1.8)
	카자흐 고려인	144 (96.0)	5 (3.3)	1 (0.7)
결혼잔치	재미한인	198 (90.8)	15 (6.9)	5 (2.3)
	재일한인	89 (84.0)	12 (11.3)	5 (4.7)
	중국 조선족	172 (99.4)	1 (0.6)	0 (0)
	카자흐 고려인	139 (97.2)	3 (2.1)	1 (0.7)
회갑잔치	재미한인	166 (82.6)	27 (13.4)	8 (4.0)
	재일한인	76 (75.2)	14 (13.9)	11 (10.9)
	중국 조선족	173 (99.4)	0 (0)	1 (0.6)
	카자흐 고려인	166 (98.0)	3 (2.0)	0 (0)
성 묘	재미한인	73 (41.5)	93 (52.8)	10 (5.7)
	재일한인	76 (72.4)	21 (20.0)	8 (7.6)
	중국 조선족	60 (45.1)	31 (23.3)	42 (31.6)
	카자흐 고려인	120 (90.2)	12 (9.0)	1 (0.8)
세 배	재미한인	158 (74.9)	46 (21.8)	7 (3.3)
	재일한인	78 (78.0)	14 (14.0)	8 (8.0)
	중국 조선족	142 (91.0)	12 (7.7)	2 (1.3)
	카자흐 고려인	66 (56.4)	42 (35.9)	9 (7.7)
성주신	재미한인	4 (2.8)	90 (62.9)	49 (34.3)
	재일한인	6 (13.3)	21 (46.7)	18 (40.0)
	중국 조선족	21 (18.8)	37 (33.0)	54 (48.2)
	카자흐 고려인	4 (4.4)	53 (58.2)	34 (37.4)

민속은 중국 조선족들이 가장 잘 지키고 있는 것으로 응답하였다.[9]

카자흐스탄에서는 고려인들이 회갑잔치(98.0%), 결혼잔치(97.2%),

표 7.10 부조금 지출 여부

N(%)

구 분		있다	없다	모른다
돌잔치	재미한인	206 (89.2)	20 (8.7)	5 (2.2)
	재일한인	67 (60.4)	38 (34.2)	6 (5.4)
	중국 조선족	147 (86.5)	20 (11.8)	3 (1.8)
	카자흐 고려인	120 (82.2)	23 (15.8)	3 (2.1)
결혼잔치	재미한인	221 (92.9)	15 (6.3)	2 (0.8)
	재일한인	106 (85.5)	15 (12.1)	3 (2.4)
	중국 조선족	151 (87.3)	20 (11.6)	2 (1.2)
	카자흐 고려인	126 (86.3)	16 (11.0)	4 (2.7)
회갑잔치	재미한인	178 (80.2)	41 (18.5)	3 (1.4)
	재일한인	67 (62.0)	38 (35.2)	3 (2.8)
	중국 조선족	149 (86.1)	21 (12.1)	3 (1.7)
	카자흐 고려인	119 (83.3)	21 (14.8)	2 (1.4)
장례식	재미한인	199 (85.8)	29 (12.5)	4 (1.7)
	재일한인	98 (83.1)	20 (16.9)	0 (0)
	중국 조선족	146 (84.9)	22 (12.8)	4 (2.3)
	카자흐 고려인	118 (84.9)	19 (13.7)	2 (1.4)

돌잔치(96.0%), 성묘(90.2%)와 같은 각종 잔치는 잘 지키고 있지만, 제사(89.4%)와 성주신(95.6%)은 지키지 않는 것으로 응답하였다. 더구나 제사와 성주신은 35%가 넘게 그 의미를 모르고 있었다.[10] 또 애경사의

9 안석봉 편(1994). 『조선민족의 미풍양속』. 연변인민출판사 참조. 여기서 조선족의 통과의례에 대하여 상세히 소개하고 있다. 다만 그들은 미풍양속의 전승을 통해서 조선족의 자기존재를 확인하기도 하지만, 변하는 시대에 맞추어 나름대로 생활의 편리를 추구하기도 한다. 천수산(1999). "우리의 풍속문화를 전승 발전할 데 대하여", 로주철 편, 『조선민족문화연구』. 료녕민족출판사, pp. 176-177.

10 최근 들어 카자흐스탄 고려인의 신앙과 의례가 많은 변화를 하고 있음을 알 수 있다. 한 조사결과에 따르면 민속신앙과의 단절과 기독교의 급부상을 큰 변화의 예로 들고 있다. 김달현 외(2000). 『중앙아시아고려인 사회문화생활과 민족정체성에 관한 연구: 카자흐스탄, 우즈베키스탄, 키르키즈스탄을 중심으로』, 재외동포재단 연구지원과제, p. 190.

경우 부조금을 지출하는가의 물음에 대하여 재미한인 약 80%, 재일한인 73% 정도가 부조금을 내고 있다고 답하여, 한인들 상호 간에 부조함으로써 유대를 강화할 뿐만 아니라 전통적인 상부상조의 공동체의식으로써 이민생활의 어려움을 극복하고 있었다. 개인주의가 팽배할 것으로 짐작되는 거주사회에서 재외한인들은 상부상조하는 우리 전통의 미덕을 지키고 있음을 확인할 수 있다. 특히 재일한인의 경우는 60%가 좀 넘는 돌잔치와 회갑잔치에 비하여 결혼잔치와 장례식의 경우 80%가 넘게 부조금을 지출하는 것으로 나타났다. 중국 조선족은 돌잔치, 결혼잔치, 회갑잔치, 장례식 등의 애경사에 부조금을 지출하는가의 물음에 평균 85%가 넘게 부조금을 내고 있는 것으로 답하고 있다. 카자흐스탄 고려인 역시 여타의 지역에 거주하는 재외한인과 마찬가지로 80%가 넘는 응답자가 부조금을 내고 있는 것으로 답하고 있다. 이처럼 우리 민족은 상호 간에 애경사를 같이하고, 상호 부조함으로써 유대를 강화하고 있을 뿐만 아니라 고단한 이민생활에서의 어려움을 이겨내고 있는 것으로 보인다.

(3) 민속놀이

우리 민족에게는 고래로부터 다양한 민속놀이가 전해져 온다. 이런 놀이는 대개 절기와 관련이 있으며, 명절에 주로 공동체 구성원들 간에 친목과 유대를 다지는 계기가 되었다. 이번 조사에서 재미한인들은 아직도 몇 가지의 민속놀이는 하고 있는 것으로 답하고 있다. 특히 윷놀이는 86.8%가 해본 적이 있으며, 화투놀이의 경우도 63.2%가 해 보았다고 답하고 있다.[11] 그 외의 민속놀이도 30%가 넘는 답을 하여 아직도 우리 민속놀이에 대한 관심과 공감대가 그런대로 유지되고 있다고 판단된다. 다만 이주시기에 따라서 어느 정도 차이가 날 것으로 판단된다. 일찍이 이주한 사람은 놀이 경험이 희미할 것이며, 최근에 이주한 사람은 보다 더 풍부한 놀이 경험을 갖고 있을 것이다.

재일한인의 경우 윷놀이는 55.7%가 해본 적이 있으며, 화투놀이의 경우도 45.8%가 해 보았다고 답하고 있다. 이주역사가 재미한인에 비하여 오래된 재일한인의 경우 재미한인보다 낮은 비율로 민속놀이를 해 보았다고 답하고 있다. 그러나 비교적 여러 가지의 민속놀이를 30%가 넘게 해 보았다고 답을 하여 아직도 상당히 민속놀이가 행해지고 있다. 팽이치기(38.9%), 널뛰기(38.9%), 연날리기(38.2%), 줄다리기(37.4%), 그네뛰기(34.4%), 공기놀이(33.6%), 제기차기(32.8%), 씨름(29.8%) 등 대표적인 한민족 민속놀이를 재일한인 세 명 중 한 명 꼴로 해 본 경험이 있다고 답하고 있다.

중국 조선족이 가장 즐기는 것은 화투놀이로 93.7%가 응답하였다.[12] 그 다음으로 윷놀이(88.0%), 제기차기(72.6%), 연날리기(53.1%), 줄다리기(49.1%), 그네뛰기(48.6%), 장기(46.3%), 공기놀이(45.1%), 씨름(38.9%),

---

11 화투놀이가 민속놀이인지에 대해서 설문지 작성 전에 고민한 바 있으나, 그것이 일본으로부터 전해진 것으로 우리의 고유한 민속놀이가 아니라고 하더라도 현실적으로 우리 민족 다수가 즐기는 놀이로 받아들여 설문조항에 넣게 되었다. 그리고 응답결과에서 보는 바와 같이 그것은 거주지역을 불문하고 즐기는 놀이가 되었음을 알 수 있다. 한편 재미한인들의 놀이문화는 세대별로 다르게 나타날 터인데, 재미한인 노인들은 사회복지 프로그램에 의존하며 살면서 여가시간에 노인회 등에 나가서 화투놀이를 하거나 TV를 시청하는 것으로 소일하는 경우가 많다고 한다. 한편 여기서 화투놀이의 응답자가 높은 것은 이제껏 한두 번의 경험까지도 포함한 것으로서 평소 지속적인 놀이로서, 재외한인 화투놀이를 즐기는 것으로 해석하기에는 무리라는 지적을 논문검토 과정에서 받았다.

12 김현동 · 주인영. 앞의 책. pp. 274-275 참조.

팽이치기(37.1%), 널뛰기(33.1%), 강강술래(10.9%) 순으로 나타났다. 앞서 민속명절을 잘 지키는 조선족들의 예에서 보듯이 절기에 따른 민속놀이 역시 다양하게 즐기는 것으로 나타났다. 중국 조선족의 경우 최근에 이주한 예는 거의 없을 것이므로 일찍이 이주한 선인들이 민족 고

표 7.11 민속놀이

중복응답, N(%)

민속놀이/지역		빈 도	민속놀이/지역		빈 도
윷놀이	재미한인	210 (86.8)	널뛰기	재미한인	87 (36.0)
	재일한인	73 (55.7)		재일한인	51 (38.9)
	중국 조선족	154 (88.0)		중국 조선족	58 (33.1)
	카자흐 고려인	26 (16.1)		카자흐 고려인	22 (13.7)
그네뛰기	재미한인	90 (37.2)	씨 름	재미한인	70 (28.9)
	재일한인	45 (34.4)		재일한인	39 (29.8)
	중국 조선족	85 (48.6)		중국 조선족	68 (38.9)
	카자흐 고려인	33 (20.5)		카자흐 고려인	14 (8.7)
팽이치기	재미한인	80 (33.1)	강강술래	재미한인	54 (22.3)
	재일한인	51 (38.9)		재일한인	34 (26.0)
	중국 조선족	65 (37.1)		중국 조선족	19 (10.9)
	카자흐 고려인	5 (3.1)		카자흐 고려인	8 (5.0)
연날리기	재미한인	110 (45.5)	줄다리기	재미한인	131 (54.1)
	재일한인	50 (38.2)		재일한인	49 (37.4)
	중국 조선족	93 (53.1)		중국 조선족	86 (49.1)
	카자흐 고려인	27 (16.8)		카자흐 고려인	52 (32.3)
제기차기	재미한인	112 (46.3)	공기놀이	재미한인	131 (54.1)
	재일한인	43 (32.8)		재일한인	44 (33.6)
	중국 조선족	127 (72.6)		중국 조선족	79 (45.1)
	카자흐 고려인	22 (13.7)		카자흐 고려인	29 (18.0)
장 기	재미한인	101 (41.7)	화투놀이	재미한인	153 (63.2)
	재일한인	35 (26.7)		재일한인	60 (45.8)
	중국 조선족	81 (46.3)		중국 조선족	164 (93.7)
	카자흐 고려인	7 (4.3)		카자흐 고려인	112 (69.6)

유의 풍습을 잊지 않고 후손들에게 전수를 잘한 것으로 볼 수 있겠다. 다른 한편 조선족들은 민족자치주를 구성하고 있기 때문에 민족명절에 고유한 민속놀이를 충분히 즐겨 왔을 것이다.

카자흐스탄 고려인들이 즐기는 민속놀이 가운데 1위가 화투놀이(69.6%)로 나타났다. 다음으로 줄다리기(32.3%), 그네뛰기(20.5%), 공기놀이(18.0%), 연날리기(16.8%), 윷놀이(16.1%), 널뛰기(13.7%), 제기차기(13.7%) 순으로 나타났다. 낮은 수준이지만 여기에서도 민속놀이를 알고 있는 것으로 보인다.

(4) 의식주

한복과 한국 음식, 온돌식 난방 등 가장 기본적인 의식주의 생활문화에 관하여 응답자들은 김치와 장류 같은 우리 고유의 음식을 매일 또는 하루에 한 번은 먹는 것으로 응답하여 한국인의 독특한 식성인 짜고 매운 음식을 즐겨 먹는 것으로 나타났다. 그런데 한복은 음식과 달리 국내의 우리들의 일상과 동일하게 상용하지 않은 것으로 나타났다.

먼저 재미한인은 한복의 경우 평생 한두 번 입어 보았거나(52.7%), 1년에 한두 번 입어 본 것으로 응답하였다(27.8%). 그리고 "한복을 입는 경우는 언제냐"는 질문에 명절(47.9%), 결혼식과 같은 집안행사(38.8%), 교회행사(21.9%) 등에서 주로 입는 것으로 나타났다.[13]

재일한인은 한복의 경우 전혀 입어 본 적이 없다(15.0%), 평생 한두 번 입어 보았거나(40.2%), 1년에 한두 번 입어 보거나(21.3%), 행사

13 한복은 일반적으로 바지와 저고리, 두루마기를 포함한다. 그런데 남자의 경우 조끼와 마고자는 외래문화가 수용되어 변한 것이다. 소황옥(2002). "전통한복의 예술성". 비교민속학회 편. 『민속과 예술』. 민속원, p. 141.

표 7.12 한복 착용정도

N(%)

구분		빈도
전혀 입어 본 적이 없다	재미한인	28 (11.6)
	재일한인	19 (15.0)
	중국 조선족	27 (15.7)
	카자흐 고려인	78 (53.4)
지금까지 한두 번 입어 본 적이 있다	재미한인	127 (52.7)
	재일한인	51 (40.2)
	중국 조선족	71 (41.3)
	카자흐 고려인	47 (32.2)
1년에 한두 번 입는다	재미한인	67 (27.8)
	재일한인	27 (21.3)
	중국 조선족	43 (25.0)
	카자흐 고려인	11 (7.5)
행사 때마다 자주 입는다	재미한인	18 (7.5)
	재일한인	29 (22.8)
	중국 조선족	31 (18.0)
	카자흐 고려인	9 (6.2)
항상 입는다	재미한인	1 (0.4)
	재일한인	1 (0.8)
	중국 조선족	0 (0)
	카자흐 고려인	1 (0.7)

때마다 자주 입는다(22.8%)고 응답하였다. 요컨대 한복은 일상복이 아니라, 특별한 행사에 입는 옷으로 볼 수 있다. 그리고 한복을 입는 경우는 언제냐는 질문에 명절(22.9%), 제사(5.3%), 한국의 날이나 축제(9.9%), 결혼식과 같은 집안행사(53.4%), 교회행사(14.5%) 등에서 입는 것으로 나타났다. 특히 결혼식과 같은 집안행사에 한복을 입는 것은 아직도 결혼의 의미가 민족의 예절로 받아들여지고 있음을 보여준다.

중국 조선족은 한복의 경우 평생 한두 번 입어 보았거나(41.3%),

1년에 한두 번(25.0%), 행사 때마다(18.0%) 입는 것으로 응답하였다. 그리고 한복을 입는 경우는 언제인가라는 질문에 결혼식과 같은 집안행사(62.3%), 명절(41.1%)에 주로 입는 것으로 나타났다. 다만 제사를 지내는 비율이 95.9%로 높게 나타난데 비하여 제사 때 한복을 입는 경우

표 7.13 한복을 입는 경우

N(%)

한복을 입는 경우/지역		빈도(비율)
명절	재미한인	116 (47.9)
	재일한인	30 (22.9)
	중국 조선족	72 (41.1)
	카자흐 고려인	32 (19.9)
제사	재미한인	6 (2.5)
	재일한인	7 (5.3)
	중국 조선족	1 (0.6)
	카자흐 고려인	0 (0)
한국의 날(축제)	재미한인	15 (6.2)
	재일한인	13 (9.9)
	중국 조선족	3 (1.7)
	카자흐 고려인	24 (14.9)
결혼식과 같은 집안 행사	재미한인	94 (38.8)
	재일한인	70 (53.3)
	중국 조선족	109 (62.3)
	카자흐 고려인	16 (9.9)
교회행사	재미한인	53 (21.9)
	재일한인	19 (14.5)
	중국 조선족	6 (3.4)
	카자흐 고려인	8 (5.0)
기 타	재미한인	9 (3.7)
	재일한인	18 (13.7)
	중국 조선족	12 (6.9)
	카자흐 고려인	6 (3.7)

는 거의 없는 것으로 대답하였다.

의식주에 관한 질문 중에서 카자흐스탄 고려인들은, 한복을 평생 한 번도 입어보지 못한 경우가 53.4%로 높게 나타났다. 평생 한두 번 입어 본 경우도 32.2%로 대개 한복을 입어 본 경험이 적은 것으로 응답하였다. 1년에 한 번 이상 입어 보았다고 응답한 경우가 14.4%에 달해 그들이 별로 한복을 입는 경험이 없는 것으로 나타났다. 그리고 한복을 입는 경우는 언제냐는 질문에 명절(19.9%)과 축제(14.9%)에 입고, 결혼식과 같은 집안행사(9.9%), 교회행사(5.0%) 등에서 입는 것으로 나타나났다. 따라서 우리와 마찬가지로 재외한인에게 한복은 일상복이 아니라 특별한 경우에 입는 옷으로 인식되고 있다.

다음으로 음식의 경우를 보면, 쌀밥은 매일 먹는 재미한인의 응답비율이 83.4%로 가장 높게 나타났고, 다음으로 김치(72.2%)가 그 뒤를 이었다. 그에 비하여 된장과 고추장 등 장류는 좀 덜 먹는 것으로 나타났는데, 매일 먹는 응답자의 비율이 26.9%와 30.1%의 비율을 보였다. 재일한인은 쌀밥을 매일 먹는 응답비율이 83.9%로 가장 높게 나타났고, 김치를 매일 먹는다는 응답자도 60.2%로 밥과 김치를 매일 먹는다는 응답자의 비율이 상당히 높게 나타났다. 그에 비하여 된장과 고추장 등 장류는 좀 덜 먹는 것으로 나타났는데, 그것을 매일 먹는 응답자의 비율이 37.3%와 27.9%의 비율을 보였다.

중국 조선족이 먹는 음식의 경우를 보면, 쌀밥은 매일 먹는 응답비율이 96.5%로 가장 높게 나타났고, 김치(69.0%)가 그 뒤를 이었다. 된장과 고추장 등 장류를 매일 먹는 응답자의 비율이 54.1%와 61.4%의 비율을 보였다. 카자흐스탄에서는 김치를 매일 먹는다는 응답비율이 54.3%로 가장 높고, 쌀밥을 매일 먹는 응답비율은 51.0%로 나타났

표 7.14 한국 음식 섭취정도

N(%)

구 분		전혀 먹지 않는다	1년에 1~11회	1달에 1~3회	1주일에 1~6회	매일 먹는다
쌀 밥	재미한인	3 (1.2)	2 (0.8)	4 (1.7)	31 (12.9	201 (83.4)
	재일한인	5 (4.2)	5 (4.2)	2 (1.7)	7 (5.9)	99 (83.9)
	중국 조선족	3 (1.7)	1 (0.6)	0 (0)	2 (1.2)	166 (96.5)
	카자흐 고려인	4 (2.6)	6 (3.9)	12 (7.7)	54 (34.8)	79 (51.0)
된 장 (국)	재미한인	3 (1.2)	12 (5.0)	41 (16.9)	121 (50.0)	65 (26.9)
	재일한인	3 (2.5)	7 (5.9)	25 (21.2)	39 (33.1)	44 (37.3)
	중국 조선족	4 (2.3)	3 (1.7)	11 (6.4)	61 (35.5)	93 (54.1)
	카자흐 고려인	6 (4.0)	5 (3.3)	39 (25.8)	72 (47.7)	29 (19.2)
고추장	재미한인	2 (0.8)	8 (3.3)	46 (19.2)	111 (46.4)	72 (30.1)
	재일한인	2 (1.6)	13 (10.7)	23 (18.9)	50 (41.0)	34 (27.9)
	중국 조선족	4 (2.3)	2 (1.2)	14 (8.2)	46 (26.9)	105 (61.4)
	카자흐 고려인	10 (7.7)	4 (3.1)	24 (18.5)	62 (47.7)	30 (23.1)
김 치	재미한인	2 (0.8)	2 (0.8)	6 (2.5)	57 (23.7)	174 (72.2)
	재일한인	1 (0.8)	4 (3.1)	13 (10.2)	33 (25.8)	77 (60.2)
	중국 조선족	4 (2.3)	2 (1.1)	6 (3.4)	42 (24.1)	120 (69.0)
	카자흐 고려인	2 (1.3)	5 (3.3)	16 (10.6)	46 (30.5)	82 (54.3)
떡	재미한인	10 (4.3)	88 (37.9)	89 (38.4)	24 (10.3)	21 (9.1)
	재일한인	11 (9.2)	74 (62.2)	24 (20.2)	4 (3.4)	6 (5.0)
	중국 조선족	4 (2.4)	20 (11.8)	82 (48.2)	38 (22.4)	26 (15.3)
	카자흐 고려인	6 (4.5)	60 (44.8)	52 (38.8)	14 (10.4)	2 (1.5)

다. 그런데 된장과 고추장 등 장류는 훨씬 덜 먹는 것으로 나타났는데, 매일 먹는 응답자의 비율이 19.2%와 23.1%의 비율을 보였다.

주거문화의 경우를 보면 재미한인은 대부분 온돌식 난방을 하지 않은 것으로 나타났다. 그리고 주택의 경우 온돌식 난방은 극히 일부인 2.9%만이 온돌식 난방을 사용하고 있는 것으로 응답하였고, 95.8%가 설치하지 않았다고 답하여 미국에서의 한인들의 주생활은 서구형 난방방식을 선호하고 있는 모습을 보여주고 있다.[14]

표 7.15 온돌식 난방

N(%)

구분		빈도
온돌식	재미한인	7 (2.9)
	재일한인	6 (4.8)
	중국 조선족	110 (64.7)
	카자흐 고려인	12 (8.2)
아니다	재미한인	230 (95.8)
	재일한인	117 (92.9)
	중국 조선족	60 (35.3)
	카자흐 고려인	130 (88.4)
모른다	재미한인	0 (0)
	재일한인	0 (0)
	중국 조선족	0 (0)
	카자흐 고려인	5 (3.4)

재일한인은 경우 온돌식 난방을 92.9%가 설치하지 않았다고 답하여, 일본에서의 한인들의 주생활은 한국의 개량형 온돌식 난방방식과 다른 모습을 보여주고 있다. 중국 조선족들은 주거문화 가운데 온돌식 난방에 관한 질문에 64.7%가 그렇다고 답하여, 여타의 재외한인에 비하여 다수가 온돌식 난방을 하고 있는 것으로 나타났다.[15] 카자흐스탄에서는 온돌식 난방을 88.4%가 설치하지 않았다고 답하고 있다.[16]

---

14 전통적인 땔감온돌이 보일러 난방방식으로 바뀌고 있는 현실은 윗목과 아랫목으로 나뉘어 앉았던 이전의 가족서열을 무의미하게 만들었다. 이는 좌식문화와는 다른 서구의 사회구조와 연관된 것으로 이해할 수 있다. 배영동(2003). “서양식 집이 바꾸어 놓은 우리 집의 전통”. 실천민속학회 편. 『민속문화가 외래문화를 만나다』. 집문당, p. 98.

15 여기서 중국 조선족의 경우는 점차 사라지고 있는 옛 온돌식 주거형태와 현대식 온수 난방시설을 포함한다.

16 1995년의 한 조사결과에 의하면 한국적 주거문화의 요소로서 온돌방이 상당수 남아 있다고 보고하고 있다. 정근식(1996). “중앙아시아 한인의 일상생활과 문화”. 한국사회사

(5) 민족음악

민요, 판소리, 농악, 탈춤 등 민족음악에 대한 재외한인의 향유정도를 알아보면 〈표 7.15〉와 같다.[17] 재미한인은 직접 경험한 경우 더 낮은 비율로 답하고 있지만, 모두 85%가 넘는 비율로 그런 음악을 듣거나 본 적이 있다고 답하고 있다. 재일한인이 민족음악을 직접 경험한 경우는 평균 28.5%로 낮게 나타나고 있지만, 듣거나 본 적이 있다고 답하고 있는 비율이 평균 83.2%로 높게 나타났다. 구체적으로 듣거나 본 적이 있는가라는 질문에 민요 88.7%, 농악(풍물) 86.8%, 판소리 82.1%, 탈춤 75.2% 순으로 답하였다. 그런데 본인이 직접 해본 적이 있다고 답한 경우를 보면 민요 53.2%, 농악(풍물) 34.2%, 탈춤 13.7%, 판소리 12.7% 순으로 답하였다. 따라서 민족음악을 경험하였다고 할지라도 듣거나 본 적이 있는 경우와 직접 해본 경우는 큰 차이를 보이고 있다.

중국 조선족의 민요, 판소리, 농악, 탈춤 등 민족음악 향유정도를 보면 직접 민요를 불러본 적이 있는 경우가 84.7%로 상당히 높게 나타나 중국의 조선족들이 상시로 민요를 즐겨 부르는 것으로 해석된다. 그리고 판소리, 농악, 탈춤의 경우도 각기 25.5%, 20.3%, 17.5%가 해 본 경험이 있는 것으로 응답하였다. 더욱이 듣거나 본 적이 있다는 응답은 민요, 판소리, 탈춤, 농악의 순으로 98.8%, 84.3%, 79.3%, 74.4%로 나타났다. 이를 통해 다른 지역의 한인들보다 중국 조선족이 가장 우리 민족의 음악을 잘 간직하고 있는 것으로 해석할 수 있다.

학회. 『중앙아시아 한인의 의식과 생활』. 문학과지성사, p 103.

17 민족음악은 민요, 판소리, 사물놀이, 시나위, 산조, 가야금병창, 굿음악 등의 장르가 발달해 왔지만, 여기서는 예의 네 가지만 물었다.

표 7.16 민족음악 향유정도

N(%)

구 분		간접경험	직접경험
민 요	재미한인	226 (95.4)	102 (43.4)
	재일한인	110 (88.7)	66 (53.2)
	중국 조선족	169 (98.8)	142 (84.5)
	카자흐 고려인	134 (91.8)	53 (38.7)
판소리	재미한인	217 (91.6)	20 (8.8)
	재일한인	101 (82.1)	15 (12.7)
	중국 조선족	140 (84.3)	39 (25.5)
	카자흐 고려인	43 (43.9)	2 (1.7)
농 악 (풍물)	재미한인	220 (91.7)	42 (18.6)
	재일한인	105 (86.8)	41 (34.2)
	중국 조선족	122 (74.4)	31 (20.3)
	카자흐 고려인	58 (57.4)	14 (11.7)
탈 춤	재미한인	207 (88.8)	30 (13.2)
	재일한인	88 (75.2)	16 (13.7)
	중국 조선족	130 (79.3)	27 (17.5)
	카자흐 고려인	53 (52.0)	1 (0.8)

카자흐스탄 고려인들의 민요, 판소리, 농악, 탈춤 등 민족음악의 향유정도를 알아보면 민요(91.8%)의 경우만 높게 들어 본 적이 있다고 답하고 있고, 판소리(43.9%), 농악(57.4%), 탈춤(52.0%)의 경우에는 절반 정도만 보고 들은 적이 있다고 응답하고 있다. 직접 해본 적이 있는가라는 질문에 민요만 38.7%가 직접 불러 보았다고 답하고 여타의 것에는 거의 직접 해본 적이 없는 것으로 답하고 있다.

(6) 속신과 속담 인지도

한국인이면 어렸을 때부터 자주 듣던 속신과 속담의 경우 재미한인은 평균 80.7%가 들어 본 적이 있다고 응답하고 있다. "돼지꿈을 꾸면 부자가 된다"는 속신에 대해서만 19.3%로 낮게 나타났을 뿐, 대체적으로 상당히 높은 비율로 인지하고 있었다. 구체적인 질문내용과 응답비율을 보면 〈표 7.17〉과 같다.

재미한인에 비하여 재일한인은 평균 52.3%로 낮게 나타났으며, 중국 조선족은 대부분의 물음에 90%가 넘는 비율로 들어 본 적이 있다고 응답하고 있다. 다만 "첫눈 올 때까지 손톱의 봉숭아물이 빠지지 않으면 좋다"(20.0%), "장가갈 때 신랑이 웃으면 첫 딸을 낳는다"(26.9%), "먼 데 있는 사촌보다 가까운 이웃이 낫다"(8.1%)는 낮은 수준을 보이고 있다.[18]

카자흐스탄 고려인은 여타의 지역에 거주하는 재외한인들과 달리 낮은 비율로 답하고 있는데, 앞의 두 가지를 제외하면 거의 모른다고 보아야 할 것이다. "천리 길도 한 걸음부터"(59.0%), "까마귀가 울면 불길한 일이 생긴다"(47.2%), "까치가 울면 반가운 손님이 온다"(25.5%), "돼지꿈을 꾸면 부자가 된다"(19.3%), "낮말은 새가 듣고 밤말은 쥐가 듣

18 중국 길림성 연변조선족자치주 용정시 지신향 장재촌의 세시풍속 중 정월대보름의 금기·속신을 보면 다음과 같다. ① 한 보름날 자면 눈썹이 센다고 하여 자지 않는다. ② 잘 사는 집 물을 도둑질 해다가 밥을 해먹으면 잘 산다고 한다. ③ 자기 집의 빗자루나 도구 일체를 잃으면 재산을 빼앗긴다고 한다. ④ 남의 집의 소가 내 집으로 들어오면 "남의 복이 우리 집으로 들어온다"고 큰 소리로 말하며, 우리 집이 잘 살겠다고 한다. 그러나 돼지가 들어오면 검기 때문에 안 좋다 하여 내쫓는다. 소는 황색이라 좋다고 한다. ⑤ 보름날 키 작은 사람이 들어오면 그해 삼이 작다고 꺼려하고, 키 큰 사람이 들어오면 삼이 크게 된다고 하여 좋아한다. ⑥ 대보름날 소를 방앗간에 매어 두면 돈(재산)이 생긴다. 그래서 이날 밤에는 자지 않고 마당을 쓸고, 좋은 물을 떠다 먹고, 소도 방앗간에 매고 한다. ⑦ 잘 사는 집 부지깽이를 때어 밥을 해먹으면 잘 산다. ⑧ 대보름 전날 수숫대에 밥시쌀나무(수수)를 걸었다가 2월 초하룻날 버린다. ⑨ 대보름날 달이 떴을 때 달무리가 얇은 쪽은 안 좋고, 두꺼운 쪽이 세월이 잘된다. ⑩ 보름날 지붕에 체에 곡식을 쳐서 올려놓았다가 이튿날 아침에 체를 내려 다시 체질을 하여 좁쌀이 떨어지면 세월이 안 되고, 입쌀이 떨어지면 세월이 잘된다. 국립민속박물관(1996). 『중국길림성 한인동포의 생활문화』. p. 313.

표 7.17 속신/속담

N(%)

속신/속담	지 역	빈 도
까치가 울면 반가운 손님이 온다	재미한인	228 (94.2)
	재일한인	71 (54.2)
	중국 조선족	169 (96.6)
	카자흐 고려인	41 (25.5)
까마귀가 울면 불길한 일이 생긴다	재미한인	219 (90.5)
	재일한인	81 (61.8)
	중국 조선족	161 (92.0)
	카자흐 고려인	76 (47.2)
돼지꿈을 꾸면 부자가 된다	재미한인	31 (19.3)
	재일한인	68 (51.9)
	중국 조선족	138 (78.9)
	카자흐 고려인	31 (19.3)
첫눈 올 때까지 손톱의 봉숭아물이 빠지지 않으면 좋다	재미한인	141 (58.3)
	재일한인	42 (32.1)
	중국 조선족	35 (20.0)
	카자흐 고려인	7 (4.3)
장가갈 때 신랑이 웃으면 첫 딸을 낳는다	재미한인	168 (69.4)
	재일한인	50 (38.2)
	중국 조선족	47 (26.9)
	카자흐 고려인	24 (14.9)
열 길 물속은 알아도 한 길 사람 속은 모른다	재미한인	231 (95.5)
	재일한인	65 (49.6)
	중국 조선족	152 (96.9)
	카자흐 고려인	17 (10.6)
낮말은 새가 듣고 밤 말은 쥐가 듣는다	재미한인	233 (96.3)
	재일한인	75 (57.3)
	중국 조선족	166 (94.9)
	카자흐 고려인	31 (19.3)
천리 길도 한 걸음부터	재미한인	233 (96.3)
	재일한인	83 (63.4)
	중국 조선족	170 (97.1)
	카자흐 고려인	95 (59.0)
먼 데 있는 사촌보다 가까운 이웃이 낫다	재미한인	222 (91.7)
	재일한인	86 (65.6)
	중국 조선족	142 (8.1)
	카자흐 고려인	14 (8.7)
말 한마디로 천 냥 빚을 갚는다	재미한인	231 (95.5)
	재일한인	64 (48.9)
	중국 조선족	161 (92.0)
	카자흐 고려인	29 (18.0)

는다"(19.3%), "말 한마디로 천 냥 빚을 갚는다"(18.0%), "장가갈 때 신랑이 웃으면 첫 딸을 낳는다"(14.9%), "열 길 물속은 알아도 한 길 사람 속은 모른다"(10.6%), "먼 데 있는 사촌보다 가까운 이웃이 낫다"(8.7%), "첫눈 올 때까지 손톱의 봉숭아물이 빠지지 않으면 좋다"(4.3%) 순이었다.

(7) 한국 민족문화의 상징[19]

한국 민족문화의 상징이 무엇인가라는 질문에 재미한인의 응답자 39.7%가 한글을, 16.8%가 김치를, 그리고 8.6%가 아리랑을, 8.2%가 한복을, 6.9%가 태극문양을 들었다. 재미한인에게 한글은 우리의 민족성을 상징하는, 그리고 한민족의 정체성을 유지하는 근간으로 인식되고 있음을 알 수 있다.

재일동포는 한국의 민족문화의 상징으로 한글(39.7%)을 제일로 들었다. 다음으로 김치가 15.9%, 한복이 11.1%, 제사/조상숭배가 8.7%, 아리랑이 7.1%, 태극문양이 5.6%를 차지하였다. 특히 제사/조상숭배의 응답비율이 높은 것은 재일한인들이 유교적 문화의 연장선상에서 제사를 상당히 중요시하는 것으로 보인다.

중국 조선족은 이번 조사에서 한국 민족문화의 상징으로 한복을 제일로 꼽았다. 28.5%가 한복을, 그 뒤를 이어서 24.4%가 한글을, 22.7%가 아리랑을 한국 문화의 상징으로 선택하였다. 이는 민족해방운동의 요람인 이 지역의 역사적 특징을 그대로 드러낸 것으로 생각된다. 물론

---

19 이번 기초조사에서 설정한 14개의 상징은 주로 민족, 사회와 생활, 언어와 예술의 상징이었다. 그런데 이번조사가 끝난 후인 2006년 7월 문화관광부는 위의 내용에 강역 및 자연상징, 역사상징 등을 더하여 100대 민족문화의 상징을 발표하였다. 『한겨레』. 2006. 7. 26.

표 7.18 한국 민족문화의 상징

중복응답, N(%)

구분		빈도	구분		빈도
아리랑	재미한인	20 (8.6)	한 글	재미한인	92 (39.7)
	재일한인	9 (7.1)		재일한인	50 (39.7)
	중국 조선족	39 (22.7)		중국 조선족	42 (24.4)
	카자흐 고려인	22 (17.5)		카자흐 고려인	21 (16.7)
인 삼	재미한인	5 (2.2)	농악(풍물)	재미한인	4 (1.7)
	재일한인	1 (0.8)		재일한인	1 (0.8)
	중국 조선족	0 (0)		중국 조선족	0 (0)
	카자흐 고려인	0 (0)		카자흐 고려인	1 (0.8)
청자/백자	재미한인	3 (1.3)	민요/판소리	재미한인	4 (1.7)
	재일한인	1 (0.8)		재일한인	3 (2.4)
	중국 조선족	0 (0)		중국 조선족	1 (0.8)
	카자흐 고려인	0 (0)		카자흐 고려인	6 (4.8)
기와/초가집	재미한인	0 (0)	태극문양	재미한인	16 (6.9)
	재일한인	1 (0.8)		재일한인	7 (5.6)
	중국 조선족	1 (0.6)		중국 조선족	11 (6.4)
	카자흐 고려인	0 (0)		카자흐 고려인	10 (7.9)
한 복	재미한인	19 (8.2)	김 치	재미한인	39 (16.8)
	재일한인	14 (11.1)		재일한인	20 (15.9)
	중국 조선족	49 (28.5)		중국 조선족	21 (12.2)
	카자흐 고려인	27 (21.4)		카자흐 고려인	13 (10.3)
된장/고추장	재미한인	6 (2.6)	무궁화	재미한인	4 (1.7)
	재일한인	1 (0.8)		재일한인	2 (1.6)
	중국 조선족	2 (1.2)		중국 조선족	4 (2.3)
	카자흐 고려인	3 (2.4)		카자흐 고려인	2 (1.6)
제사/조상숭배	재미한인	6 (2.6)	추석/설날	재미한인	11 (4.7)
	재일한인	11 (8.7)		재일한인	4 (3.2)
	중국 조선족	0 (0)		중국 조선족	2 (1.2)
	카자흐 고려인	11 (8.7)		카자흐 고려인	10 (7.9)
기 타	재미한인	3 (1.3)			
	재일한인	0 (0)			
	중국 조선족	0 (0)			
	카자흐 고려인	0 (0)			

정서적으로 중국 조선족이 여타 지역에 비하여 한국의 민족적 문화적 특징을 많이 유지하고 있는 지역이지만, 특히 항일투쟁의 근거지였던 점을 감안한다면 이러한 상징을 선택하는 것이 충분히 이해된다.

카자흐스탄 고려인은 한국의 민족문화를 상징하는 것으로 한복이 21.4%로 가장 높게 나타났고, 아리랑(17.5%), 한글(16.7%), 김치(10.3%)의 순으로 한국 문화를 상징한다고 답하고 있다. 그 외 제사와 조상숭배(8.7%), 추석과 설날과 같은 민속명절(7.9%), 태극문양(7.9%) 순으로 나타났다.

4. 결론 : 민족문화를 유지하고 있는 재외한인사회

지식정보의 시대, 지구화와 네트워크의 시대에 재외한인의 문화생활에 관한 설문조사를 통해서 현지에 거주하는 재외한인들이 어떠한 문화생활을 영위하고 있는지, 그리고 민족문화를 어느 정도 유지하고 있는지 살펴볼 수 있었다.

재미한인의 경우 이주자로서 현지에 적응하기 위한 애로사항이 많았을 것임에도 불구하고, 예술에 대한 그들의 집념과 노력이 교포사회 뿐만 아니라 현지의 거주민들로부터 찬사와 호평을 받고, 세계적인 예술가로 성장해 온 사실은 한민족의 문화적 저력과 예술가로서의 자질을 드러내 보여준다. 더불어 그들은 한국어 구사능력이 뛰어나며, 한민족의 정체성 내지 민족성을 아직 유지하고 있는 것으로 설문조사 결과가 보여준다.

또한 그들은 다양한 문화공간에서 다양한 문화매체를 통하여 한국 문화를 일상적으로 접촉하고 있다. 특히 음악과 드라마의 경우는 현지 한국어 방송과 VIDEO/DVD 등을 통해서 빈번하게 접촉을 유지하고 있다. 민족문화 내지 민속의 경우에도 그들이 기독교 문화에 상당 부분 동화되었음도 불구하고 민속명절 및 민속놀이, 한국 음식 등에서 여전히 모국의 맛과 멋을 잃지 않고 향유하고 있음을 확인할 수 있었다. 특히 애경사가 있을 경우 그들 상호 간에 상부상조하고 있음을 확인할 수 있었으며, 밥과 김치 등의 한국 음식은 70%가 넘는 응답자가 매일 먹을 만큼 일상적인 음식문화로 자리 잡고 있었다.

일본의 경우는 식민지배의 역사적 경험과 일본주류사회의 교포들에 대한 차별적인 관행에서 비롯한 재일교포 사회의 폐쇄성 때문이기도 하겠지만 재미한인에 비하여 한국어 구사능력도 떨어지고, 민족문화를 향유하는 정도 또한 낮게 나타났다. 재일한인은 한국의 음악과 영화 그리고 드라마 등을 특히 TV와 인터넷 등을 통해서 접촉하고 있음을 보여 주었다. 아마 그런 경향은 동아시아에서의 한류영향과 무관하다고 할 수 없다. 따라서 다른 기회에 동아시아 특히 중국과 일본에서의 한류와 재외한인 사회의 연관에 관한 후속연구가 수행될 필요가 있다. 재일한인은 아직 우리의 민족문화를 어느 정도 유지하고 있는 것으로 나타나고, 쌀밥과 김치 같은 한국 음식을 여전히 즐기는 것으로 나타났다. 전반적으로 민속은 일본 사회와 함께 동화되어 가는 경향을 보이고 있는 것에 반하여, 최근에는 다양한 민족축제를 개최하여 그간에 받아 온 민족차별을 극복하고 재일한인으로서 적극적으로 현실에 대처하려는 경향을 보이고 있다.[20]

20 민족축제의 일환으로 원코리아페스티발, 통일마당, 이쿠노민족문화제 등을 들 수 있다.

중국 조선족은 해외의 교포들 중에서 가장 충실하게 한국적인 민속을 유지하고 있으며, 일상생활 속에서 한민족의 문화를 향유하는 것으로 나타났다. 이는 다수의 이질적인 민족집단을 포용하여 국가통합을 이룩하려는 중국의 소수민족정책에 기인한 바도 있겠지만, 조선족들이 집거지를 형성하여 공동체 생활을 통해 우리 민족문화를 보존시켜온 노력의 결과일 것이다. 조선족들은 재미한인 만큼 한국어 구사능력이 뛰어나지는 않지만, 드라마 영화 음악의 경우 TV와 VIDEO/DVD 등을 통해서 가정에서 상당히 높은 수준에서 접촉하고 있음을 보여준다. 그리고 박물관이나 미술관 등의 이용률은 다른 지역에 비하여 뒤지는 경향을 보이고 있는데, 이는 중국 조선족 집거지의 문화적 인프라의 미비와 함께 문화의 향유방식에 대한 차이에 기인하는 것으로 보인다. 하지만 민족고유의 명절과 민속은 해외 여타의 지역 교포들에 비해 잘 보존되어 있음을 보여준다. 중국 동북 지역에서의 조선족은 제사와 돌잔치, 결혼잔치, 회갑잔치와 같은 관혼상제를 통하여 상부상조하고 있으며, 민속놀이와 전통음식의 향유정도에 있어서도 다른 지역에 비하여 상당히 높은 수준의 응답비율을 보여주고 있다.

중앙아시아의 카자흐스탄 고려인은 다른 지역 한인들에 비하여 한국어 구사능력이 상당히 떨어진다. 이는 모국과 상당기간 멀리 격리되어 교류가 없었기 때문일 것이다. 한국 문화를 접촉하는 공간으로서 도서관의 이용비율이 낮고, 공연장이 높은 것은 중국과 비슷한 응답비율을 보인다. 접촉매체에 있어서도 TV가 높게 나타나는 특징을 보인다. 그럼에도 불구하고 카자흐스탄 고려인들은 상당한 수준에서 우리 민족의 고유한 민속을 유지하고 있는 것으로 나타났다. 제사는

국립민속박물관(2002). 『일본관서지역 한인동포의 생활문화』. pp. 292-296.

지내지 않지만 여타의 민속명절과 민속과 민속놀이 등을 지킴으로써 그들이 민족적 정체성을 유지하고 있는 것으로 볼 수 있다. 이러한 경향은 가정의 애경사에도 상부상조하는 응답비율이 높다는 점에서도 확인된다. 그러나 한국 음식을 즐기는 정도가 여타의 재외한인들에 비하여 낮게 나타난다.

이상에서 미국, 일본, 중국, 중앙아시아 거주 재외한인들의 문화생활과 민족문화의 향유정도를 요약해 보았다. 조사의 결과는 지역별로 차이는 있지만 현지문화에 완전히 동화되거나 민족고유의 문화가 상실되기보다는 오히려 상당한 수준에서 유지되고 있는 것으로 평가된다. 재외한인들의 한국어의 구사능력을 비롯해 명절과 민속과 민속놀이 등 민족문화 전반에 대하여 상당한 정도로 유지되고 있으며, 이는 어느 정도 민족정체성이 유지되고 있다는 것을 반증한다. 또한 이는 한인 2, 3세대들을 민족의 울타리 속으로 포용할 수 있는 중요한 준거가 될 것인 바, 향후 광범위한 영역에 걸쳐 세계적인 한민족문화 네트워크 공동체의 구축을 기대케 한다.

이렇듯 재외한인들이 현지인들과의 생존경쟁 과정 속에서도 나름대로 민족문화를 유지 계승해 온 현실을 통해 우리는 민족정체성을 확인할 수 있다. 따라서 재외한인 사회에 대한 문화예술 측면에서의 사실적이고 종합적인 연구는 무한경쟁의 지구화 시대에 우리 민족의 활로를 개척하는 데 큰 시사점을 준다.

제8장

재외한인사회와 민족문화 네트워크

대한정치학회(2006). 『대한정치학회보』 제14집 제2호 게재논문.

1. 서론 : 지구화 시대 재외한인

지구화와 정보사회로 특징 지워지는 현대사회는 경제행위자들 사이의 지구적인 네트워크화, 그리고 지식과 정보가 사회의 지배적인 자원이 되었다. 그렇다면 그것의 대안은 경쟁력 강화와 네트워크의 구축으로 귀결된다. 먼저 지구화는 지방 상호 간의 관계가 지구 전체를 통해 네트워크화하는 확대과정이며, 멀리 떨어져 있는 지방에서 일어난 일이 우리에게 영향을 주고 또 우리가 멀리 떨어져 있는 지방에 영향을 주는 것처럼 세계적 사회관계를 심화시키는 현상을 말한다.[1] 그러한 지구화는 분단된 상황에 처해 있는 우리 민족에게 결코 바람직하기만 하지 않다. 그것은 통일된 민족국가를 형성해야 하는 근대적 과제의 선결과 함께, 초국적 자본이 추동하는 지구화의 흐름에 뒤지지 않기 위한 경쟁력의 향상이라는 이중부담을 안겨 주기 때문이다. 다행히 남북한은 2000년 6 · 15 남북공동선언을 통해 화해와 협력의 기초 위에서 자주적인 통일을 약속함으로써 한반도를 둘러싼 긴장을 해소하려는 노력을 경주하고 있다. 따라서 그간의 소모적인 남북한 간 체제경쟁을 지양하고 지구화의 추세에 적극 호응하여 국제경쟁에서 일류를 지향할 수 있는 조건을 갖추게 되었다.

다음으로 정보사회는 정보가 사회의 지배적인 자원이 되면서, 정보통신기술의 급속한 진보에 따라 사회 전반에 걸쳐 커다란 영향을 미치고 있는 많은 양의 정보가 대량으로 유통되는 사회이다.[2] 디지털

---

1 A. Giddens(1990). *The Consequences of Modernity*. Stanford Univ. Press, p. 64.

2 강남훈(2002). 『정보혁명의 정치경제학』. 문화과학사. pp. 32-33. 정보를 아날로그의 원자인 아톰(atom) 대신에 디지털의 원자인 비트(bit : binary digit)의 묶음으로 표현하

혁명에 의한 정보사회는 당대의 지배적인 문화의 전환을 요구하고 있다. 정보사회는 한편으로 권력에 대한 효율적인 감시, 권위주의의 붕괴, 새로운 공동체와 사회운동의 가능성, 지식생산과 유통의 변화, 지식기반 경제의 활성화를 통한 경제구조의 개혁과 같은 열린 측면에서의 긍정적인 효과를 가져온다. 다른 한편으로 정보격차의 확대, 전자감시의 악용, 개인 프라이버시의 침해, 인터넷 중독, 익명성 뒤에 숨은 폭력성과 같은 닫힌 측면의 부정적인 결과를 초래하기도 한다. 여기서 우리는 디지털혁명이 초래하는 부정적인 측면은 차치하고, 정보통신기술의 발달에 따른 네트워크의 형태의 등장과 그것의 활성화와 같은 새로운 문화 전환에 대한 이해를 통하여 지구화 시대 우리 민족의 활로를 모색하고자 한다.

특히 700만 명에 이르는 재외한인[3]을 가진 우리는 지구화와 정보화의 흐름에 앞서 나아가기 위해서 모두에 언급한 경쟁력을 높이고

는 디지털혁명은 ① 정보를 저장하는 크기가 현저히 줄어들고, ② 디지털화된 자료는 자연에 존재하는 모든 물질에 저장될 수 있고, 모든 물질을 통하여 전달될 수 있으며, ③ 디지털 형태의 자료는 혼합 압축 암호화될 수 있으며, ④ 디지털 자료는 컴퓨터에 의해 처리될 수 있는 장점을 갖는다. 디지털혁명이 정보사회를 가져 온 것이다.

3 전지구적 한인을 가리키는 개념으로서 동포, 민족, 교포, 한민족, 한국인 등의 다양한 말을 사용해 오다가 최근에는 Overseas Korean, Korean Abroad로 번역될 수 있는 해외한인, 재외한인 등을 사용하고 있다. 그런데 해외에 거주하는 다수의 한인들은 거주국의 국적을 갖고 있다. 따라서 그들을 한국인(Korean)이라고 부를 수 없다. 지금까지 미국, 일본, 중국, 러시아(우즈베키스탄, 카자흐스탄) 등에 거주하고 있는 한인들을 미주한인, 재일동포, 조선족, 고려인이라고 불러 왔는데, 그들이 Koreans living in America, Koreans living in Japan, Koreans in China, Koreans living in Russia (Uzbekistan, Kazahstan)이라면 모두 고려인(Korean)으로 부를 수 있다고 주장하기도 한다. 이전(2001). 『미국에 살고 있는 한인』. 한울, p. 21. 재외한인사회를 연구하는 연구자들 간에 사용하는 이들 용어의 통일이 바람직스러운지 의문이지만, 이글에서는 기존에 사용한 재미동포, 재일동포, 조선족, 고려인의 이름을 사용하기도 하겠지만, 이들을 통칭하여 재외한인이라고 부르고, 거주국에 따라서 재미한인, 재일한인, 재중한인, 재러한인으로 부르기도 하겠다.

민족 네트워크를 활성화하는 방안을 모색하여야 한다.[4] 7,000만 명의 한반도 토착인구에 비하여 700만 명의 재외한인은 10%를 점하는 것으로 민족의 통일과 장래를 위하여 결코 무시되어서는 안 될 존재이다.[5] 그 동안 모국에 의해서 버려지거나 간과된 재외한인은 오히려 조국의 통일과 민족의 미래를 위하여 보다 많은 역할이 기대되는 존재가 되었다. 따라서 이 글에서는 지구화와 정보화에 대응하기 위한 방안으로서 재외한인사회의 현황을 파악하여 문화 네트워크를 구축하는 이론적인 선행 작업을 시도하고자 한다.

2. 재외한인사회의 현황과 특징

(1) 재외한인의 현황

민족 네트워크 공동체의 주체인 재외한인은 전세계적에 걸쳐 거주하고 있는데, 특히 한반도와 역사적으로 깊은 관련이 있는 지역에 집중

4 지구화 현상과 디아스포라의 증가는 역사적 인과관계가 없다고 할 수도 있지만, 자본주의의 팽창적 성격과 그에 따른 지구화는 민족과 인종의 이산을 촉진하는 결과를 초래하였다고 볼 수 있다. 그에 따라 지구화의 대응전략으로서 디아스포라 네트워킹의 필요성이 제기된다고 볼 수 있다.

5 현재 남한 인구는 4,780만 명, 북한 인구는 2,250만 명으로 남북한을 합하면 총 7,000만 명으로 추산되고 있다. 『한겨레』. 2005. 10. 13. 그리고 외교통상부에 따르면 2005년 1월 현재 재외동포는 663만 8,000여 명이다. 그중에서 중국에 거주하는 재외동포 수는 243만 9,395명이고, 재미한인은 208만 7,496명이다. 우리 정부의 통계에 의하면 처음으로 중국의 조선족이 재외한인 중에서 제일 많은 인구수를 나타낸 것이다. 2003년에는 미국 거주 재외동포는 215만 7,498명, 중국은 214만 4,789명이었다. 이어서 일본(90만 1,284명), 독립국가연합(53만 2,697명), 캐나다(19만 8,170명), 호주(8만 4,316명), 브라질(5만 296명), 필리핀(4만 6,000명) 순이었다. 『한겨레』. 2005. 9. 5; 『연합뉴스』 2005. 9. 15.

적으로 거주하고 있다. 한인의 해외 이주역사 150년이 말해 주듯이 구한말부터 시작된 한인의 해외이주는 한반도 주변국인 러시아, 중국, 일본, 미국 등에 많이 살고 있다. 그러나 어느 지역보다 일찍 시작된 러시아 연해주의 한인들은 중앙아시아 지역으로 강제 이주를 당하여 러시아 및 중앙아시아 지역에 산재해 있다.

700만 명에 이르는 재외한인들의 해외 이주역사는 19세기 후반 구한말의 비극과 함께 시작하였다. 일본의 제국주의적 침략으로 국운이 다해가는 시기 기아와 망국의 서러움 때문에 이 땅을 떠나 인접한 중국과 러시아 그리고 일본 등으로 이주해 갔던 것이다. 그리고 멀리는 태평양의 고도 하와이 사탕농장 노동자로 가기도 하였으며, 멕시코의 농장과 광산노동자로 가기도 하였다.[6]

우리 민족의 해외 이주역사를 보면, 먼저 1860년대 연해주로의 이주에 이어서 1880년대 중국으로의 이주가 시작되었다. 이 당시의 이주는 소위 농업이민으로서 배고픔 때문에 월경을 하게 되었다. 그런데 일제의 침략이 노골화되면서 망명이민이 이어졌다. 그러나 엄격하게 농업이민과 망명이민을 구별할 수는 없고, 직접 항일투쟁에 가담하지 않았더라도 항일운동을 직 · 간접적으로 지원하고 지지하였기 때문에 당시의 이민은 농업이민이면서 동시에 망명이민이었다. 그리고 1919년 3 · 1운동을 계기로 이민의 흐름이 중국으로부터 일본으로 향하였다. 이전에 러시아와 중국에서의 농업노동자의 흡수요인에 비하

6 김원용(2004). 『재미한인 50년사』. 혜안, pp. 19-25. 미국으로의 첫 이주는 1902년 12월 22일 인천을 출발하여 1903년 1월 13일 101명의 한인이 하와이 호놀룰루 도착으로 시작되었다. 그 후 1903년 1,233명, 1904년 3,434명, 1905년 2,659명 등 당시 총 7,226명이 이주하였다. 그리고 멕시코로의 이주는 1905년 3월 6일 인천을 출발하여 5월 15일 멕시코의 유카탄 베라쿠루스에 한인 1,031명이 상륙한 것이 처음이다.

여 일본에서의 공장과 광산노동자의 유입이 더 강하게 요구되었기 때문이다. 다만 러시아와 중국으로의 이민과는 달리 언젠가는 조국으로 돌아갈 것을 예상할 수 있는 일시적인 체류자로서 도일하였다.

그런데 1945년 해방이 되자 중국과 러시아 및 중앙아시아 등에 있던 한인들은 그곳에 생활기반이 있기 때문에, 소련의 전후복구에 봉사하고 중국의 해방전쟁에 공헌함으로써 그 대가로 이들 지역에 정착하게 된다. 해방 당시 200만 명에 이른 재일한인들은 다수가 강제 동원된 이들이었는데, 대부분 귀국하고 약 60만 명의 한인들이 일본에 잔류하여 오늘의 재일동포 제1세대를 형성한다.

다음으로 해방 이후 한인들의 해외 이주역사를 간단히 정리하면 다음과 같다. 1960년대 들어서 3만 명이 넘는 젊은이가 서독에 광부로 건너갔고, 남미로 농업이민을 떠났다. 그들은 그곳에 남거나 도시로 이주하여 정착하였다. 이 무렵 한인들의 미국으로의 이주가 대량으로 행해지는데, 1965년 국가별 인종별 쿼터제를 폐지한 새로운 이민법인 하트-셀러법이 통과됨으로써 많은 한인들이 미국으로 건너갔다. 이 시기의 이민으로 오늘날과 같은 미주한인사회가 형성되었다. 비슷한 시기에 캐나다 등지로 이민을 떠났으며, 동남아시아와 중동 등에 까지 진출하였다.

그 결과 오늘날 한인들은 어느 곳이든지 거주하지 않은 곳이 없을 정도로 세계 각지에 분포 거주하고 있다. 이들 해외이주 한인들의 이주경험은 매우 다양하여 초기의 노동이민, 망명이민으로 시작하여 강제이민, 엘리트이민, 사업이민, 불법이민 등을 포괄하고 있다. 현재 중국, 미국, 일본 등에서는 재외한인이 집중적으로 거주하고 있는데, 재외한인이 산재하여 거주하고 있는 러시아 및 중앙아시아를 제외하고 이들 지역을 구체적으로 살펴보면 다음과 같다.

먼저 미국의 경우 상무부의 인구센서스에 따르면, 2000년 현재 123만 명의 한국계 인구가 거주하고 있다. 그 중에서 108만 명이 단일 혈통의 한인이고, 나머지 15만 명이 다른 민족 내지 인종이 섞인 혼혈

표 8.1 현재 지역별 및 거주자격별 동포현황(2005)

구 분	지역별		거주자격별				
	총 수	백분율 (%)	시민권자	영주권자	체류자		총 계
					일 반	유학생	
아주지역	3,590,411	54.09	2,471,580	554,787	473,621	90,423	3,590,411
일 본	901,284 ①(284,840)	13.58	284,840	515,570	82,666	18,208	901,284
중 국	2,439,395 ②(1,923,800)	36.75	2,153,198 (1,923,800)	2,466	253,212	30,519	2,439,395
기 타	249,732	3.76	33,542	36,751	137,743	41,696	249,732
미주지역	2,392,828	36.05	756,559	1,132,569	376,135	107,565	2,392,828
미 국	2,087,496 ③(1,076,872)	31.45	679,212	986,240	335,756	86,228	2,087,496
캐나다	198,170 ④(101,715)	2.99	86,084	72,077	19,271	20,738	198,170
중남미	107,162	1.61	74,252	74,252	21,108	539	107,162
구주지역	640,276	9.65	534,522	20,153	45,309	40,292	640,276
CIS	532,697	8.02	523,729	258	6,459	2,251	532,697
유 럽	107,579	1.62	10,793	19,895	38,850	38,041	107,579
중동지역	6,923	0.10	39	169	6,559	156	6,923
아프리카	7,900	0.12	73	532	6,604	691	7,900
총 계	6,638,338	100	3,782,773	1,708,210	908,228	239,127	6,638,338

① 재일동포 귀화자 총수(1952~2004, 조선족 포함) : 일본 법무성 통계
② 2000년도 중국 전국인구조사상의 조선족(중국 국적) 총수
③ 2000년도 미국통계청 인구센서스 결과 한인 총수
④ 2001년도 캐나다통계청 인구센서스 한인 총수
자료 : 외교통상부. 〈http://www.mofat.go.kr/mofat/mk_a006/mk_b037/1189818_634.html〉

한인이다.[7] 108만 명의 단일혈통 재미한인 중 67%인 72만 명이 미국 시민권을 소지하고 있다.[8] 이는 미국 전체 인구 2억 8,142만 1,906명의 0.38%를 차지한다.

재미한인사회는 대도시에 집중되어 있고, 미국 전역에 골고루 분산되어 있는 특징을 보인다. 먼저 캘리포니아 주와 뉴욕 주에 재미한인 다수가 거주하고 있지만, 점차 중부지역과 남부지역 등 미국 전역에 분산되어 가는 경향을 보이고 있다. 다음으로 대도시권에 집중 거주하고 있는데, 대도시권(MSA : Metropolitan Statistical Areas)에 거주하는 한인이 96%에 이른다. 미국에 거주하는 동포들은 대도시권 중에서도 초대광역권(CMSA : Consolidated Metropolitan Statistical Areas)으로 집중하는 경향을 보이고 있다. 그 중에서 LA를 중심으로 하는 '남가주 5개 카운티' 광역권에 26만 명(전체 재미한인의 24%), 뉴욕을 중심으로 하는 '뉴욕-롱아일랜드-북뉴저지-코네티컷-펜실베이니아' 광역권에 17만 명(16%)이 살고 있다.

다음으로 귀화자 28만 명을 포함한 90만 명의 일본 거주 한인들은 대부분 일본의 5대 도시인 오사카, 도쿄, 나고야, 고베, 교토 등에 집거지역을 형성하고 있다.[9] 그 중에서 오사카 중심의 관서지방에 약

---

7 단일혈통의 재미한인 107만 6,872명은 미국 전체인구 2억 8,142만 1,906명의 0.38%를 차지한다. 미 상무부 센서스국. 「Census 2000」 참조.

8 유의영(2002). "미주한인의 인구사회학적 특성". 한미동포재단 · 미주한인이민 100주년 남가주기념사업회. 『미주 한인이민 100년사』. p. 131.

9 1920~30년대 일본의 대도시의 변두리 지역에 조선인 집주지역(集住地域)이 형성된 것은 일본인 집주인의 조선인에 대한 민족차별과 일본인 거주지역에서는 집세가 비싸 쉽게 주택을 얻을 수 없었기 때문에 도시 변두리에 자연스럽게 조선인 집중촌을 형성하게 되었다. 이렇게 조선인 집중촌에서 조선인들은 일본어에 능통하지 못한 탓에 취업 등 생활상의 편의를 제공받고, 사고나 질병의 곤경에 처하면 지연과 혈연적 상호부조의 혜택을 받을 수 있었다. 정혜경(1999). "1920년대 오사카지역의 조선인 노동쟁

표 8.2 대도시권 또는 광역권별 재미한인 인구(2000)

도시권 구분	한인인구	전체한인 중 차지하는 비율(%)
로스앤젤레스-리버사이드-오렌지-샌버나디노-벤투라(남가주 5개 카운티) 광역권	257,975	23.96
뉴욕-북뉴저지-롱아일랜드-코네티컷-펜실베이니아 광역권	170,509	15.83
워싱턴 DC-볼티모어, 메릴랜드, 버지니아, 웨스트버지니아 광역권	74,454	6.91
샌프란시스코-오클랜드-산호세 광역권	57,386	5.33
시카고-게리-케노샤, 일리노이, 인디아나, 위스콘신 광역권	46,256	4.30
시애틀-타코마-브레몬트 광역권	41,189	3.82
필라델피아-웰밍턴-애틀랜틱 시티, 펜실베이니아-뉴저지, 델라웨어, 메릴랜드 광역권	29,309	2.72
애틀랜타, 조지아 대도시권	22,317	2.07
호놀룰루, 하와이 대도시권	21,681	2.01
댈러스-포트워스, 텍사스 광역권	18,123	1.68
보스턴-위체스터-로랜드, 매사추세츠, 뉴햄프셔, 메인, 코네티컷 광역권	15,560	1.44
샌디에이고, 캘리포니아 대도시권	12,004	1.11
휴스턴-갈베스턴-브라조리아, 텍사스 광역권	10,341	0.96
13개 대도시권 또는 광역권 계	777,104	72.16
한인 총인구 (미국)	1,076,872	100.00

자료 : 미 상무부 센서스국. 「Census 2000」.

30만 명, 요코하마를 포함한 도쿄 중심의 관동지방에 약 18만 명이 살고 있으며, 특히 오사카 부(大阪府)에 15만 명, 도쿄 도(東京都)에 10만 명이 거주하고 있다. 제2차 세계대전에서 일본 패망 직후 한인들의 귀국이 마무리된 시점인 1950년에 약 54만 명이던 재일한인은 당시 일본

의". 강덕상 · 정진성 외. 『근 · 현대 한일관계와 재일동포』. 서울대학교출판부, pp. 43-44; 한일민족학회 편(2003). 『재일조선인 그들은 누구인가』. 삼인, p. 76.

에 거주한 외국인 59만 8,696명의 91%를 차지하였다.

그러나 재일한인이 구성 비율은 점차 낮아져 1989년에 이르면 일본 거주 전체 외국인 107만 5,317명 중 69만 3,050명으로 63.9%로 낮아졌다. 이어서 1991년에는 56.9%, 1993년 51.7%, 2001년에는 35.6%까지 감소하였다. 일본 법무성 자료에 의하면 2002년 현재 일본 거주

표 8.3 한국 조선국적 외국인 도도부현별 재류자격별 등록자수(2002)

재류자격/지역		도 쿄	가나가와	아이치	교 토	오사카	효 고	후쿠오카
한국 조선인수		101,389	34,435	46,134	39,166	152,768	62,714	21,484
영주자	일반영주자	8,038	2,179	1,735	1,113	10,247	2,171	909
	특별영주자	53,575	23,287	40,482	35,924	130,134	57,315	18,295
	계	61,613	25,466	42,217	37,037	140,381	59,486	19,204
비영주자	일본인 배우자 등	4,810	1,862	798	380	2,954	958	391
	정주자	2,844	670	308	238	1,973	476	134
	유 학	7,449	1,075	691	561	1,597	370	538
	가족체재	7,221	1,181	787	318	1,376	358	549
	흥 행	78	41	34	33	168	132	18
	취 학	4,843	377	96	91	141	53	108
	인문지식 국제업무	2,063	254	98	17	228	75	68
	연 수	24	13	4	2	20	4	5
	기 술	1,084	385	160	15	121	74	38
	기 능	510	16	71	7	66	22	19
	기업내전근	920	126	73	2	218	32	77
	교 육	35	4	1	4	14	1	–
	영주자 배우자 등	646	178	152	148	832	278	52
	교 수	194	41	68	57	70	19	68
	기 타	–	–	–	–	–	–	–
	계	32,721	6,233	3,341	1,873	9,778	2,852	2,065

자료 :『平成15年版 在留外國人統計』, 財團法人入館協會, pp. 68-71.

한인은 62만 5,422명(귀화자 제외)으로 전체 외국인 등록자 185만 1,758명의 33.8%를 차지하고 있다. 이를 구체적으로 살펴보면 도쿄(東京, 10만 1,389명), 오사카(大阪, 15만 2,768명), 효고(兵庫, 6만 2,714명), 아이치(愛知, 4만 6,134명), 교토(京都, 3만 9,166명), 가나가와(神奈川, 3만 4,435명) 등의 순으로 거주하고 있다.

끝으로 중국의 경우를 보면, 해방 당시 216만 명의 한인이 중국에 거주하고 있었는데 100만 명 정도 귀국하고 나머지는 중국에 잔류하였다. 중국 거주 조선족의 경우를 구체적으로 보면 2002년 현재 192만 3,842명으로 중국 전체인구 12억 8,453만 명의 1.497%를 차지한다.[10] 조선족의 97.1%인 186만 8,377명이 주로 동북3성에 거주하고 있다. 그 중에서 길림성에 118만 3,567명(61.5%), 흑룡강성에 45만 4,091명(23.6%), 요녕성에 23만 719명(12.0%)이 살고 있다. 특히 길림성의 연변조선족자치주에 83만 명이 집중적으로 거주하고 있는데, 이는 길림성의 조선족 인구 69.5%를 차지하고, 연변 전체인구 가운데 조선족의 인구구성 비율이 38.94%에 이른다. 연변조선족자치주의 조선족 인구 상황을 구체적으로 살펴보면 연변의 6시와 2현 가운데 용정시(66.90%), 연길시(58.29%), 도문시(56.36%), 화룡시(54.35%) 등에서 조선족의 구성비율이 50%를 넘는다. 조선족은 연변자치주 외에도 심양, 무순, 단동, 안산, 영구, 철영, 대련(이상 요녕성), 길림, 장춘(이상 길림성), 하얼빈, 목단강, 가목사(이상 흑룡강성) 등에도 집거구를 형성하고 있다.

10 조선족 외에도 한중국교 정상화 이후 한국인들(재외국민)의 중국체류가 늘고 있다. 2005년 8월 현재 44만 5,000명을 기록하고 있다. 베이징의 왕징, 톈진의 왕더장, 센양의 시타, 상하이의 구베이 등의 코리아타운에 주로 거주하는 이들을 신조선족이라고 부른다. 『오마이뉴스』. 2005. 9. 11.

표 8.4 중국 각 성, 직할시, 자치구 조선족 인구변화상황(1964~1990)

구 분	1964	1982	1990	1964~1982 증가 %	1982~1990 증가 %
북 경	2,909	3,909	7,710	34.38	97.24
천 진		828	1,820	60.12	119.81
하 북	1,376	1,759	6,713	108.66	281.64
산 서	310	527	1,066	70.00	102.28
내몽골	11,280	17,564	22,173	55.71	26.34
료 녕	146,513	198,397	230,719	35.41	16.29
길 림	866,627	1,103,402	1,183,567	27.32	7.27
흑룡강	307,562	431,140	454,091	40.18	5.32
상 해	245	461	782	88.16	41.05
강 소	133	302	963	127.08	218.87
절 강	28	107	254	282.14	137.38
안 휘	111	219	667	97.29	204.57
복 건	45	51	137	13.33	168.63
강 서	31	131	170	322.58	29.78
산 동	512	930	3,362	81.64	261.51
하 남	246	505	1,200	105.28	137.62
호 북	112	669	2,072	497.32	209.72
호 남	56	222	423	296.43	94.59
광 동	83	147	611	77.11	451.03
광 서	67	79	246	17.91	211.39
해 남	–	–	199	–	–
사 천	155	366	643	136.13	75.68
귀 주	9	105	230	1,066.67	119.02
운 남	49	93	271	89.80	191.40
서 장	16	21	11	31.25	-90.91
섬 서	338	653	1,139	93.20	74.43
감 숙	220	417	561	89.55	34.53
청 해	79	242	308	206.33	27.27
녕 하	113	186	325	64.60	74.73
신 강	344	438	968	27.33	121.00

자료 : 中華人民共和國 國家統計局 編. 『2003 中國統計年鑑』. 中國統計出版社.

표 8.5 연변 시 · 현별 민족/인종 인구(2002)

구 분	연길시	도문시	돈화시	훈춘시	용정시	화룡시	왕청현	안도현	총인구
전 체	398,915	136,965	482,877	214,319	256,787	220,767	259,621	217,485	2,187,736
한 족	157,543	57,523	448,618	105,554	81,999	98,494	175,222	165,434	1,290,387
조선족	232,524	77,199	21,405	88,477	171,779	119,976	76,037	46,469	833,866
만주족	7,066	1,813	9,327	19,369	2,392	1,760	7,935	4,955	54,617
회 족	1,273	327	2,925	607	444	405	180	347	6,508
몽고족	367	81	456	238	140	104	196	213	1,795
장 족	–	–	3	2	–	–	–	8	13
묘 족	13	11	11	12	1	1	–	1	53
기 타	–	–	–	–	–	–	–	–	–
구성비									
한 족	39.49	42.00	92.91	49.25	31.93	44.61	67.49	76.06	58.98
조선족	58.29	56.36	4.43	41.28	66.90	54.35	29.29	21.37	38.12
만주족	1.77	1.32	1.93	9.04	0.93	0.80	3.06	2.28	2.49
회 족	0.32	0.24	0.61	0.28	0.17	0.18	0.07	0.16	0.30
몽고족	0.09	0.06	0.09	0.11	0.65	0.05	0.08	0.10	0.08
장 족	–	–	–	–	–	–	–	–	–
묘 족	0.01	0.01	0.01	–	–	–	–	–	–
기 타	–	–	–	–	–	–	–	–	–
조선족	58.29	56.36	4.43	41.28	66.90	54.35	29.29	21.37	38.12

자료 : 延邊統計局 編. 『2003 延邊統計年鑑』. 吉林人民出版社, p. 69.

(2) 재외한인사회의 특징

한인들의 해외 이주 과정을 요약하면 다음과 같은 공통된 특징이 나타난다. ① 한인들이 어느 지역, 어느 시기에 이주하였든지 조국과 거주국으로부터 전혀 혜택을 받지 못하였으며 많은 고생을 경험하였다. ② 이주한인은 거주국에서 오히려 소수인종으로서 도움은커녕 차별을 받았다. ③ 그러나 한인들은 그 같은 역경 속에서 어려움을 극복하고 모범적인 소수인종으로 존경을 받게 되었다.[11]

11 이광규(1997). 『민족과 국가』. 일조각, pp. 23-24.

재외한인사회는 거주국의 여타 소수민족에 비하여 이주역사가 짧고 많은 경험이 누적되어 있지 않다. 그리고 거주국별로 또 이주시기에 따라 각기 다른 사회적 특징을 보인다. 또 재외한인사회는 집거지역을 형성하고 있다. 미국, 일본, 중국 등 재외한인이 다수 거주하고 있는 국가에서는 대도시권에 집중적으로 거주지를 형성하고 있는데, 이들 재외한인 집거지역을 흔히 코리아타운이라고 부른다.

먼저 미국의 경우를 보면, LA 시를 포함하는 LA카운티를 중심으로 남쪽으로는 오렌지카운티와 샌디에이고카운티, 동쪽으로는 샌버나디노카운티와 리버사이드카운티, 북쪽으로는 벤추라카운티를 포함하는 남가주 지역에 한인들이 집중 거주하고 있다. LA 시에는 4만 6,664명의 한인들이 집거하고 있는 코리아타운이 위치하고 있는데, 코리아타운 전체인구 23만 2,708명의 20.1%를 차지한다. 1970년대 초반 이후 올림픽블러바드를 중심으로 형성되기 시작한 LA 코리아타운은 이제 윌셔블러바드에서 후버, 버질, 버문트, 노르만디, 웨스턴으로까지 경계가 확장되고 있다. 그리고 1992년 4 · 29폭동에서 엄청난 피해를 입은 한인들은 이후 타인종과의 연대와 협력의 필요성을 절실히 느끼고 커뮤니티에 대한 재투자를 활성화하고 있다. 다음으로 NY에도 LA 버금가는 코리아타운이 있다. 뉴욕 시 8만 6,000여 명의 한인 중에서 퀸즈 6만 2,000명(72%), 맨해튼 1만 4,000명(12%), 브루클린 6,000명(7%)이 살고 있다. 특히 퀸즈의 플러싱에 뉴욕 시 한인인구의 25%인 2만여 명이 살고 있다. 또한 맨해튼 미드타운 32번가와 브로드웨이를 중심으로 하는 지역에 한인상가가 집중적으로 형성되어 있어 코리아타운이라고 불린다. 한인들이 모여 사는 미국의 코리아타운에서는 음력설 및 가을 추석 무렵 등 1년에 두 차례 정도 민족문화 중심의 한인축제를 개최하고 있다. 이러한 한인축제는 이국생활의 어려움과 외로움을 극복하고, 한인으로서의 정체성을 유지하는 데 큰 역할을 하고 있다.

일본에 거주하는 한인들은 일본의 5대 도시에 집거지역을 형성하고 있음을 앞서 언급한 바 있다. 재일한인은 관서지방과 관동지방, 특히 오사카와 도쿄에 많이 거주하고 있다. 오사카에는 2002년 현재 전체 외국인 21만 897명 가운데 72.4%인 15만 2,768명의 재일한인이 거주하고 있는데, 오사카 시의 이쿠노에 3만 4,105명이 살고 있다. 도쿄에는 2002년 현재 전체 외국인 185만 1,758명 가운데 5.66%를 차지하는 중국인에 이어서 5.56%로서 10만 2,887명의 재일한인이 거주하고 있다.[12] 그리고 도쿄의 구역별 재일한인은 신주쿠, 아다치, 아라가와, 에도가와 순으로 많이 거주하고 있다.

특히 신주쿠에는 뉴커머들의 일본 기착지로서 쇼쿠안 거리와 오쿠보 거리를 중심으로 한인가게들이 몰려 있어 일본인들이 리틀코리아라고 부른다. 요컨대 오사카의 이쿠노, 도쿄의 신주쿠와 아다치 등에 코리아타운이 형성되어 있음을 확인할 수 있다. 다만 신주쿠에는 뉴커머들이, 이쿠노와 아다치의 세키바라에는 올드커머들이 거주하고 있다. 일본에서도 원코리아페스티벌과 같은 한인축제를 개최함으로써 민족차별의 서러움을 달래고, 민족정체성을 유지하는 데 많은 기여를 하고 있다.

재일한인의 수가 1992년 71만 명(귀화자 제외)을 정점으로 약간씩 줄어들고 있는데, 이는 자연증가와 새로운 도일자의 증가에도 불구하고 일본인과의 결혼 및 귀화로 인하여 한국적(韓國籍) 내지 조선적(朝鮮籍)의 재일한인수가 정체 내지 감소하고 있기 때문이다.[13] 취업과 차별

12 『人口の動き 平成14年』. 東京都, p. 14, p. 118.

13 지금까지 우리는 일본거주 한인들을 '재일동포'라고 불러 왔다. 이는 한국적(韓國籍) 민

표 8.6 오사카 시, 이쿠노 구 외국인 국적분포(2002)

국 적 (인구 총수)	오사카 부 ① (8,805,081)	오사카 시 (2,474,579)	이쿠노 구 (108,819)
한국 조선	152,768	93,975	34,105
중 국	33,375	16,903	1,186
브라질	4,946	1,472	72
필리핀	4,367	2,103	77
페 루	1,187	421	31
미 국	2,260	1,012	51
영 국	917	–	–
타 이	1,299	–	–
인 도	560	–	–
말레이시아	305	–	–
프랑스	245	–	–
기 타	–	–	–
전체 외국인	210,897	120,997	35,817

① 2001년 통계, 오사카영사관 자료에서 인용.
자료 : 『平成15年 在留外國人統計』. 法務省, pp. 112-113.

및 부당한 대우를 받지 않기 위해서 귀화를 하는 재일한인이 늘어나고 (1990년대 들어서 연평균 1만 명 정도), 일본인과의 국제결혼으로 출생한 자녀들이 일본인으로 등록하면서 재일한인의 인구수가 증가하지 않고 있다. 따라서 재미한인이 미국의 시민권을 획득한 경우와 마찬가지로 재일한인의 귀화에 대해서도 거주국에 동화하려는 자연스러운 현상으로 받아들이고 재외한인의 범주에 넣어야 할 것이다. 귀화한 재일한인 역시 조국을 사랑하고 있으며 조국과의 관계를 끊지 않으려고 하기 때문에 우리가 그들을 민족성을 저버린 것으로 간주해서는 안 된다고 본다.

중국의 조선족은 중국 당국으로부터 그 존재를 인정받고 민족자

단계 재일한인들을 일컫는 용어였으며, 조선적(朝鮮籍)을 가진 재일한인들을 '재일조선인'이라고 불렀다. 최근 들어 이러한 구별을 없애기 위하여 재일동포 스스로 '재일코리안'이라고 부르고 있다.

표 8.7 도쿄 시구정촌별 한국 조선국적 등록인구(2002)

지 역	한인 인구수	지 역	한인 인구수
천대전구	380 (377)	삽곡구	1,785 (1,776)
중앙구	595 (652)	중야구	3,023 (2,766)
항구	2,630 (2,580)	삼병구	3,214 (3,104)
신숙구	10,264 (10,155)	풍도구	3,278 (3,099)
문경구	2,198 (2,132)	북구	3,197 (3,086)
태동구	4,425 (4,304)	황천구	7,301 (7,213)
묵전구	2,246 (2,195)	판교구	3,480 (3,456)
강동구	4,077 (4,020)	연마구	3,673 (3,645)
품천구	2,400 (2,340)	족립구	9,125 (9,130)
목흑구	1.610 (1,522)	갈식구	4,069 (3,920)
대전구	4,164 (4,130)	강호천구	5,338 (5,162)
세전곡구	3,939 (3,980)		

자료 : 1. 『外國人登錄人口 平成14年 1月 1日 現在』. 東京都總務局統計部.
2. ( )의 숫자는 『平成15年版 在留外國人統計』. 財團法人入館協會, pp. 106-107 참조.

치주를 형성 거주하고 있는 배경을 보면, 항일전쟁과 해방전쟁에서의 한인들의 공헌이 컸기 때문이다. 조선족 집거구에서는 민족문화관, 민족백화점, 민족식당, 민족학교 등의 문화공간이 있어서 민족적 정체성 내지 특질을 유지하는 데 큰 역할을 하고 있다. 중국의 조선족은 이러한 민족문화공간을 갖고 있기 때문에 주요 민족명절에는 집단적인 민속놀이를 통해 민족문화를 향유하고 있다. 이는 본문의 말미에서 언급하게 될 민족문화 네트워크의 구축기반이 될 것으로 사료된다.

그러나 최근에는 산업화 과정에서의 이농현상으로 조선족의 구성 비율이 감소하고 있으며, 중국의 산업화 과정에서도 소외되고 있다는 점을 현안으로 지적할 수 있다. 다시 말해 향도이농, 한국 진출, 혼인적령기 조선족 여성의 한국인과 국제결혼 등으로 인하여 조선족 집거구는 해체위기를 맞고 있다는 것이다. 그 결과 조선족 아동의 감소와 그로 인한 조선족학교의 감소, 한글사용자의 감소와 조선족출판사의 감소로 연쇄적인 문제를 낳고 있다. 그러나 조선족들은 위기를 기회로 삼아 문제를 극복하고 있으며, 산업화의 기지로 등장하고 있는 중국의 해안도시에 새로운 조선족 집거구를 이루어가고 있다.

이상에서 살펴본 바와 같이 미국, 일본, 중국 등의 재외한인은 집거지역을 형성하고 있음을 확인할 수 있다. 그리고 그처럼 한인들의 집거지역을 흔히 코리아타운이라고 부른다. 한 연구자는 코리아타운이라고 부를 수 있으려면 LA 코리아타운의 경우처럼 인구구성비가 20%를 넘어야 한다고 주장하기도 한다. 그런데 우리가 일반적으로 코리아타운이라고 부를 경우는 인구 구성비도 중요하지만 ① 상당한 정도의 거리에 한인상가를 중심으로 거주지역을 형성하고 있고, 거기서 생활에 필요한 한국적인 물품을 용이하게 구입할 수 있으며, ② 고향(또는 고국)의 맛을 느낄 수 있는 김치와 장류 등의 한국 음식을 먹을 수 있는 한국 식당이 위치해 있고, ③ 더불어 한국적 정취를 느낄 수 있는 문화상품의 구입이 가능하며, 한국의 문화적 경향을 실시간으로 향유하고, ④ 정기적 또는 부정기적 한인축제가 개최되고 있으며, ⑤ 한국말이 대체로 많이 구사되고 있다면 코리아타운이라고 할 수 있다.

3. 재외한인의 문화생활과 한류

(1) 재외한인의 문화생활과 민족문화의 향유정도

세계의 주요 국가에 거주하고 있는 재외한인들은 일반적으로 대도시에 집거지를 형성한 사회적 특징을 보여준다. 코리아타운으로 불리는 집거지를 통하여 재외한인들은 이주국의 초기 생활의 어려움을 해소하고 모국의 정서를 공유하기도 한다. 또 새로운 주거지로 이동하였던 한인들도 나이가 들면 다시 초기 이민생활을 시작하였던 코리아타운으로 회귀하는 경향을 보이기도 한다.

그러면 미국과 일본, 중국의 재외한인 집거지(코리아타운)의 한인들은 어떠한 문화생활을 향유하고, 민족문화를 어느 정도 향유하고 있는지 살펴보고자 한다. 구체적인 내용은 전남대학교 세계한상·문화연구단이 2005년도에 조사한 결과보고서를 인용한다.[14] 이 조사는 2005년 2월부터 3월까지 2개월간 실시되었으며, 20세 이상의 성인남녀 동포를 대상으로 하였다. 그리고 이 조사 대상지역은 미국의 LA와 NY, 일본의 도쿄와 오사카, 중국의 길림성 연변자치주 연길시와 카자흐스탄의 알마티 등이었다.[15] 조사내용은 문화공간의 이용, 장르별 한국 문화의 접촉매체와 접촉공간 그리고 접촉정도, 민속과 명절을 지키는지 여부, 돌잔치와 결혼잔치 그리고 회갑잔치와 같은 민속을 지키는지 여부, 경조사에서 부조금 출연여부, 민속놀이 경험여부, 한복 착용여부, 한국 음식을 어느 정도 즐기는지 등이다.

먼저 재외한인들은 대체적으로 한국어를 잘 구사하고 있었다. 이주기간이 길수록, 또 세대를 거듭할수록 모국어의 구사능력이 떨어질 것으로 예상하였음에도 불구하고 집거지 형성의 조건과 모국과의 교류 활성화 등으로 인하여 한국어 구사능력이 상당한 수준에 있음을

---

14 장윤수(2006). "재외한인 문화생활 비교분석". 전남대학교 세계한상·문화연구단 주최 2006 합동 국제학술회의. 『21세기 사회과학의 이슈: 동북아 신국제질서, 중국발전 패러다임, 코리안 디아스포라』, pp. 69-72.

15 이 글에서는 카자흐스탄의 경우 고려인 집거지를 발견하기 어렵기 때문에 비교가 곤란하므로 조사결과에서 인용을 제외한다.

보여준다. 구체적으로 한국어 구사능력에 있어서 말하기, 읽기, 쓰기를 잘하지 못하거나 전혀 하지 못한다는 응답비율이 재미한인, 중국조선족, 재일한인 순으로 낮게 나타났다. 이를 통하여 재미한인, 재중조선족, 재일한인 순으로 한국어를 잘 구사하고 있음을 알 수 있다. 구사정도는 미국, 일본, 중국 전 지역에서 응답자의 80% 이상이 말하기, 읽기, 쓰기를 보통 이상으로 구사할 수 있다고 응답하였다.

둘째, 문화공간 이용정도를 보면 재외한인들의 이민시기와 세대, 직업, 소득수준에 따라서 다양할 것이다. 대체로 그들은 현지사회에 적응하기 위하여 여유를 갖고 문화생활을 즐기지 못하였을 것이라는 예상은 충분히 가능하다. 재외한인은 이용한 적이 없는 문화공간으로 공연장, 도서관, 박물관, 구민회관, 미술관, 문화원을 낮은 순서대로 응답하여 공연장과 도서관을 많이 이용한 것으로 볼 수 있다.

셋째, 미국과 일본은 물론이려니와 1991년 국교를 정상화한 중국의 경우도 이제는 모국과 왕래 및 교류가 잦아지면서 한국의 문화를 자주 접촉하고 있다. 최근 들어서는 한류의 경향 때문에 한국 문화를 더 자주 접촉할 것으로 여겨진다. 재외한인들은 한국 문화를 접촉하기 위한 문화공간으로 공연장, 도서관, 박물관, 미술관, 문화원, 구민회관 순으로 낮은 비율로 응답하였다. 거꾸로 공연장과 도서관을 한국 문화 경험의 장소로 자주 이용하고 있다고 볼 수 있다. 이는 앞서 재외한인의 평소 문화공간 이용정도에서 나타난 응답내용과 상당부분 일치된다.

넷째, 한국 문화를 접촉하기 위한 매체 이용에 관한 질문에 대하여 음악은 TV와 VIDEO/DVD, 인터넷을 주로 이용하고, 미술은 신문, 잡지, TV, 인터넷을 주로 이용하는 것으로 나타났다. 영화와 드라마는

TV와 VIDEO/DVD, 인터넷을 주로 이용하는 것으로 응답하여 재외한인들은 TV와 인터넷을 전 영역에서 공통적으로 이용하는 것으로 나타났다. 재외한인들의 한국 문화를 접촉하기 위한 문화공간 이용의 경우에도 공통적인 특징은 미술을 포함하여 음악, 영화, 드라마 등 모든 영역에서 인터넷의 사이버공간을 활용하고 있음을 보여주고 있다.

다섯째, 한국 문화 향유정도를 보면 재외한인은 그들의 자녀에게 현지사회에 빠르게 동화되고, 주류사회에 진입하길 기대하였을 것이므로 한국 문화를 향유하지 않았을 것으로 짐작된다. 재외한인의 한국 문화 접촉정도를 보면 한 번도 경험한 적이 없다는 평균 응답이 미술, 공연, 음악, 드라마, 영화 순으로 낮게 나타났다. 다시 말해 재외한인은 영화와 드라마 음악 순으로 한국 문화를 접촉하고 있다.

이어서 재외한인들의 민족문화 향유정도를 보면 다음과 같다. 먼저 그들이 지키는 설날, 대보름, 한식, 단오, 추석, 동지 등 한민족의 고유 명절을 보면 재외한인 공히 명절 중에서 설날을 가장 많이 지키는 것으로 답하였고, 다음으로 추석을 지적하였다. 중국 조선족의 경우는 명절을 지키지 않는 응답자의 비율이 아주 낮게 나타나(1.1%), 재외한인 중에서 우리의 고유한 민족 명절을 높은 수준에서 고루 잘 지키고 있음을 보여 주었다. 중국 조선족은 항일투쟁과 혁명투쟁 과정에서 공로를 인정받아 민족자치주를 형성할 수 있었으며, 그 결과 민족 명절에 고유한 민속놀이와 행사 등을 자체적으로 개최하고 즐길 수 있었기 때문에 그러한 대답이 나올 수 있었을 것으로 짐작된다.

둘째, 재외한인은 제사, 돌잔치, 결혼잔치, 회갑잔치, 성묘, 세배, 성주신 등과 같은 고유 민속 중에서 돌잔치, 결혼잔치, 회갑잔치, 세배 등은 재외한인 공히 잘 지키고 있었다. 그 중에서 중국 조선족이 가장 잘 지키고 있었다. 다만 중국 조선족은 제사는 많은 사람이 지키고 있지만(96%), 성묘는 그 절반에 미치지 못한 점을 보여 주었다(45%). 아마 화장을 장례방식으로 취하는 경우가 많기 때문일 것으로 사료된다. 성주신은 어느 지역에 거주하는 재외한인이든 잘 지키지 않을 뿐만 아니라 모르고 있었다. 그리고 돌잔치, 결혼잔치, 회갑잔치, 장례식 등의 애경사에서 부조금을 지출하는지 묻는 질문에 재외한인 평균 82.5%가 그렇다고 응답하여 아직 재외한인 상호 간에 부조함으로써 유대를 강화하고 있다고 볼 수 있다. 혈연(血緣)은 물론이려니와 지연(地緣), 업연(業緣), 교연(敎緣) 등을 통하여 상부상조하는 우리 민족의 미풍양속은 거주국에서도 보여주고 있다.

셋째, 재외한인들이 즐기는 민속놀이는 화투놀이, 윷놀이, 줄다리기, 연날리기, 공기놀이, 그네뛰기, 제기차기, 널뛰기, 장기, 팽이치기, 씨름, 강강술래 순으로 나타났다. 화투놀이와 윷놀이는 많이 하고 있으나, 그 외의 민속놀이는 비교적 낮게 나타났다. 민속놀이는 농사절기와 관련이 많기 때문에 벼농사를 짓지 않는 재외한인들에게는 이제 향수로만 남아 있을 것이다. 재외한인 중에서 중국 조선족이 가장 많은 민속놀이를 그리고 가장 높은 비율로 즐기고 있었다. 이는 앞서 언급하였듯이 조선족 명절에 개최되는 행사의 일환으로 조선족들이 많이 참여하기 때문일 것이다.

넷째, 재외한인의 의식주를 보면 다음과 같다. 먼저 재외한인이 한복을 입어 본 경험이 없는 경우는 평균 23.9%로 낮게 나타났다. 여기서도 중국 조선족은 행사 때마다 입는다는 응답비율이 22.8%에 이를 정도로 여타의 재외한인 중에서 가장 한복을 즐겨 입는 것으로 나타났다. 다음으로 재외한인 공히 매일 밥과 김치를 먹는 비율이 각기 평균 78.7%, 63.9%로 높게 나와 쌀밥과 김치를 주식으로 하고 있음을 확인할 수 있었다. 이어서 주거문화를 보면 중국 조선족을 제외하고 재외한인 다수가 온돌식 난방의 주거문화를 취하지 않고 있었다.

다섯째, 한민족이면 누구나 잘 알 것으로 생각되는 속신과 속담에 대해서도 재외한인은 잘 알고 있었다. 그리고 재외한인은 민족문화를 상징하는 것으로 한글, 한복, 아리랑, 김치 순으로 응답하였다. 재외한인에게 한글과 한복 그리고 아리랑 등은 바로 우리의 민족성을 상징하는 그리고 한민족의 정체성을 유지하는 근간으로 인식되고 있음을 알 수 있다.

재외한인의 문화생활과 민족문화 향유정도를 조사한 결과를 통해 재외한인들이 현지인들과의 생존경쟁 과정 속에서도 나름대로 민족문화를 유지 전승해 오고 있음을 확인할 수 있었다. 또 이러한 결과는 민족문화 네트워크를 구축하는 데 있어서도 기초 자료로 활용될 수 있을 것이다. 또한 이어서 검토하게 될 한류열풍에서 보는 바와 같이 한민족의 문화 네트워크 구축 가능성은 더 커 보인다.

(2) 재외한인과 한류

재외한인들이 거주하고 있는 곳에서는 '한국의 날' 내지 '한인축제'가 개최되고 있다. 한인들은 한인축제 때 시가행진을 하고 공원에 모여 민속놀이를 즐기면서 민족정체성을 지켜가고 있다. 한인학생들이 많이 다니는 학교에서도 '한국의 날'을 정하여 한국인 학생들이 무용이나 음악발표회를 하고 의상, 음식 등의 전시회를 개최한다. 교포학생들은 화려한 한복을 입고 아리랑 장단에 맞춰 부채춤을 추기도 하면서 민족문화를 알리고 자랑한다.

재외한인은 그러한 문화생활을 통하여 민족정체성과 민족문화를 유지하고 거주국의 소수민족으로 자기 존재를 확인하게 된다. 그런데 재외한인은 거주지역의 조건과 상황에 따라 정체성의 인식이 달라지며, 한민족으로서 정체성을 유지하기 위한 상징물로서의 문화의 강조점 또한 다르다. 예를 들어 중앙아시아 고려인들은 음식으로 민족 정체성을 유지하고, 재미교포는 실내장식으로 한국적인 것을 표현하며, 재일교포들은 조상에 대한 제사를 통해서 자기의 정체성을 확인하려고 한다.[16]

재외한인의 축제 사례를 들면 먼저 2005년에 32회를 맞은 미국 LA의 한인축제가 있다. 우리 민족 고유의 명절인 추석 무렵에 개최되는 "LA한국의 날 축제"는 한인사회뿐만 아니라 미국의 주류사회에 자랑스런 한국 문화를 홍보하는 데 일익을 담당하고 있다. 나아가 미국의 다민족들이 함께 참여하여 한국 문화를 접촉할 수 있는 기회를 제공하고, 우리 민족의 얼과 정신을 2, 3세들에게 전승하는 역할을 하고 있다. 현지기업의 상품전시 및 판매와 모국기업 상품 마케팅 및 지방정부의 특산품 전시 판매를 포함하여 한국 및 타인종 문화예술 공연, 퍼레이드, 카니발 등의 문화행사를 행사내용으로 하였다. 특히 9월 22일부터 25일까지 산 마리노에 있는 서울국제공원에서 열린 2005년에는 옛부터 우리민족의 삶의 터전이었으며 친교의 장소였던 장터를 마련하여 교포들의 큰 호응을 얻었다.[17]

2005년 9월 2일부터 11일까지 10일간 뉴욕에서는 이번으로 5회

16 이광규(1999). "해외교포와 한민족 공동체". 한림대학교 민족통합연구소 편. 『민족통합과 민족통일』. 한림대학교출판부, p. 168.

17 『미주한국일보』. 2005. 9. 25.

째의 "뉴욕한국영화제"를 개최하였다. 맨해튼 59가에 있는 'Lighthouse International'과 브루클린의 'Brooklyn Academy of Music'에서 총 15편의 한국 영화를 각각 2회씩 상영하였다. 매년 평균 2,000～3,000명의 관객이 동원된 이 영화제는 한인들뿐만 아니라 현지의 주민들도 함께 관람하는 영화제이다.[18]

중국의 연변에서도 추석절 무렵 자치주 성립을 기념하는 행사를 크게 지낸다. 2005년 길림성 연변에서는 조선족자치주 50돌 기념행사의 일환으로 두 번째 "연변조선족민속관광박람회"를 개최하여 갖가지의 민족문화를 내용으로 하는 문화행사를 8월 27일부터 9월 5일까지 개최하였다.[19] 조선족이 많이 거주하고 있는 요녕성과 흑룡강성에서도 마찬가지로 추석 무렵에 이 같은 문화행사를 개최한다.

일본에서도 재일동포가 많이 거주하는 오사카를 중심으로 "이쿠노민족문화제", "원코리아 페스티발", "오사카 하나마투리", "사천왕사왔소축제" 등이 개최되었다. 현재는 전 세계의 코리안이 하나가 되어 남북한의 평화에 기여하려는 취지로 1985년에 시작된 원코리아페스티벌이 지금까지 계속되고 있다.

그리고 해외의 한국문화원 등에서도 문학과 음악 그리고 미술 등의 한국 문화를 거주국 국민들에게 알리고 있으며, 외국의 도서관이나 박물관 그리고 미술관(전시관)에서도 한국관을 설치하여 한국 문화를 알리는 데 일조하고 있다. 한국문화원 등에서 개최하는 미술작품

---

18 여기서 상영된 작품을 소개하면 〈거미숲〉, 〈공공의 적 2〉, 〈귀신이 산다〉, 〈내 머리 속의 지우개〉, 〈늑대의 유혹〉, 〈댄서의 순정〉, 〈마파도〉, 〈범죄의 재구성〉, 〈분신사바〉, 〈슈퍼스타 감사용〉, 〈얼굴 없는 미녀〉, 〈우리형〉, 〈인어공주〉, 〈주홍글씨〉, 〈효자동 이발사〉 등이다. 『오마이뉴스』. 2005. 8. 29.

19 『재외동포신문』. 2005. 9. 7.

의 전시회, 연극공연, 음악연주회, 영상물의 상영 등은 한국 문화를 교포 및 거주국 주민들에게 알리고 민족적 자긍심을 고취하는 기회가 된다.

한편 최근 들어서 거주국의 한인들의 문화생활과 더불어 모국의 문화가 해외에서 향유되는 경향이 많아지고 있다. 이를 한류(韓流 ; Hallyu, Korean Wave)라고 하는데, 한류란 한국의 상업주의 대중문화가 국경을 넘어 특히 동아시아에 두드러지게 유통되며 반향을 일으킨 문화현상이다. 1990년대 후반부터 중국, 대만, 홍콩, 베트남, 태국, 일본 등에서 가요, 드라마, 패션, 관광, 영화 등 한국의 대중문화를 향유하고 소비하는 경향을 말한다. 현재 한류가 일고 있는 지역은 몽골의 울란바토르로부터 시작하여 중국의 선양과 옌지 그리고 베이징, 상하이와 난징, 양저우, 홍콩과 마카오를 지나 일본열도, 대만의 타이베이, 필리핀의 마닐라, 베트남의 호치민과 태국의 방콕, 말레이시아의 콸라룸푸르, 싱가폴, 인도네시아의 자카르타까지 이어지고 있다.

그런데 최근의 한류열풍은 아시아에 그친 것이 아니라, 미국에서도 불고 있다. LA 코리아타운의 한류열풍은 한인사회뿐만 아니라 이 지역의 라틴계 사이에서도 뜨겁게 일고 있다. LA 코리아타운의 레코드가게에서는 H.O.T, 보아, S.E.S, 핑클 등의 음반이나 〈겨울연가〉, 〈가을동화〉와 같은 한국 드라마 O.S.T., 한국 영화 DVD를 찾는 라티노들이 많다.[20] 뉴욕 플러싱의 경우에도 코리아타운의 서울플라자에 견줄 만한 차이나타운의 홍콩플라자에 위치한 DVD전문점에서는 중국 이민자들을 위한 한국 드라마와 영화 DVD가 출시 진열되어 있는 것을 볼 수 있다. 한류는 아시아에서만의 열풍이 아니라 이렇게 미국

20 『미주중앙일보』. 2004. 4. 2.

에서도 확인할 수 있다.[21]

한류열풍의 내용을 보면 방송콘텐츠에서 시작하여 게임 영화 캐릭터 등의 전반적인 문화산업으로 확산되는 경향을 보이고 있다. 이 같은 한류의 원인으로 ① 한국 대중문화의 높은 경쟁력, 즉 참신하고 창의적인 스토리, 감성적 영상, 스타의 세련된 연기,[22] ② 동양의 정서와 가치를 함축하면서 서구의 양식과 결합된 점이 동아시아인들의 감성에 크게 호소하였다고 볼 수 있다.[23] 덧붙여 ③ 한국의 대중문화를 수용하는 국가의 욕구를 들 수 있다. 바로 한류는 일방적으로 국경을 넘어 흘러들어간 것이 아니라 각국의 문화상태와 문화주체들의 선택적 수용에 의해 이 같은 국면에 이르렀다는 점에서 동아시아의 문화선택이라고 할 수 있다.

한류의 효과는 경제적 효과와 문화적 효과로 나누어볼 수 있다. 먼저 한류로 인한 경제효과는 2003년에 4조 4,796억 원 규모라고 조사되었다. 이 수치는 음반, 영화, 방송, 게임 등 4개 문화산업 분야의 생산유발액과 부가가치유발액 등의 직접효과와 기타 제조업 서비스업(휴대폰, 가전제품, 의류, 화장품, 관광)의 생산유발액, 부가가치유발액, 취업유발인원의 총계인 간접효과를 합한 것이다. 국가별로는 중국에 의한 한류의 경제효과가 3조 3,506억 원으로 가장 컸으며, 홍콩 1조 3,004억 원, 대만 6,201억 원, 일본 8,345억 원 등으로 나타났다.[24]

---

21 『뉴욕세계일보』. 2004. 2. 18.

22 일본에서 인기 있는 한류스타 가운데 가장 인기 있는 이를 사천왕이라고 부른다, 한류 1대 사천왕은 배용준, 장동건, 이병헌, 원빈을 일컫는다. 제2대 사천왕은 권상우, 조인성, 송승헌, 이동건을 일컫는다.

23 심상민(2004). "한류와 디지털콘텐츠 산업의 발전전략, 국가역할". 한국 정치학회 연례학술회의 발표자료. p. 93. 한편 한류는 '호모 루덴스'(노는 인간, 유희적 인간)의 최신 버전으로 살연(實演)되고 있는 것으로 이해한다. 『한겨레』. 2004. 11. 14.

또 2004년에는 한류로 인한 경제적 효과가 1조 4,339억 원에 달하였다는 분석이 나왔다. 이는 한류효과로 상품, 관광, 영화와 방송프로그램 등의 부문에서 벌어들인 외화는 18억 7,000만 달러(2조 1,440억 원)였다는 것이다. 그 중 국내에서 발생한 부가가치가 1조 4,339억 원이었다. 중국, 일본, 홍콩, 대만, 태국 등 한류현상이 뚜렷했던 5개국의 한국 상품의 현지시장 점유율 증대분, 관광객 증가규모, 영화 방송프로그램 수출금액을 계산한 결과 각기 9억 1,800만 달러, 8억 2,500만 달러, 1억 3,000만 달러였다.[25]

다음으로 문화적 효과로는 한국의 국가이미지를 개선하고, 한국의 역사와 풍습에 대한 호감이 증대된 점을 지적한다. 일본과 중국 그리고 베트남의 경우 대단히 비호감이 팽배하였으나 한류의 영향으로 호감이 증대하였다. 특히 베트남의 경우는 베트남전쟁을 통해 한국에 대한 적대감이 존재함에도 불구하고 한국의 문화를 접하면서 상당히 완화되고 한국을 이해하려는 분위기가 일어나고 있다.

그러나 한류가 현재 동아시아에서 큰 바람으로 일고 있지만, 아시아 각국에서 한류를 곱게만 보지 않는다. 일본과 홍콩 등 과거 대중문화 생산기지 쇠퇴에 따른 아시아 지역의 문화적 혼돈기에 나타난 일시적인 유행현상(fad)에 불과하다는 비판과 10대 청소년층이나 중년 여성층에 한정된 비주류 문화라는 비판이 제기된다. 한류가 중화사상이나 대동아공영권과 유사한 문화적 제국주의의 아류 내지 변종이라는 비판과 함께 역한류(逆韓流), 혐한류(嫌韓流), 항한류(抗韓流) 등이 제기되고 있다. 따라서 일방 통행적인 한류 혹은 지나치게 상업적이거나

24 『한겨레』. 2005. 3. 14.

25 『한겨레』. 2005. 5. 4.

경박한 것은 지양해야 할 것이며, 다른 나라의 문화를 공유하고 이해하는 것이 필요하다. 일방통행이 아닌 양방향적인 문화교류이어야 한다는 것은 한류의 역풍을 염려하는 이들의 한결같은 지적이다.[26]

중국과 베트남 등과 같은 개혁 개방중인 사회주의 국가에서 한류가 유행하는 이유는 한국 특유의 미학보다는 한국의 영상물에서 중산층의 소비생활, 해외여행, 호화로운 명품 등 자본주의적 욕망에 충만해 있는 젊은이들에게 호소력이 크기 때문이다. 그런데 한국 자본주의의 성공을 표현하고 있는 한류의 상품들이 사회의 양극화, 고용불안 및 사회문제를 담고 있지는 않다. 한류의 영상물은 개방과정에 있는 그들 체제에 순응적인 측면이 있기 때문에 상영될 수 있을 것이다.

우리의 문화가 그들에게 관심을 끄는 이유는 우리만의 독특한 문화가 그들에게 감흥을 일으키게 되었기 때문일 것이다. 모두에 지구화를 논하는 가운데 지구 전체가 네트워크화되어 한 지방의 일이면 다른 지방에 영향을 미치는 것이라고 정의한 바 있는데, 각 민족문화의 교류는 지구화의 현상의 일부분일 것이다. 각 민족의 독특하고 고유한 문화만이 세계적이고 지구화 가능성이 가장 크다. 민족문화는 고유성, 단일성, 우수성을 가지며 타민족문화와 구별된다. 다만 민족문화를 절대화하는 것은 금물이다. 특히 지방문화가 가장 세계적일 수 있다. 작금에 지방정부들이 추진하고 있는 지방문화와 지방축제는 산업화되어 많은 관광객을 유치하고 있다. 지방문화는 가면극, 민속놀이, 세시풍속과 같은 행사를 문화상품으로 개발하면 성공할 가능성이 많다.[27]

---

26 심상민. 앞의 책. p. 95.

27 우리의 한글은 우리 민족만이 사용하는 언어임에도 불구하고 우리에게 지배적인 영향

이제 문화가 지배적인 중요한 자원이고 부가가치를 창출하는 지식정보사회가 출현하였다. 문화가 이 시기에 강조되는 이유는 정보사회를 설명하는 가운데 충분히 강조되었다. 근대의 산업사회로부터 이제는 정보와 지식과 같은 문화가 중요한 자원이 되었다는 것을 의미한다.[28 29]

요컨대 재외한인들의 네트워크 구축에 있어서 기업인들만의 네트워크와 더불어 문화 네트워크의 구축이 뒷받침 될 때 비로소 우리 민족의 공동체 구상이 완성된다고 본다. 사회구조의 영역(층위, 심층 : instances)을 정치 · 경제 · 문화적인 측면에서 볼 때, 민족의 정체성과 더불어 문화

을 미쳤던 중국어나 일본어 그리고 영어에 흡수되어 사라지지 않고 지금까지 건재할 뿐만 아니라, 최근에는 한류 덕분에 한국어를 배우고자 하는 세계인이 많아지고 있음을 목격하고 있다.

28 헌팅턴의 경우도 새로운 세계의 갈등의 원인은 이념이나 경제적인 것이 아니라 문화적인 것이라는 문명충돌을 강조한다. S. P. Huntington(1993). "The Clash of Civilization?" *Foreign Affairs*. vol. 72, no. 3. 그의 문명충돌론은 문명의 주체로서 민족을 전제하고 있으며, 여기서 민족은 영토에 근거하여 상호배타적인 갈등을 의미한다.

29 그런데 일반적으로 문화는 ① 인간적 완성의 이념과 관련한 정신의 일반적 상태와 관습 : 도야의 이념, ② 사회 전체의 지적 도덕적 발전의 일반적 상태 : 문명의 이념, ③ 한 사회의 물질적 정신적인 전체적인 삶의 양식, ④ 창조적 작업의 구현체, ⑤ 대중문화로 정리할 수 있다. Paul Edwards. (1978). *The Encyclopedia of Philosophy*. Macmillan, p. 273. 문화 내지 문명의 역사적인 개념을 살펴보면 다음과 같다. ① 문화(culture)는 라틴어의 '밭을 경작하다' 혹은 '신체를 훈련하다' 등을 의미하는 colo(형용사 cultus, 명사 cultura)에서 유래하였다. 그런데 정신적인 의미에서의 교양을 의미하는 것으로 사용된 것은 로마시대 키케로가 '영혼의 도야'(cultura animi)를 말하는 데서 비롯한다. 이로부터 물질적–문명적인 것과는 다른 도덕적 정신의 함양을 의미하게 되었다. ② 문명(civilization)은 라틴어의 시민을 뜻하는 civis(형용사 civilis, 명사 civilitas, civitas는 국가를 의미)에서 유래하였다. 그런데 18세기 프랑스와 영국에서 '예절 바른, 세련된' 의미로부터 산업문명이 발달한 이상적인 인간사회를 의미하는 것으로 문명의 개념이 일반화되었다. 그것이 문화이든 문명이든 야만성(미개함)으로부터 탈피한 인간의 업적이나 행동양식을 의미함으로써 타민족과 타문화에 대한 서구인의 우월감을 드러내는 편견을 갖는 것으로 평가된다.

양식의 공유야 말로 네트워크 내지 공동체 구축의 핵심이라고 할 수 있다. 특히 정보사회에서의 문화공유는 토대의 구축과 함께 강조되어야 할 것이다. 그런 의미에서 우리는 문화의 적극적인 측면을 이해하고, 한상 네트워크의 구축과 더불어 문화 네트워크의 구축을 검토해야 할 것이다. 왜냐하면 한민족 네트워크 공동체를 구축하는 데 있어서 한민족 구성원들이 공동의 문화자원을 공유하는 데 있기 때문이다.

4. 민족문화 네트워크의 구축방안 모색

(1) 민족 공동체론

이 글의 모두에서 우리의 국제경쟁력을 제고하기 위하여 민족 네트워크의 필요성을 제기하였다. 그것은 지구화로 가는 과정에서 과도기적으로 요구되는 것이다. 자본주의와 민족국가는 동전의 양면으로서 자본주의가 존재하는 한 민족과 국가는 계속 존재할 것이지만, 지구화를 추동하는 초국적 자본은 역설적으로 민족과 국가의 지위를 약화시키고 있다.[30] 그런 과도기에 우리는 민족국가의 완성이라는 근대적 과제

---

30 물론 민족과 국가의 지위약화는 지구화에 의해서 초래된 결과이기도 하지만, 정보통신기술의 발달에 따라 국가 이외의 다양한 주체 내지 단위들의 참여 증대에 따른 것이기도 하다. 그런데 역사적으로 근대 자본주의 세계체제의 형성과정은 자본의 초국적화와 정치적 민족국가 수립이라는 이중적인 과정이었다. 민족국가의 경계를 넘어서는 세계적 규모의 자본축적과 시장경제의 수립으로서의 세계화와 일국 단위의 주권과 정치질서의 확립 및 민족주의의 등장은 모순적으로 진행된 동시적인 현상이었다. 따라서 국민국가와 주권의 분할가능성과 비배타성은 한 민족의 역사발전의 산물이 아니라 자본주의 세계체제의 산물임을 보여준다. 홉스봄에 의해서도 민족 및 민족주의는 근대의 산물임을 분명하다. 그에 의하면 민족주의와 민족국가의 형성은 근대 자본주의 발전의 불균등의

의 수행과 하나의 지구촌 형성에의 동참이라는 탈근대적 현상을 동시에 경험하고 있다. 궁극적으로는 민족과 국가의 영역 및 경계가 허물어지게 될 것이지만, 권위를 갖는 세계정부가 수립되지 않고 범세계적 규범과 질서가 형성되지 않은 작금의 상황은 우리로 하여금 아직 민족과 국가의 역할을 기대하는 것이다. 바로 국제경쟁력 강화의 주체가 민족과 국가라는 냉혹한 국제적 현실을 무시할 수 없다.[31]

우리는 특히 한민족 공동체를 구축하는 데 있어서 한반도 토착인구의 10%에 이르는 재외한인을 주요한 논의 대상으로 삼고자 하였다. 통일한국을 지향하는 과정에서 먼저 남북한 간의 통합이 선행한다고 볼 수도 있지만, 동시에 그러한 민족 공동체의 형성과정에서 지금까지 방치 또는 무시되어 온 재외한인의 역할을 기대하는 것이다.[32] 또한 그것은 재외한인들에게도 상생의 이익을 가져다 줄 것이다. 그들 스스로 거주국에서의 피나는 노력을 통하여 안정된 지위를 얻기도 하였겠지만, 최근에 한국의 국력 신장에 따라 그들 재외한인의 지위 또한 동반 신장되는 것을 경험하였을 것이기 때문이다.

산물이라는 것이다. E. J. Hobsbaum. (1990). *Nations and Nationalism since 1780*. Cambridge Univ. Press. 강명세 옮김(1998). 『1780년 이후의 민족과 민족주의』. 창작과비평사.

31 자본주의하에서 사적 자본은 항상 국가권력의 존재를 요청하며, 자본주의적 생산과 유통의 특정 영역에서 국가의 관리 및 조절 없이는 자본축적이 이루어질 수 없다. 즉 아직 자본주의적 사회관계의 재생산은 단일의 국가영역에서 이루어지고 있는 것이다. S. D. Brunhoff 지음. 신현준 옮김(1992). 『국가와 자본』. 새길, p. 11.

32 그런데 우리나라에 들어와 있는 외국인들에게도 규제와 차별을 하는 처지에 재외한인의 민족자산화는 염치가 없다는 비판이 있다. 재외한인을 경제적 가치의 발견과 전략적인 측면에서만 바라본다면 거주국에서의 다양한 이주경험과 이해 때문에 모국 중심의 일방적인 재외한인 활용론은 문제가 있다는 것이다. 전형권(2005). "재외동포 네트워크의 특성과 활용방안". 광복60주년기념 국사편찬위원회 재외동포사편찬 국제학술회의 발표논문. 『재외동포사회의 역사적 고찰과 연구방법론 모색』. 국사편찬위원회, p. 154.

해외에 거주하는 한인들은 남북한 통일 이전에 그리고 남북한 각기 또는 남북 모두에게 공동번영의 존재이다. 조국이 제국주의적 침략에 당면하여 어려운 처지에 있을 때, 그리고 민주주의가 충분히 보장되지 않은 가운데 불균등한 경제성장에 치중하던 시기에 해외로 이주하여 형언할 수 없는 어려움을 극복하고 거주국에서 현재의 위치를 확보한 재외한인들에게도 조국은 상생의 기회를 제공할 것이다.[33]

재외한인은 남북한의 통합과 한민족 공동체의 구축에 있어서 중매자 내지 촉매자의 역할을 할 수 있을 것이다. 남북한의 직접 교류가 곤란할 경우, 미국과 일본 그리고 중국과 러시아 및 중앙아시아 여러 국가 등에 거주하는 재외한인들은 흡수통일의 혐의를 면치 못하는 남한에 비하여 훨씬 더 자유로울 것으로 사료된다. 세계적인 탈냉전의 질서 속에서 사회주의 내지 자본주의 사이의 체제경쟁적인 의혹을 덜 사는 해외거주 한인들의 남북한 사이 중재는 남북통합을 추진하는 데 용이한 역할을 수행할 수 있을 것이다. 특히 상호 이질감과 적대감으로부터 동질감을 느끼게 하는 데 문화적인 촉매자의 역할을 충분히 수행할 수 있을 것이다. 과거 사회주의 체제에 속했던 중국과 러시아의 조선족과 고려인들은 북한과의 화해 및 교류 협력에 있어서 보다 능동적인 역할을 할 것이다.

이렇게 많은 역할이 기대되는 재외한인은 주로 미국, 일본, 중국, 러시아 및 중앙아시아 등을 중심으로 전 세계에 걸쳐 거주하고 있음을 앞에서 확인하였다. 외국으로 이민하여 종족으로서의 문화적 요

33 물론 현재에도 이민을 떠나거나 여러 가지의 사유로 장단기간에 걸쳐 해외에 체류하는 한인들이 이어지고 있다. 조기유학, 기러기 아빠, 원정출산, 홈쇼핑에서의 이민 상품의 판매, 해외 이주 · 이민박람회의 호황 등은 이민행렬이 끊이지 않고 있다는 것을 반증한다.

소를 유지한 채 지역적인 집단을 형성하면서 사는 한민족을 일컬어 "코리안 디아스포라(Korean Diaspora)"라고 한다. 디아스포라 공동체는 이주민들이 해외의 이주사회 안에서 그들의 언어와 문화전통을 지니면서 그들 사이에 인간관계와 경제적 사회적 관계망을 형성하면서 일정한 지역에 리틀 이탈리아, 리틀 인디아, 리틀 도쿄, 차이나타운, 코리아타운과 같이 불리는 지역사회를 이루거나 관계의 연계망을 통한 탈지역적 하위사회를 형성한 경우를 의미한다.[34]

그런데 코리안 디아스포라 연구는 다음과 같은 세 가지 접근방식이 있다. 먼저 재외한인이 우리와 같이 동일한 혈통과 문화를 지니고 있다는 것을 전제하고 접근하는 경우이다. 둘째, 한국과의 관계 또는 문화적 연관보다는 거주국의 소수 민족으로서 정체성을 강조하는 즉 'Korean in America' 보다는 'Korean-American'으로서의 정체성을 강조하는 접근이 있다.[35] 셋째, 혈통주의에 근거하여 하나의 공동체를

34 김광억(2005). "종족의 현대적 발명과 실천". 김광억 외. 『종족과 민족』. 아카넷, p. 67. 재외한인의 해외 이주의 역사적 경험에 비추어 볼 경우에도 디아스포라 개념으로 설명이 가능하다. 그런데 디아스포라는 다음과 같은 공통의 속성들을 지닌다. ① 한 기원지로부터 많은 사람들이 두 개 이상의 외국으로 분산한 것, ② 정치적 경제적 기타 압박요인에 의하여 비자발적이고 강제적으로 모국을 떠난 것, ③ 고유한 민족문화와 정체성을 유지하고자 노력하는 것, ④ 다른 나라에 살고 있는 동족에 대해 애착과 연대감을 갖고 서로 교류하고 소통하기 위한 초국적 네트워크를 만들려고 노력하는 것, ⑤ 모국과의 유대를 지키려고 노력하는 것. 위의 특징을 고려할 때 재외한인의 이주와 정착의 경험 역시 위의 조건들을 충족시키는 것으로 볼 수 있기 때문에 디아스포라의 개념을 적용할 수 있고 코리안 디아스포라라고 부를 수 있다. Choi, Inbom. (2003). "Korean Diaspora in the Making: Its Current Status and Impact on the Korean Economy". pp. 9-27. C. Fred Bergsten and Inbom Choi eds. *The Korean Diaspora in the World Economy*. Washington D. C.: Institute for International Economics.; 윤인진. 앞의 책. p. 7.

35 박명규(2004). "한인디아스포라의 사회학적 함의". 최협 외 편. 『한국의 소수자, 실태와 전망』. 한울, 참조.

구축하려는 것보다는 거주국에서의 역사적 경험과 조건을 고려한 개방적인 다중심 다문화 한민족 네트워크의 형성을 추구하는 주장이 제기되기도 한다.[36]

여기서는 세계 한민족 네트워크 구축 방안으로 한민족 네트워크 공동체(Network Community of the Great Korean Nation)의 구축 방안을 지지한다. 이 견해에는 연결망의 관점에서 사회현상을 관계(relation)로 이해하고, 이에 기반하여 새로운 정책적 함의를 도출하고자 하는 관점으로, 관계형성에 관한 구조적 이론에 근거하여 민족통합에 관한 함의를 찾고자 하는 것이다.[37] 민족구성원들 간에 국경을 넘어 존재하는 혈연(血緣), 지연(地緣), 학연(學緣), 업연(業緣), 교연(敎緣) 등 다종다양한 관계로 이루어지는 민족 네트워크는 모두에 언급한 우리 민족의 국제경쟁력을 제고하는 대안의 하나라고 본다.

네트워크 공동체의 위와 같은 개념에 기초하여 네트워크 공동체를 '일정한 공간과 특정한 관계를 중심으로 다양한 상호작용이 전개되며, 이 과정에서 공동의 유대와 귀속감을 발전시키는 공동체'라고 정의하는 이들 견해에 의하면 한민족 네트워크 공동체는 '한민족의 혈통과 문화적 공통성(언어, 전통, 역사, 관습)을 기초로 한반도 주변국가에 거주하는 한민족 구성원들이 다양한 상호작용을 통해 공동의 유대와 귀속감을 발전시키고, 이에 기반하여 문화적 경제적 교류를 추구하며 공동의 생존과 번영을 도모하는 공동체'라고 규정된다.[38] 이 글 역시 이러한 네트워크 공동체 문제 틀에 입각하여 한민족 문화 네트워크 공

36 장태한(2004). "소수자로서의 재미한인". 최협 외 편. 앞의 책.

37 성경륭 · 이재열(1999). "민족통합에 대한 네트워크 접근". 서대숙 외. 『민족통합과 민족통일』. 한림대학교 민족통합연구소, p. 129.

38 성경륭 · 이재열. 앞의 책. pp. 131-132.

동체 구축방안을 논의하고자 한다.[39]

(2) 정보화 시대의 민족문화 네트워크

한민족 네트워크 공동체의 발전을 도모하기 위해서는 해외에 산재해 있는 한민족 구성원들을 정보 네트워크로 연결하는 작업과 인적, 문화적, 경제적 교류 등을 추진하는 것이 필요하다. 한인들의 해외이주가 시작된 지 150년이 좀 안 되었지만 재외한인들이 거주하고 있는 지역 내지 국가의 상황과 조건이 다르고 이주와 정착과정의 상이함 때문에 한민족으로서의 동일한 혈통, 언어, 전통, 민속 등을 공유하고 있음에도 불구하고 상호 공감하는 공동체적 연대감을 가질 수 없다는 제약이 따르기도 한다.[40] 또한 재외한인들이 선택하는 조국이 하나가 아니고 분단된 두 국가이며, 거주국에서의 이주과정의 차이에서 비롯하는 동질적인 측면보다는 이질적인 측면이 많을 것이기 때문에 민족 네트워크의 구축 작업이 순탄하지는 않을 것이다.[41] 그러나 네트워킹을 통

39 한민족 네트워크 공동체 개념에 따르면 ① 남북한 중심의 사고로부터 재외한인들의 참여와 역할을 고려하게 되고, ② 주변 국가들의 우려를 해소할 문화적 영토 내지 권역(cultural territory or boundary)의 형성에 관심을 두게 되며, ③ 탈냉전, 지구화, 정보화에 걸맞게 정치 군사적인 접근 보다는 문화적 경제적 교류협력에 기반한 네트워크 중심의 접근을 통해 우리 민족의 공동번영을 추구하는 관계론적 통합, 즉 문화적 경제적 공동체의 실현을 강조하게 된다. 성경륭 · 이재열. 앞의 책. pp. 132-134.

40 그럴 경우에는 사이버 공동체의 구축을 통해서 한민족 구성원들 사이의 상호작용을 증진하고 다양한 정보 네트워크로 연결하는 것이 요구되기도 한다. 사이버상의 공동체는 ① 시간상의 제약을 극복할 수 있으며, ② 공동체의 기억력이 더 강력하며, ③ 새로운 관계나 정체성을 실험할 수 있다는 정점이 있다. 다른 한편 현실세계에서의 공동체는 ① 구성원을 친밀하게 잘 알 수 있으며, ② 공동체에 대한 책임감이 크며, ③ 그룹 피드백이 가능하다는 장점이 있다. 홍성욱(2002). 『네트워크 혁명, 그 열림과 닫힘』. 들녘, p. 154.

41 그러나 재외한인들의 이민족과의 혼인 증가, 한국어 구사능력의 상실, 민족문화 정체성

해서 보다 많은 구성원들이 민족적 동질성과 정체성을 회복하게 되고 강한 연대감과 귀속감을 느끼게 될 것이다. 그리고 정치적 군사적인 영역보다는 경제적 문화적 교류와 협력을 증진을 통한 네트워크 공동체의 구축이 요구된다.

특히 앞서 지적한 한계도 있지만 정보사회가 가져다주는 많은 이점도 있다. 정보사회는 정보가 디지털(digital)로 처리 저장되고 네트워크(network)를 통해 전달됨으로써 나타나는 기술적 경제적 혁신에 의해 초래되었다. 의사소통구조라고도 할 수 있는 네트워크는 정보사용자(발신자 및 수신자)와 정보전달체계 전체를 포함하는 광의와 정보전달체계만을 의미하는 협의로 사용된다. 네트워크는 정보의 공급자(생산자)가 정보의 수요자(소비자)가 되는 쌍방향 네트워크를 의미하며, 인터넷은 전세계 컴퓨터를 연결하는 디지털 쌍방향 네트워크이다. 그런데 재화의 가치는 그것을 사용하는 사람들의 수에 의존할 때 효과가 발생하는데, 네트워크는 네트워크에 접속하는 사람의 수가 늘어날수록 네트워크의 사용가치가 증가하는 효과를 갖는다.[42] 그리고 많은 양의 정보 저장과 전송이 용이해 지고, 컴퓨터에 의한 연산처리가 가능해진 디지털혁명 시대에는 다음과 같은 효과에 의해 네트워크의 사용가치가 커진다.[43][44] 요컨대 정보통신기술은 자동화하는 과정에서 네트워

의 약화 등을 민족 네트워크 구축에 있어서 고려해야 할 요인으로 판단된다.

42 정보사회에서의 네트워크 혁명은 전 지구적인 네트워크로 인하여 정치 경제 사회 문화 국제관계의 영역에서 동시다발적으로 진행된다. 홍성욱. 앞의 책. p. 31.

43 디지털 시대의 정보는 저장이 용이하며, 입력과 저장 그리고 출력이 사이클을 이루며(원래의 정보로 회복가능), 여러 유형의 정보가 하나의 통일된 형식, 즉 기호로 표현될 수 있게 되었다. 윤완철(1999). "디지털 정보시대와 인간". 최혜실 편. 『디지털시대의 문화예술』. 문학과지성사, pp. 51-52.

44 ① 정보의 수요자가 곧 공급자가 되는 생산-소비효과 또는 콘텐츠효과(prosumer effect ;

크를 활성화시키고, 새로운 정보를 만들어 내며 경험세계를 변화시킨다. 우리는 민족 네트워크를 활성화하기 위한 긍정적 측면에서 디지털혁명의 이점을 활용하고자 한다.

인간이 자연 상태에서 벗어나 일정한 목적 또는 생활 이상을 실현하려는 활동과정 및 서서히 형성되는 생활방식과 내용을 문화라고 한다면, 그 생활방식과 내용은 환경의 변화에 영향을 받지 않을 수 없다. 특히 정보사회에서의 디지털혁명은 우리의 생활양식 내지 문화생활을 급속하게 변화시키고 있다.[45] 산업사회의 기술혁명이 대량생산과 대량소비의 시대를 열어 심미성보다는 경제성과 기능성을 강조하

---

contents effect)로 인한 네트워크의 사용가치는 대략 접속자의 수에 비례한다. ② 접속자가 늘면 의사소통경로가 늘어나고 급속하게 증가한다(전달경로효과, channel effect ; communication path effect ; Metcalfe effect). 전달경로효과에 의한 네트워크의 가치는 접속자의 제곱의 속도로 증가한다. ③ 접속자가 늘면 네트워크 내 공동체의 수가 보다 급속하게 증대한다(공동체효과 : community effect). 공동체 형성의 효과는 대략 접속자의 지수배의 속도로 증가한다. 강남훈(2000). "디지털혁명과 '신경제'의 축적구조". 경상대학교 사회과학연구소 편. 『디지털혁명과 자본주의의 전망』. 한울, p. 16.

45 ① 먼저 사람과 사람 사이의 인터페이스 양상이 변하여 직접 만나서 대화하는 기회가 줄어들고 컴퓨터통신을 통하여 만나게 된다. 따라서 인간적인 만남의 의미가 변하게 되었다. ② 음성 내지 문자 인식 컴퓨터를 통하여 인간과 컴퓨터 사이의 인터페이스 방식 및 인간과 인간 사이의 인터페이스가 변하고 있다. 또 자동번역시스템은 언어의 국경을 낮추게 될 것이다. ③ 인공지능시대를 맞이하여 로봇이 인간의 노동을 대신하게 됨으로써 인간에 대한 본질적인 질문에 부딪히게 된다. ④ 디지털혁명은 선택의 다양성을 확보함으로써 가정의 변화를 초래하고 있다. 결혼, 이혼, 출산, 취업 등에 있어서 지금보다 다양한 선택을 하게 됨으로써 지금의 가정과는 매우 다른 모습을 보이게 될 것이다. ⑤ 컴퓨터와 통신을 활용한 재택근무가 가능해짐으로써 산업사회에서 분리된 가정과 직장의 통합을 기대할 수 있으며, 여성의 취업률이 제고될 것이며, 전자상거래의 활성화에 따라 가정에서 외출할 필요가 줄어들고 여가를 즐길 수 있게 된다. 이광형. 앞의 책. pp. 32-36.
그러나 디지털혁명은 인간을 비인격적인 정보처리기관으로 이해하는 정체성의 변화, 직접 대면하는 현실의 이웃을 잃고 가상공간에 갇혀 인간 비슷한 실리콘 이웃(Humanoids)들과의 동거라는 문제를 낳고 있다. 윤완철(1999). "디지털 정보시대와 인간". 최혜실 편. 『디지털시대의 문화예술』. 문학과지성사, pp. 74-81.

는 표준화된 상품을 소비하였다면, 디지털 시대를 맞이하여서는 그러한 획일적인 상품에 싫증을 느끼고 자신의 개성에 맞는 다양성을 추구하게 되었다.[46]

그리고 이전보다 더 많은 시간을 여가에 충당하게 되었다. 주5일제의 보편화에 따라 노동시간은 단축되고 여가시간이 크게 늘어난 만큼 사람들은 문화의 소비자에 머물지 않고, PC와 멀티미디어를 이용하여 스스로 창작활동을 하게 되었다. 엄청난 양의 문자 · 음성 · 영상 정보를 수록한 CD롬으로 개인 도서실을 갖추고, 인공위성과 케이블 TV로 연주회와 공연실황, 미술전시회, 스포츠 이벤트 등을 감상할 수 있게 되었다. 정보사회는 개인의 사생활을 침해할 가능성이 많아졌지만, 창의성과 자율성과 수평적인 평등한 인간관계 그리고 인간중심의 가치관이 존중되는 사회를 실현시킬 것이다.[47]

특권과 권위가 사라지고 일방적인 아닌 쌍방향의 문화가 지배적인 것으로 등장하였다. 따라서 자르고 풀칠하여(cut and paste) 원본보다 더 훌륭한 복사본의 생산이 가능해졌다. 지식의 역사는 기본적으로 상호 텍스트성으로 이루어졌다. 다른 텍스트를 답습하고 극복하는 방식이 학문의 방식이었고 그 방식은 각주를 통해 지식의 원천을 밝힘으로써 무마되고 권위를 인정받았다. 요컨대 과거 텍스트들의 기록은 역사 속에 집적된 지식의 줄기에 자신을 연결시켜 작가의 권위를 높이는 데 도움을 주었다. 그러나 이제 인터넷사이트에서는 지식의 소유권이 없다. 자르고 풀칠한 복사본은 전혀 출처를 밝히지 않아도 되

46 덧붙여 대량생산의 기술을 가지되 창작의 희소성을 동시에 갖는 것이 Mass Customization이라고 한다. 박상찬(1999). "디지털 문화의 공급 사슬관리". 최혜실 편. 앞의 책. p. 141.

47 이광형, 앞의 책. pp. 37-40.

고, 훔치기(cheating)에 대한 죄책감도 없다. 정보사회에서 지식의 무단 복제는 사용자의 비양심 때문이 아니라 하이퍼텍스트의 속성 때문에 벌어진다고 보아야 할 것이다.

그리고 디지털혁명의 시대는 이야기해주기(story-telling)의 변화를 가져왔다. 소설, 희곡, 영화, 시나리오 등의 전통적인 스토리텔링은 시간과 순서에 따라 진행하는 선형적 서사구조를 갖고 있으나, 하이퍼텍스트(hypertext)의 등장에 따라 새로운 양식의 상호작용적인 이야기(내러티브 : narrative)가 실험적으로 모색되고 있다.[48] 전통적인 선형 진행의 스토리텔링 방식에 반하여 독자가 선택하여 이야기가 전개되는 비선형성이 하이퍼텍스트의 특징이다. 이야기 듣기는 수동적이고 확정적이고 복제 가능하다. 그러나 하이퍼텍스트를 이용한 스토리텔링에서는 관객들의 취향에 따라 주인공이 선택이 달라질 수도 있고, 우연적인 사건이 발생할 수도 있기 때문에 모든 관객들은 감독이 제공하는 틀 안에서 각기 다른 이야기를 경험하게 된다. 그럼으로써 작가 또는 가상현실의 주인공이 독자와의 상호작용을 통해 다른 이야기로 전개되는 변화를 가져 왔다. 상호 작용성을 이용한 하이퍼텍스트는 기존의 독자에게 수동적인 문화의 수용자에서 적극적인 선택을 통해 저자와의 대화가 가능해졌다.

이렇듯 하이퍼텍스트는 독자로 하여금 참여와 텍스트 읽기에 대한 통제권을 획득하게 하여, 읽기가 곧 쓰기가 되어 문화수용이 또 하나의 창작으로 연결될 수 있다. 여기서 선택과 변화의 정도를 높이는

48 최혜실은 "모든 견고한 것들은 하이퍼텍스트 속으로 사라진다"고 자신의 책제목을 정하기도 하였다. 최혜실(2000). 『모든 견고한 것들은 하이퍼텍스트 속으로 사라진다』. 생각의나무. 이 문구는 마르크스 · 엥겔스의 『공산주의자 선언』에서 인용한 것이다.

것이 하이퍼텍스트의 내러티브를 활성화하는 것이다. 다시 말해 이야기 속으로 들어가는 것(양방향성 이야기 : interactive narrative)을 경험하는 것이 내러티브의 개념이다. 네트워크의 양방향성에 비롯하는 이야기 속으로 들어가기를 통하여 독자가 작가가 되는, 즉 소비자가 동시에 생산자가 되는 결과 하이퍼텍스트 소설과 컴퓨터 게임이 서사성을 획득하면서 새로운 문화산업이 등장하고 있다.

이야기는 현재 유행하고 있는 한류를 지속시키기 위해서도 중요하게 부각되는 자원이 되었다. 한류가 바람을 일으키고 있는 나라로부터 역풍도 있지만, 한류를 지속시키기 위해서는 우리 민족의 이야기를 발굴해야 한다. 신지식인 1호라고 추세워졌던 심형래의 '용가리'가 팔리지 않은 이유는 그 영화 안에 이야기가 없었기 때문이다. 조앤 롤링의 〈해리 포터〉와 J. 톨킨의 〈반지의 제왕〉에서 시사 받는 바는 무궁한 서사에 있다는 점이다. 우리 민족 역시 단군신화, 삼국유사 등에서 충분히 문학적 작품의 소재가 될 서사적 자원이 풍부하다. 지역의 축제나 문화유산 등에 역시 반드시 관련된 이야기가 있어야 관객이 오게 되어 있다.

결국 문화적 특성을 살릴 수 있는 한국적 이미지, 한국적 캐릭터의 개발이 중요한 관건이 된다. 서구적인 것이 아닌, 아직 서구가 주목하지 못한, 우리의 문화가 잠재되어 있는 주제와 캐릭터들을 개발하는 것이 필요하다. 이것이 문화산업의 정수인 문화콘텐츠의 개발이며, 바로 우리의 문화원형에서 찾을 수 있다. 문화원형콘텐츠의 활용 가능성이 가장 높은 분야는 컴퓨터 게임이다. 고대 복식, 전통 건축양식과 군왕천세기, 청룡기, 황룡기 등의 깃발과 석물, 악기, 제기, 가마, 부적 등에 이르기까지 이러한 콘텐츠는 캐릭터와 소품 제작에 활용될 것이다. 요컨대 문화원형 콘텐츠는 문화산업의 인프라로 활용될 여지가 무궁무진하다고 할 수 있다.

디지털시대 민족문화 네트워크 구축을 위해서 이상과 같은 내용을 충분히 이해하여야 한다. 더불어 형식으로서의 네트워크가 필요하다. 인터넷 혁명의 시대에 실천방법에는 네트워크의 힘이 아닌 다른 논리와 힘이 지배하는 공동체, 즉 네트워크에서 분리된 콤뮨(commune)을 만드는 것과 대안적 네트워크를 만들어 네트워크가 제공하는 이점을 활용하고 동시에 자본의 네트워크를 견제하는 방법이 있다.[49]

다른 한편 네트워크의 구축을 위해서 사이버 공동체를 체계적 효율적으로 운영하기 위해서 정보화 투자를 할 필요가 있다. 이미 우리나라는 인터넷을 활용하는 인구가 전체 인구에 대비하여 제일 많은 국가임은 주지의 사실이다. 이제 혈연, 학연, 지연 등의 강한 연줄에 의한 닫힌 공동체가 아닌 약한 연줄로 이어진 열린 공동체로서의 사이버 공동체가 민족문화 네트워크의 한 단위가 될 것이다. 그럴 경우 현실에서 사이버스페이스로 옮겨가는 운동과, 사이버스페이스에서 현실로 진입해가는 운동으로 나눌 수 있다. 그때 현실과 사이버스페이스의 연계의 끈과 상호 접점을 놓치지 않는 지혜가 요구된다. 왜냐하면 최종적인 권력은 결국 현실세계에서 이루어지기 때문이다. 요컨대 온라인-오프라인에서의 네트워크 구축과 더불어 최종적으로는 현실에서의 네트워크 구축으로 나타나야 하는 것이다.

---

49 홍성욱(2001). "인터넷혁명, 그 열림과 닫힘의 실천적 의미". 홍성욱 · 백욱인 편(2001). 『싸이버스페이스 오디세이』. 창작과비평사, p. 292. 후자의 예로 Zapatista, 독립미디어 센터(www.indymedia.org.), MAI에 대한 범세계적 반대운동, 세계사회포럼(WSF) 등이 있다.

5. 결론 : 지구화 시대 민족문화 네트워크의 의미

지구화와 정보화를 특징으로 하는 당대에 토착인구의 10%를 차지하는 재외한인연구와 민족문화 네트워크를 구축하기 위한 이론적인 작업의 결과는 더 나은 세계는 가능하다는 것이다(Another World is Possible). 분단된 민족, 아직도 잔존하고 있는 냉전질서, 심각하게 양극화된 사회와 같은 악조건 속에서 대안은 없는 것(There is no Alternative)이 아니라, 디지털혁명과 민족문화로부터 더 나은 세계는 가능하다는 충분한 시사를 받는다. 바로 국제경쟁력의 제고와 평화적인 민족 통일과정에 있어서 재외한인의 역할을 기대할 수 있기 때문이다. 비록 그것이 평화로운 하나의 지구촌 사회로 가는 과도기에 민족과 국가에 의존해야 하는 처방이지만 말이다. 그것이 과도기적인 이유는 모든 견고한 것들은 허공 속에서 녹아 없어지기 때문이다.

특히 자신을 내팽개친 모국을 떠나 생존을 위하여 끊임없이 이동하고 유연한 사고를 통해 온갖 장애를 극복해 온 재외한인의 귀중한 역사적 경험은 유목민적 사고(nomadic thought)가 절실하게 요구되는 정보화의 시기에 우리의 기대를 충족시킬 것이다. 재외한인의 역사적 경험은 단지 전략적으로 활용 가능한 자원이라기보다는 모국과 동반성장을 가능케 하는 상생의 자원이 될 것이다.

한류의 바람으로 문화의 중요성이 새삼 부각되는 상황에서 우리는 재외한인이 처절한 생존투쟁 과정에서도 한민족이라는 정체성을 놓치지 않은 것은 바로 민족문화의 유지와 향유를 통해서 그것이 가능하였다는 것을 확인하였다. 한국 문화와의 접촉, 민속명절과 민속놀이, 민속적인 통과의례의 유지, 경조사에서의 부조금 출연, 한복착용,

한국 음식과 한국어의 사용 등을 통해서 민족문화의 향유정도가 상당한 수준에서 이루어지고 있음을 확인할 수 있다. 비록 우리가 그들과 떨어져 산지 오래 되었지만 이제 온·오프라인의 네트워크를 통하여 과도기적인 당면과제를 해결할 수 있을 것이다.

디지털혁명에 의해 초래된 정보사회에서 유목민적 기질을 유감없이 발휘하고 있는 한민족은 700만 명의 재외한인과 더불어 배타적인 민족 공동체가 아니라, 열려 있는 민족 네트워크 구축을 통하여 모국과 재외한인의 상생을 도모할 호기에 처해 있다. 특히 우리 한민족은 수많은 설화와 신화 등 우리 이야기가 많이 갖고 있고, 또 그림을 그리듯이 영상서사에 장점을 갖고 있으며 서로 이야기하기를 좋아한다. 충분한 콘텐츠를 갖는 우리 민족은 어느 시기, 어느 민족보다 경쟁력 있는 부가가치를 창출할 수 있는 조건과 기회를 맞이하고 있다. 바로 그 대안이 민족문화를 유지하고 있는 재외한인 집거지(코리아타운)를 거점으로 하는 민족문화 네트워크의 구축에 있다는 것이다.

제9장

우즈베키스탄과 카자흐스탄의 고려인 예술가 활동현황

전남대학교 세계한상문화연구단(2008). 『디아스포라연구』 제2권 제2호 게재논문.

1. 서론 : 재외동포와 문화

현대사회는 지식과 정보를 기반으로 한 지구적인 네트워크화를 부가가치가 큰 자산으로 여기게 되었다. 네트워크는 지구화와 정보사회의 등장과 더불어 크게 활성화되고 있는데, 그런 의미에서 네트워크가 곧 힘이라고 할 수 있다. 따라서 우리 민족도 전 세계에 거주하고 있는 700만 명의 재외한인과 더불어 한민족 네트워크 구축을 통하여 국제경쟁력을 제고하고자 최선을 다하고 있다.

지구화 현상의 심화와 디아스포라의 증가에 관한 역사적 인과관계를 아직 확인할 수 없지만, 자본주의의 팽창적 성격과 그에 따른 지구화는 다수의 민족과 인종의 이산을 촉진하는 결과를 초래하였다. 그 결과 지구화의 대응전략으로서 디아스포라 네트워킹의 필요성이 제기된다.[1] 그러한 지구화와 정보화에 대응하기 위한 방안의 하나로서 재외한인사회의 현황을 살펴보고, 글로벌 차원에서 재외한인의 네트워크을 구축하기 위한 전남대학교 세계한상문화연구단이 행한 일련의 작업은 시의성이 깊다고 할 수 있다.[2]

그러한 작업과정에서 필자는 2006년 중앙아시아 지역의 우즈베키스탄과 카자흐스탄의 고려인 예술가들의 활동현황을 살펴볼 수 있는 기회를 가졌다. 이 지역에서 활동하고 있는 전체 고려인 예술가들을 고찰할 수 없었지만, 일부 고려인 예술가들을 만나본 결과를 보고하고, 우리 정부와 민간이 지원할 수 있는 방법을 모색하고자 한다.

---

1 임채완 · 장윤수 외(2008). 『재외한인 문화예술 네트워크』. 북코리아, p. 25.

2 전남대학교 세계한상문화연구단 간행 제1차 총서 11권(2005년 집문당 출판), 제2차 총서 11권(2006년 북코리아 출판), 제3차 총서 11권(2008년 북코리아 출판) 전 33권 참조.

특히 그들이 현재 처한 상황과 그들이 열망하고 있는 부분이 무엇인지 있는 그대로 전하고자 하는 것이 이 글의 목적이다. 이 글의 요지는 중앙아시아 지역, 특히 우즈베키스탄과 카자흐스탄에 거주하고 있는 고려인 예술가들이 대단히 열악한 환경에서 나름대로 대단한 긍지를 갖고 민족문화에 대한 전수활동과 창작활동을 하고 있으며, 모국과의 교류 및 네트워킹을 절실히 원하고 있다는 것이다.

140년이 넘는 이주역사를 갖는 중앙아시아 고려인들은 1937년 연해주로부터 중앙아시아로의 강제이주와 같은 온갖 어려움을 이기고 그 곳에 정착하였다. 비록 그들이 1991년 국교정상화 이전에는 과거 사회주의권 국가에 흩어져 거주하고 있던 탓에 우리와 교류하지 못하였다. 따라서 타 지역에 비하여 우리말의 구사능력과 우리 민족문화의 향유정도가 좀 낮긴 하지만, 상당한 수준에서 민족정체성을 유지하면서 거주국 사회에서 당당한 소수민족으로 자리 잡고 있다. 이 글에서는 우즈베키스탄과 카자흐스탄에 거주하고 있는 고려인 중에서 음악 및 미술 종사자들의 활동현황을 보고하고자 한다. 이를 통해서 한민족 문화예술 네트워크 구축의 기초 자료로 활용되기를 기대한다.

2. 중앙아시아 고려인 현황과 민족문화

(1) 중앙아시아 지역의 고려인 현황

고려인이라고 불리는 중앙아시아 지역 거주 재외한인은 약 30만 명이다. 러시아 등 구 소련권에 거주하는 고려인 총인구는 약 55만 명으로

표 9.1 중앙아시아 및 독립국가연합 재외한인 현황

국 가	연 도				
	1989	1997	2001	2005	2008
우즈베키스탄	183,100	220,350	230,800	200,917	186,370
카자흐스탄	103,100	103,653	99,700	103,676	102,280
키르키즈스탄	18,355	16,650	20,000	20,394	20,900
타지키스탄	13,431		1,550	1,783	
투르크메니스탄	2,800		2,500	420	
소 계	320,786	340,653	354,550	327,190	309,550
러시아	107,100	98,918	156,650	190,671	209,025
우크라이나	8,000	8,792	8,958	13,119	33,131
벨로루시	1,005	1,005	1,200	1,327	1,212
소 계	116,105	108,715	166,808	205,117	242,156

자료 : 외교통상부, 재외동포재단의 재외동포 현황 자료를 참고하여 재구성.
〈http://www.mofat.go.kr/consul/overseascitizen/compatriotcondition/index.jsp〉;
〈http://research.korean.net/global/docs/r_board.html?txtboardcode=LL(2008. 8. 1)〉

중앙아시아 지역에 그 과반수가 거주하고 있다. 특히 우즈베키스탄과 카자흐스탄에 고려인 다수가 거주하고 있다. 구체적으로 중앙아시아 지역에 거주하고 있는 재외한인 현황을 보면 〈표 9.1〉과 같다.

중앙아시아 지역에 살고 있는 고려인은 1937년 연해주로부터 강제이주 당하였다. 당초 연해주에 거주하고 있던 고려인은 1860년대부터 한반도에서 이주를 시작하여 1930년대 중반에 이르면 약 20만 명에 이르게 된다. 그런데 스탈린 정권은 소련 내 소수민족 강제이주 정책에 따라서 연해주 지역에 거주하는 고려인을 강제로 중앙아시아 지역으로 이주시켰다. 특히 카자흐스탄과 우즈베키스탄 지역에 고려인 대부분을 이주시켰다. 1937년 9월부터 12월까지 혹독하게 추운 겨울철 3개월의 강제이주 동안에 많은 인명피해를 겪은 고려인은 척박한 이 지역에서 역경을 극복하고 현지사회에 정착하였다. 한민족 특유의 근면성과 현지인의 도움으로 황무지를 비옥한 옥토로 바꾸고, 정상적인 삶을 영위하면서 인구도 꾸준히 증가하였다. 그리하여 소련이 해체될 당시에는 30여만 명에 이르렀다.[3]

현재 강제이주 70년을 넘긴 고려인은 중앙아시아 5개국(우즈베키스탄, 카자흐스탄, 키르키즈스탄, 타지키스탄, 투르크메니스탄) 가운데 대부분 우즈베키스탄과 카자흐스탄에 살고 있는데 우즈베키스탄에 약 18만 명, 카자흐스탄에 약 10만 명이 살고 있다. 이들 중앙아시아 지역 거주 재외한인은 여타 지역 거주 재외한인이 도시의 주변에 한인 집거지역을 형성하여 현지사회에 적응하였던 데 비하여 농촌지역에 산재하여 거주하고 있다. 다만 주로 농사에 종사하였던 고려인들은 협동농장 경영을 통하여 민족 특유의 근면성으로 높은 생산량을 보여주어 현지인들의 모범이 되기도 하였다.[4]

강제이주 과정에서 중앙아시아 남부 농업지역에 정착한 고려인들은 〈딸띠구르간·우슈토베 지역－알마티－비쉬켁－탈라스－침켄트－타쉬켄트〉로 이어지는 교통의 요로에 거주하면서 벼농사를 짓기 시작하였다. 이들은 주택, 의료, 식료품 보급 등에 있어서 매우 열악한 상태에 놓여 있었지만 정착단계의 어려움을 무난히 극복하고 생존의 조건을 확보하였다. 이들은 거주국의 이데올로기에 순응하면서 적극적

---

3 소련 해체 직전 소련 공산당은 중앙아시아에 강제이주 당한 고려인을 포함한 피압박민족에 대한 명예회복과 보상을 약속하였으며, 1991년 러시아는 억압받은 민족들의 복권에 관한 법을 채택하여 복권이 이루어졌다. 그리고 1993년 4월 러시아 최고소비에트는 '한인복권령'을 채택하였다. 〈http://uzb.mofat.go.kr/index.jsp(주우즈베키스탄 한국대사관 "고려인 동포사회현황" 자료)〉

4 우즈베키스탄의 김병화 농장(1925년 창설, 현재 고려인 1,000여 명 거주)과 뽈리따젤 농장(1929년 창설, 현재 고려인 6,000여 명 거주)이 그 대표적이다. 김병화 농장에는 박물관이 세워져 많은 한국 사람들이 찾는 유명한 곳이 되었다.

으로 난관을 이겨 나갔다. 이들 중 일부는 1950년대 초반 고려인에 대한 거주지 제한이 철폐되면서 키르키즈스탄, 투르크메니스탄 등지로 재이주하여 살고 있다. 이러한 고려인 이주역사를 돌이켜 보면 여타 지역에 거주하고 있는 재외한인사회와는 다른 특징을 알 수 있다.

고려인의 중앙아시아로의 강제이주를 통하여 그들은 철저하게 체제지향적인 적응과 동화의 형태를 강요받아 소수민족으로서 삶의 방식을 수용하였다. 이는 고려인 사회의 문화를 규정짓는 결정적 요인으로 작용하였다. 바로 중앙아시아 고려인들은 여타 지역 거주 고려인에 비하여 민족문화의 향유정도가 좀 다르게 나타난다는 점이다. 그들 이주역사가 오래 되었고 그 만큼 한국 사회와 교류가 없었던 탓도 있지만, 민족문화의 향유형태에 있어서 차이가 난다.[5]

한편 1991년 말 소련이 해체된 이후 구소련의 15개 구성공화국들은 모두 독립하였다. 중앙아시아 5개국도 독립하여 각기 우리나라와 국교를 정상화하였다. 과거 소련 국적을 갖고 러시아어를 공용어로 사용하던 고려인들은 15개의 다른 국적을 갖게 되고 거주국 명칭민족의 국어사용을 권유받고 있다. 구소련체제 하에서 체제 순응을 강요받던 고려인들은 이제 신생 독립한 현지의 거주국 민족문화로의 적응을 강요받고 있다. 아직 드러난 소수민족 차별정책은 없지만, 거주국 명칭민족의 자민족 전통문화 장려정책으로 약간의 혼란에 직면하고 있다.[6]

고려인 다수가 거주하고 있는 우즈베키스탄에서는 고려인 1~2세대들이 개간한 집단농장에서 현지인보다 우월한 위치에서 농업에

---

5 장윤수 · 임채완 외(2006). 『재외한인의 문화생활』. 북코리아, pp. 118-155.

6 남혜경 · 임채완 외(2005). 『고려인 인구이동과 경제환경』. 집문당, p. 21.

종사하고 있었으나, 독립 이후 국가경제에서 차지하는 농업의 상대적 지위가 약화됨에 따라 고려인 경제력 또한 약화되었다. 그리고 다수의 청장년층이 집단농장을 떠나 도시로 이주하였으나, 명칭민족의 국어를 자유롭게 구사하지 못함으로써 실업상태에 놓이거나 그 지위가 현저히 낮아지고 있다. 또 러시아 등의 주변국으로 이주하는 행렬이 늘어났지만, 취업이 용이하지 않을 뿐만 아니라 국적취득이 어려워 불법체류자로 전락하는 사례가 늘어나고 있다.

그런데 인접한 카자흐스탄의 경우는 이와 달리 급속한 도시화와 높은 교육열 그리고 고본질의 활성화에 따라 카자흐스탄 고려인 사회의 역량을 사회경제적으로 제고시킬 수 있었다. 도시지역으로 이주한 고려인은 물질적인 부와 보다 안정된 지위를 확보하기 위하여 최선의 노력을 다하였으며, 높은 교육을 받은 고려인은 다양하고 전문화된 직업을 갖게 되어 정계, 학계, 의학계 등 전문직과 사무직 종사자가 증가하였다.

이렇게 우즈베키스탄과 카자흐스탄의 고려인 사회의 다른 사회경제적 배경은 중앙아시아로부터 러시아로 다시 재이주하는 드문 현상을 낳고 있다.[7] 그럼에도 불구하고 중앙아시아 현지에 거주하고 있는 고려인들은 현지 거주국 명칭민족으로부터 차별을 받고 있지 않으며, 사회주의 체제로부터 자본주의적 시장경제로의 체제전환 과정에서 생존을 위한 남다른 민족적 특질을 발휘하고 있다. 과거 강제이주

7 이에 따라 우리 정부와 민간단체는 러시아로 재이주하는 중앙아시아 고려인을 위한 정착 지원사업을 추진하고 있다. 재이주의 의미는 스탈린에 의한 소수민족 억압정책에 대한 원상회복의 의미를 갖는 것으로, 고려인 강제이주에 대한 명예회복 조치는 고려인의 강제이주 이전 거주지역으로의 귀환권리를 부여한 것이다. 배수한(2006). "한민족 네트워크와 고려인의 역할". 신범식 편. 『21세기 유러시아 도전과 국제관계』. 한울, p. 543.

이후 현지사회에 적응하기 위한 피눈물나는 역사적 경험에서와 같이 소수민족으로서의 생존방식을 통하여 나름의 자구책을 모색하고 있다. 이들이 모국에 거는 기대가 그러한 대안 중에 하나이다.

(2) 중앙아시아 고려인의 민족문화

앞 절에서 언급한 바와 같이 중앙아시아 고려인은 미국과 일본 그리고 중국에 거주하고 있는 재외한인과 다른 이주역사와 경험을 갖고 있기 때문에 그들이 향유하는 문화 역시 다르게 나타난다. 중앙아시아에 강제로 이주당한 고려인은 황막한 땅 위에서 운하를 파고, 논을 만들고, 벼를 심어 농사를 지었다. 그들은 집단농장을 중심으로 농사에 주력하여 수많은 사회주의 노력영웅을 낳았다. 그들은 또한 자녀들에 대한 교육열이 높아 많은 고려인들이 정계 관계 경제계의 요직에 오를 수 있었다. 이렇듯 피나는 노력을 통하여 거주국에서 안정적인 기반을 구축할 수 있었다.

이러한 이주과정에서 중앙아시아 고려인 사회는 다음과 같은 특징을 지니게 되었다. 요컨대 높은 현지사회에의 동화율, 어느 정도의 민족정체성 유지, 높은 도시 진출률 등이 그것이다. 먼저 지리적 역사적으로 상당기간 모국과 단절된 경험은 생존전략 차원에서 고려인들로 하여금 현지사회에 적극적으로 동화될 필요를 제기하였다. 특히 러시아어의 사용을 통하여 현지사회에 쉽게 적응할 필요성 때문에 한국어 구사능력이 낮아지게 되었다. 그렇지만 중앙아시아 고려인은 나름대로 민족정체성을 유지하고 있다. 그들이 현지사회에 적극적으로 적응할 필요가 있었지만, 일상생활에서 한민족 고유의 문화적 정체성을 유지하고 있다는 점은 특기할 만하다. 마지막으로 높은 교육열로 인하여 도시이동이 높은 비율로 나타난다는 점이다. 높은 교육열은 어디서나 발견되는 한민족 고유한 특성이라고 할 수 있다.[8]

중앙아시아 고려인들이 향유하고 있는 문화생활을 보면, 여타의 지역에 거주하고 있는 재외한인에 비하여 민족문화의 정체성이 약간 낮게 나타난다. 모국과 오랫동안 격리된 채로 교류가 없었기 때문이겠지만, 그러한 열악한 조건 아래서도 기대 이상의 수준에서 우리 민족의 고유한 민속을 유지하고 있는 것으로 확인되고 있다. 그들은 제사를 지내고 있지 않지만, 민속명절과 민속놀이 등을 지킴으로써 한민족으로서의 정체성을 유지하고 있다고 볼 수 있다.

구체적으로 중앙아시아 고려인들의 문화생활 확인 결과, 대체로 한국어 구사능력이 낮게 나타났다. 50세 이상의 중년세대는 러시아어와 한국어 이중 언어 구사가 가능한 경우가 있으나, 젊은 세대의 경우에는 전적으로 러시아어만을 사용하고 있다. 다만 최근 들어 한국과의 교류가 잦아지면서 한국교육원과 한글학교 등을 통한 한국어 교육 열풍이 불고 있다. 한국과의 왕래가 빈번해 지고, 한류의 영향 등으로 한국 문화를 자주 접촉하게 되자 많은 젊은 고려인들이 한국어 교육을 받고 있다. 또 현지인들 사이에도 한국에서의 유학과 취업 등을 위하여 한국어 교육 바람이 불고 있음을 확인할 수 있다. 우즈베키스탄의 경우 2007년 현재 타쉬켄트 56개교, 기타 지방도시 58개 초·중등

8 장윤수(2008). "중앙아시아 정치체제와 소수민족으로서 고려인". 『디아스포라연구』 제2권 제1호(3집), p. 187. 한국에서의 취업을 기대하여 수교 당시 많은 고려인들이 한국어 학습과 한국 문화에 대한 관심이 컸으나, 한국으로부터의 혜택이 기대에 미치지 못하자 한국어 교육바람이 시들해졌다. 그런데 2007년 3월부터 방문취업 비자제도의 도입이 이루어지고, 동포의 모국방문 및 취업자 선발 시 한국어 구사능력자 우선 선발에 따라 다시 한국어 학습 열기가 확산되고 있다. 〈http://uzb.mofat.go.kr/index.jsp〉

학교에서 한국어를 제2외국어로 선택하여 교육하고 있다.

그들은 극장과 같은 공연장에서 한국 문화를 가장 많은 접촉을 하고 있었다. 카자흐스탄 알마티에서 확인할 수 있는 바와 같이 오랜 전통의 “고려극장”이 존재하여 상시로 민족예술을 접할 수 있었기 때문에 나름대로의 민족문화를 향유하는 데 큰 도움을 받을 수 있었을 것으로 사료된다. 최근에는 알마티와 타쉬켄트에 있는 한국교육원이 한국 문화를 소개하는 주요 문화공간이 되고 있다. 그리고 그들은 알마티의 〈고려일보〉와 타쉬켄트의 〈고려신문〉과 같은 문화매체를 통하여 민족문화를 공유하는 끈을 놓지 않고 있다.

그리고 우즈베키스탄과 카자흐스탄의 고려인들은 설날과 한식, 추석과 같은 명절을 지킴으로써 민족적 정서를 공유하고 있다. 특히 설날에는 웃어른께 세배를 하고, 덕담을 하는 등 우리 민족의 풍속을 그대로 유지하는 경우가 과반이 넘게 나타났다. 이런 데서 한민족으로서의 문화적 정체성을 확인할 수 있다. 그리고 중앙아시아 고려인들도 한식과 추석에 성묘를 하고 있는 점은 한민족으로서의 정체성을 확인해 주는 것으로 볼 수 있다. 추석은 고려인의 민족축제로서 친척 친지들과 함께 음식을 장만하여 나누어 먹고, 담소하고, 고려식 노래와 춤을 즐기고 있는 것을 보면 같은 민족임을 알 수 있다.

고려인들은 제사를 거의 지내지 않거나 그 의미를 모르고 있지만, 그 외의 돌잔치와 결혼잔치, 회갑잔치 등의 민속은 90%가 넘게 지키고 있다. 또 민속놀이로서 화투놀이를 70~80%가 즐기고 있는 것은 한민족의 문화적 특성으로 간주할 수 있겠다.[9] 그리고 의식주의 경우를 보면 한복을 입어 본 경우가 50~70% 정도인 것으로 나타났

9 장윤수 · 임채완 외(2006). 앞의 책. pp. 142-145.

으며, 쌀밥과 김치와 같은 우리 민족 고유의 음식을 매일 먹는다고 응답한 비율도 50~70% 정도로 한민족의 정체성을 상당히 높은 수준에서 보여주고 있다.[10]

특히 중앙아시아 고려인들은 민속명절에 축제를 개최하여 이런 기회를 통하여 민족적 정서를 공유하고 있다. 거주국가에서 가장 큰 규모를 자랑하는 고려문화협회와 고려민족문화중앙 등에서 주최하는 추석 무렵의 민족문화축제가 고려인의 민족정체성을 확인하고 상호교류와 화합의 계기가 되고 있다. 이들 행사는 음악콩쿠르, 전시회, 연예인과 가무단의 공연, 체육대회 등 다양한 내용으로 며칠 동안 개최된다.

그런데 소련 해체 이후 중앙아시아 고려인들은 시장경제체제로의 전환과정에서 새로운 변화를 요구받고 있다. 정치사회적 불안요인이 잠재되어 있는 중앙아시아에서 고려인들은 디아스포라로서 운명을 재확인 받고 있다. 중앙아시아 정착과정에서 생존을 위하여 현지사회에 동화되었던 고려인들은 또 다른 현지사회의 다수 민족에게서 동화를 요구받고 있는 것이다. 이에 따라 소수민족으로서 새로운 삶의 조건에 직면한 고려인 사회는 시장경제로의 빠른 적응과 도시로의 이동을 그 대안으로 모색하였다. 도시로 이주하지 않은 경우에도 집단농장으로부터 개인농이나 고본질을 통하여 농업경영의 변화를 도모하고 있다.

이러한 변화요구는 과거 우리 사회가 압축적인 고도의 산업화 과정에서 전통적인 문화적 특성을 버리고 근대적인 문화적 특성을 갖게 되는 것과 같이 이들 사회에서 고려인 역시 문화적 충격과 변이과

---

10 장윤수 · 임채완 외(2006). 앞의 책. pp. 146-149.

정을 거치고 있는 것을 알 수 있다. 따라서 한민족의 고유한 문화적 정체성이 점차 약화될 것으로 사료되기 때문에 보다 빈번한 문화교류와 접촉을 통하여 민족정서를 공유할 필요가 있다. 이러한 교류의 주체는 마땅히 민간의 문화예술 단체이겠지만, 정부의 충분한 재정적 지원이 뒷받침되어야 할 것이다.

3. 우즈베키스탄과 카자흐스탄 고려인 예술가 활동현황

(1) 우즈베키스탄에서 활동하고 있는 고려인 예술가

▮ 음악가

우즈베키스탄 고려인 예술가들은 고려문화협회에 소속되어 활동하고 있다. 그리고 한국교육원을 통하여 한국 문화를 접촉하면서 한국어 학습과 한국의 대중문화를 경험하고 있다. 한국교육원에서는 전통음악과 무용, 연극 등을 공연하거나 한국 영화를 상영하고 있다.

고려문화협회에 소속되어 활동하고 있으면서 현재 우즈베키스탄에서 가장 유명한 성악가이자 우즈베키스탄 공훈배우 신갈리나 아나톨예브나는 한국의 음악을 가장 많이 노래하고 있다. 우즈베키스탄 고려인의 민족문화 부활운동을 전개하고 있는 신갈리나는 "부활"이라는 문화단체를 주도하기도 하였으며, "갈리나신과 그룹 인삼"이라는 성악-악기 앙상블을 만들어 이끌기도 하였다.

작고한 작곡가 박영진은 타쉬켄트 국립음악대학에서 교편을 잡아 음악을 교육하였으며, 은퇴 후에는 극성콜호즈(김병화 앙상블)를 조직하여 에스트라다(앙상블) "가야금"을 만들어 지도하기도 하였다. 유명한 국립아쉬라피음악학교를 졸업한 마가이 발레리 블라디미로비치는 우스펜스키아카데미음악박물관에서 활동하고 있다. 그는 주바노프국제콩쿠르에서 우승하고, 모스크바구성공화국콩쿠르에서 6위 등을 한 그는 2006년 제자들과 함께 독일 베를린콩쿠르에 참가하기도 하였다. 한국에서 유학 온 학생들을 가르치기도 한 그는 바이올리니스트로서 우즈베키스탄 챔버오케스트라에 참여하고 있다.

마찬가지로 아쉬라피음악학교를 졸업한 췐소피야는 안디잔 출신으로 한국의 가요와 가곡, 민요 등을 훌륭히 소화해낼 수 있는 우즈베키스탄의 유명한 소프라노이다. 고려문화협회에서 가수협회장을 맡고 있는 그녀는 고려극장에서 〈춘향아가씨에 대한 이야기〉 주인공을 맡기도 하였으며 미국, 독일, 한국, 평양, 러시아 등에서 해외공연을 갖기도 하였다. 1993년 평양 "4월의 봄" 국제페스티발에서 수상하기도 한 그녀는 1996년 한국을 방문 공연한 경력도 있다.

고가이 알렉 이노겐치예비치는 카드라음악학교를 졸업하고 우즈베키스탄, 카자흐스탄, 러시아 등에서 음악활동을 하고 있으며, 2005년 우즈베키스탄 최고 그룹상을 수상하기도 하였다. 또 그는 췐소피야와 함께 프로앙상블 "가야금"의 제1단원으로 활동하기도 하였다. 그는 일찍이 1989년 MBC TV에 출연하여 〈도라지〉 등을 공연한 모국과의 교류경험을 한 그는 모국으로부터 교류지원을 절실히 주장한다.

에스트라드 예술학교를 졸업한 리세르게이는 고려 앙상블 "사물"을 조직하여 활동하다가, 2006년부터 그룹 "안녕"을 조직하여 음악활동하고 있다. 그는 2003년 콩쿠르 우승을 통하여 실력을 인정받고, 우즈베키스탄을 대표하여 이집트를 다녀오기도 하였다. 그리고 국립

우즈베키스탄음악학교를 졸업한 첸빅토리아는 솔로앨범 "하요트"와 어린이 노래집 "안녕"을 발매하였다. 또 그는 1937년 비극적인 강제이주 과정에서 자매의 경험을 내용으로 한 뮤지컬 〈조국〉에서 공연하기도 한 그는 공훈배우이다. 그는 1995～1996년간 앙상블 "청춘"과 함께 한국순회공연을 하기도 하였다.

사마르칸트 출신 최조야는 샤쉬코바 빅토리아 빅토르노브나와 김일리야 세르게예브나로부터 사사를 받았다. "사랑의 바다", "꿈의 세계", "도라지" 등 20여 편의 음반을 발매한 그는 1992년부터 해외공연 경험을 갖고 있다. 평양, 러시아, 카자흐스탄 등에서 공연한 그녀는 1993년 김매자 초청으로 교육을 받기도 하였으며, 국립극장에서 공연을 하기도 하였다. 또 그녀의 공연경력을 보면 2003년 그리스 공연, 2005년 타쉬켄트 국립극장에서의 개인 리사이틀 등을 들 수 있다. 공연 때마다 일부러 한복을 입는다는 그녀는 한류의 영향인지 모르지만 한복을 우즈베키스탄 사람들도 매우 좋아한다고 전한다.

타쉬켄트 출신의 남이리나는 평양음악무용대학을 졸업하고, 평양에서 "4월의 봄" 페스티발에서 우승한 이후 여러 차례 금상과 은상을 수상한 경력을 갖고 있다. 1998년 이후 2003년까지 평양에서 주로 활동한 그녀는 한국 민요를 부르고 있다. 그녀는 2003년 철도인의 궁전에서 개인공연을 하였으며, 〈모란봉〉, 〈고려아리랑〉 등의 공연에서 신갈리나, 정소피아 등과 함께 합동공연을 갖기도 하였다.

▮ 화 가

우즈베키스탄 고려인 화가들은 고려인화가협회(회장 신이스크라)에 소속되어 30여 명이 활동하고 있다. 2006년 작고한 신순남(신니콜라이)은 사회주의 리얼리즘적인 경향을 거부하고 동양철학적 요소와 서양의 요소가 잘 혼합되어 있다는 평가를 받고 있다. 신순남은 1937년 연해주에서 중앙아시아로 강제 이주된 고려인들의 비극적 역사를 담고 있는 "레퀴엠", 이주의 고통을 이겨내고 새로운 고향을 건설하는 고려인의 영광을 밝게 그린 22점의 연작 "승리" 등의 대작을 남기고 있다. 입체파와 초현실주의 등 다양한 화풍을 통해 고려인의 유민사를 그린 그는 아시아의 피카소라고 불렸다. 2006년 작고한 그의 일생과 작품을 소재로 한 영화 〈하늘색 고향〉이 1993년 제작되기도 하였다.

신순남과 함께 중앙아시아 고려인 미술가 1세대인 안일(안블라디미르) 역시 고려인들의 참담했던 이주역사를 "고려인의 하늘"(1995)에 담아 그렸다. 땅을 잃어버린 고려인의 비애를 격정적으로 담아낸 그는 세밀화의 대가로서 "화가의 눈으로 본 한인 디아스포라 20세기"를 앨범으로 발간하기도 하였다.

신순남의 가족으로 신이스크라와 신스베틀라나가 화가로서 활동하고 있다. 신순남의 며느리인 신이스크라는 꽃이 만발한 동산을 소재로 삼고 있는데, 이는 지상낙원이자 할아버지의 고향인 한국의 산하에 대한 그리움의 표현이라고 할 수 있다. 또 신순남의 손녀인 신스베틀라나는 꽃과 나무와 같은 자연을 대상으로 단순히 재현하지 않고 원색으로 표현하거나 장식적인 구성으로 작가의 인상을 드러내고 있다.

계절에 따라 변하는 풍경을 선명한 색채와 단순화시킨 형태를 통해 표현한 김블라디미르의 "계절시리즈"(1998), 성서이야기를 소재로 작품 활동을 한 또 다른 김블라디미르는 "유다의 입맞춤"(1999) 등의 작품이 있다. 이 둘은 서로 형제이다. 그리고 풍경과 음악적 요소를 모티브로 한 판화기법의 비구상화가 박니콜라이는 "봄의 멜로디"(2005) 등의 작품이 있다. 그 외 김베냐민 사무일로비치, 텐 페크로 이그나트 예비치, 코가이 아파나시 아바노비치 등이 우즈베키스탄에서 화가로 활동하고 있다.

무용가

무용가로 한국교육원에서 후진을 양성하고 있는 한마르가리따는 당초 북한의 전통무용을 전공하였다. 현재 고려가무단을 이끌고 있는 그녀는 2001년 한국전통예술페스티발에서 수상한 경력이 있다. 1998년 한국을 처음 방문한 이래 7~8회 방문한 교류경험을 가진 그녀는 국제교류재단, 국립극장, 재외동포재단 등에서 초청받아 한국 순회공연을 갖기도 하였다. 특히 그녀는 한국의 전통무용이 계승이 어렵다는 것을 강조하고 있다. 왜냐하면 미래가 보장되지 않기 때문에 후진을 양성하기 곤란하다는 것이다. 즉 모국으로부터 경제적 지원을 아쉬워하고 있다.

발레리노 예가이 블라디슬라프는 1967년 타쉬켄트발레학교를 졸업하고, 이어서 1968년 모스크바발레학교를 졸업하였다. 이후 지금까지 무용 활동을 해온 그는 2004년 KBS TV에서 수상하기도 하였으며, 2005년 리타박이 제작한 영화에서 주인공을 맡기도 하였다. 2006년 러시아와 일본 등의 해외공연을 하기도 하였다.

기 타

패션디자이너 박유리 니콜라예비치는 화가 박니콜라이 세묘노비치의 아들로 활발하게 작품활동을 해 오고 있다. 사마르칸트 태생인 그는 오

표 9.2 우즈베키스탄 고려인 예술가 조사대상자

구분	성 명	활동 장르	모국과 교류경험	모국과 교류기대
1	신갈리나 아나톨예브나	음악	유	강함
2	박영진	〃		〃
3	마가이 발레리 블라디미로비치	〃		〃
4	첸소피야	〃	유	〃
5	고가이 알렉 이노겐치예비치	〃	유	〃
6	리세르게이	〃		〃
7	첸 빅토리아	〃	유	〃
8	최조야	〃	유	〃
9	남이리나	〃		〃
10	신순남	미술		〃
11	안일	〃		〃
12	신이스크라	〃	유	〃
13	신스베틀라나	〃	유	〃
14	김블라디미르	〃	유	〃
15	박니콜라이	〃	유	〃
16	한마르가리따	무용	유	〃
17	예가이 블라디슬라프	〃	유	〃
18	박유리 니콜라예비치	패션디자이너		〃

스트로브스키 극예술학교 출신으로 소로스펀드로부터 지원받아 1999년부터 여러 차례 전시회를 개최한 바 있으며, 2003년부터 매년 퓨전쇼 "봄 여름 가을 겨울"을 추진해 오고 있다. 그리고 2006년에는 독일 베를린에서 공동으로 프로젝트를 수행하기도 하였다. 최근 들어 그는 수제직물 전문공장을 리모델링하여 개설하였으며, 천연견사로 직물 염색하는 전문작업을 통해 2005년 유네스코로부터 수상하기도 하였다.

(2) 카자흐스탄에서 활동하고 있는 고려인 예술가[11]

▌음악가

카자흐스탄 예술가들은 대부분 고려극장을 중심으로 활동을 하고 있다. 고려극장은 고려인의 민족문화를 발전시킬 목적으로 1932년 설립되었다. 수용인원 250명 규모의 고려극장은 주로 연극공연을 한다. 알마티시 파파니나 거리에 있는 고려극장은 주로 한국 고전과 세계 명작을 공연하고 있으며, 무용단과 악단공연이 이루어지기도 한다. 연평균 1,500명에서 2,000여 명이 이용하는 고려극장은 모국과 교류활동을 활발히 하고 있으며, 유럽으로 공연활동을 나가기도 한다.

또한 2002년 한민족문화의 창조적 계승과 발전을 도모하려는 목적으로 설립된 오그늬람빠는 화가들의 초청 전시회, 뮤지컬 공연, 소설 창작집의 발간 및 고려인 민요의 채록 등을 하고 있다. 이를 통하여 작가 및 음악가들의 창작활동이 이루어지고 모국과 뮤지컬 공연 등을 교류 활동하고 있다.

더불어 알마티 소재 한국교육원도 한국 문화를 향유하는 주요한 공간이다. 1991년 한국어 교육을 위한 목적으로 설립된 한국교육원은 강의실, 컴퓨터실, 기숙사, 도서관, 공연장, 체육관 등을 갖추고 한국어 교사양성을 위한 연수 및 한국 전통문화 연수, 컴퓨터 연수 등을 실시하고 있다. 수용인원 550명 규모의 알마티 한국교육원의 극장은 한국의 전통문화 공연, 한국의 전통 명절행사나 기념행사 등이 개최된다.

위와 같은 문화공간 및 문화단체를 중심으로 카자흐스탄 고려인

11 이하의 내용은 현지조사 결과와 더불어 주로 임채완 · 장윤수 외(2008). 『재외한인 문화예술 네트워크』. 북코리아, pp. 410-429의 내용을 요약 · 인용하였다.

음악가들과 무용인들의 활동이 이루어지고 있다. 특히 고려극장을 중심으로 활발한 활동을 하고 있는 음악가들을 보면 다음과 같다. 먼저 1981년부터 고려극장의 가수로 활동하고 있는 문공자는 1980년 소련 공산주의청년동맹 문화상을 수상하였으며, 카자흐스탄 공훈예술가로서 2001년 한국 정부로부터 국민훈장을 수상하였다. 그녀는 북한과 남한을 오가며 공연활동을 하고 있다.

1967년 카자흐스탄 공훈배우로 인정받은 김블라디미르는 1964년부터 고려극장 가수로 활동하고 있다. 그는 10여 차례 한국을 방문하여 공연을 할 만큼 모국과의 교류활동을 활발히 하고 있다. 1981년부터 고려극장 가수로 활동하고 있는 김조야는 1996년 카자흐스탄 공훈배우로 인정받았다. 작곡가 김빅토르의 딸인 그녀는 알마티의 "아리랑" 가무단의 주도적인 가수로서 활동하고 있다. 특히 1993년부터 모국과의 교류활동을 하고 있는 김조야는 보다 깊은 교류활동을 원하고 있다.

1968년부터 고려극장에서 작곡가로 활동하고 있는 한야콥은 1993년 사물놀이 가무단을 창설하여 사물놀이를 보급하였으며, 현재는 가무단 "쟈스"의 예술단장으로 있다. 1997년 카자흐스탄 문화부 공훈일꾼으로 선정된 그는 알마티와 서울에서 뮤지컬 "사랑과 비"를 공연한 바 있으며, 모국과의 공연활동 교류를 위하여 노력하고 있다. 그는 시인 김병학과 함께 고려인 가요 600여 곡을 채보한 "재소고려인의 노래를 찾아서"를 편찬하기도 하였다.

연출가이자 배우, 시인 그리고 작곡가로 활동하였던 작고 예술가 연성용은 고려극장 창설자 중의 한 명으로 평생을 고려극장에서 민족의 예술을 지켜온 예술가였다. 그가 시를 쓰고 작곡한 "씨를 활활 뿌려라", "내 사랑아", "정녕코 좋구나" 등은 고려인들에게 민요처럼 널리 불리고 있다. 고려극장에서 40여 년간 작곡가로 활동한 김빅토르는 약 35개의 연극음악을 작곡하였으며, 100여 편의 가요를 창작하였다.

카자흐스탄 음악가 가운데 특별히 기억할 만한 인물은 정추이다. 전남 곡성에서 출생한 작곡가 정추는 한국 현대사의 질곡을 관통하는 험난하고 파란만장한 삶을 살았다. 카자흐스탄의 윤이상으로 불리는 그는 1946년 영화감독인 형 정준채를 따라 북한에 들어갔다가 1951년 음악공부를 위하여 모스크바로 유학을 떠났다. 김일성 우상화 반대운동에 가담한 탓에 카자흐스탄으로 망명하여 현재까지 카자흐스탄에서 음악활동을 하고 있다. 300여 곡을 작곡한 정추는 카자흐스탄 음악교과서에 60곡, 피아노 교과서에 20곡이 실려 있다. 또한 그는 북한에 흩어져 있던 우리 민요를 채록한 자료집과 중앙아시아 고려인 민요를 채록 정리한 자료집 두 권을 만들었다. 카자흐스탄 음악가 사전은 그를 민족 음악적 성격이 강한 작곡가로 소개하고 있다.

▌화 가

카자흐스탄 고려인 미술가들은 카자흐스탄 화가동맹이라는 단체를 통하여 작품 활동을 하고 있다. 필자가 살펴 본 고려인 화가는 김세르게이, 조엘레나, 문빅토르 등 세 명이었다. 이들은 주로 개인전을 개최하여 고려인들에게 미술작품 향유의 기회를 제공하고 있다. 특히 문빅토르는 1994년부터 광주, 서울, 도쿄 등에서 개인전을 개최한 바 있으며 모국과의 교류활동을 절실히 원하고 있다. 카자흐스탄의 경우 우즈베키스탄에 비하여 활동하고 있는 화가들이 그리 많지 않은 것은 양국의 고려인 문화예술적 배경의 차이에서 비롯한다. 고려극장을 갖고 있는 카자흐스탄에서는 문학과 연극 등의 활동이 활발하였고, 우즈베키스탄에서는 음악과 미술활동이 활발하게 이루어진 배경적 차이가 소련이 해체된 이후 현재 양국에서 활동하고 있는 고려인 예술영역의 차이를 낳았다.

배우 및 무용가

카자흐스탄에서 활동하고 있는 배우 및 무용가들은 카자흐스탄 내의 고려인들의 삶과 애환을 그린 작품 활동을 주로 하고 있다. 그들은 거주국에서의 뿐만 아니라 독일, 소련, 일본 등과의 교류를 통하여 그 역량을 인정받고 있다. 한국과의 국교정상화 이후 모국과 교류활동을 활발히 추진하고 있는 이들은 서울의 국립극장과 주로 교류하고 있다.

1975년부터 고려극장 배우로 활동하고 있는 이올렉은 1996년부터 고려극장 감독으로 있다. 구소련에서 영화배우로 활동한 그는 유명한 고려인 소설가 김아나톨리의 소설을 영화화한 "복수"라는 영화의 주연을 맡기도 하였다. 러시아 연해주에서 태어나 타쉬켄트 연극예술대학을 졸업한 문알렉산드르와 임로자는 1960년부터 고려극장에서 배우로 활동하고 있으며, 각기 소련 공훈배우와 카자흐스탄 공훈배우로 선정되기도 하였다.

우즈베키스탄에서 태어나 카자흐스탄 알마티 연극예술대학을 졸업한 최따지야나, 백안토니나, 이메리 등도 고려극장에서 배우로 활동하고 있다. 50여 편의 연극에 주연배우로 공연한 최따찌야나는 1998년 카자흐스탄 공훈배우도 선정되기도 하였다. 이메리는 김아나톨리의 소설을 영화화한 〈양파밭〉에서 주연배우로 출연하였으며, 한야곱의 뮤지컬 〈사랑과 비〉에 출연하기도 하였다.

우즈베키스탄 무용대학을 졸업한 김림마는 성악가 김블라디미르의 부인으로 고려극장 안무가로 활동하고 있다. 특히 그녀는 가무단 "비둘기"를 창단하여 감독을 맡고 있으며, 1995년 카자흐스탄 인민배우로 인정받았다. 독일, 러시아, 미국 등의 무용단체와 교류활동을 꾸준히 하고 있는 그녀는 다른 고려인 예술가들과 마찬가지로 모국과의 교류활동을 절실히 원하고 있다.

▌기타 영화종사자

1958부터 1990년까지 카작필름에서 부감독 및 감독으로 활동한 최국인은 1991년부터 고려극장에서 배우로 활동하고 있다. 〈신혼부부〉(1962), 〈용띠 해〉(1982), 〈초깐 발리하노프〉(1987) 등의 영화에 출연한 그는 1987년 카자흐스탄 영화발전에 기여한 공로로 국가상을 수상하기도 하였다.

1992년부터 2001년까지 고려극장 사물놀이 단원으로 활동한 적이 있는 한블라디미르는 음악가 한야콥의 아들로 현재 기록영화 촬영에 종사하고 있다. 2003년 제1회 카자흐스탄 영화축제에서 다큐멘터리 필름상을 수상한 그는 2004년 대회에서도 다큐멘터리 비디오예술부문 2등상을 수상하기도 하였다. 그는 현재 2001년부터 카자흐갈라 TV방송국에서 부감독으로 있다.

30여 편의 다큐멘터리 필름을 촬영한 송라브렌찌는 특히 시베리아 소수민족을 대상으로 촬영하였다. 2002년 파리다큐멘터리필름영화제에서 〈교장선생님〉으로 1등상을 수상하기도 한 그는 1997～1999년간 고려극장에서 예술총감독으로 있으면서 시나리오를 쓰기도 하였다. 그의 주요 작품은 〈고려사람〉, 〈음악선생〉, 〈교장선생님〉, 〈세모난 광장〉 등의 영화가 있으며, 「회상」 등의 시나리오가 있다.

표 9.3 카자흐스탄 고려인 예술가 조사대상자

구분	성 명	활동 장르	모국과 교류경험	모국과 교류기대
1	문공자	음악	유	강함
2	김블라디미르	〃	유	〃
3	김조야	〃	유	〃
4	한야콥	〃	유	〃
5	연성용	〃		〃
6	김빅토르	〃		〃
7	정추	〃	유	〃
8	문빅토르	미술	유	〃
9	이올렉	배우		〃
10	문알렉산드르	〃		〃
11	임로자	〃		〃
12	최따지야나	〃	유	〃
13	백안토니나	〃		〃
14	이메리	〃		〃
15	김림마	무용	유	〃
16	최국인	연극, 영화		〃
17	한블라디미르	TV방송, 영화	유	〃
18	송라브렌찌	시나리오		〃

4. 결론 : 모국과의 교류를 원하는 동포예술가

700만 명의 재외한인 중에서 중앙아시아 고려인은 여타 지역의 재외한인과 다른 점을 보이고 있다. 그것은 고려인의 이주역사가 대단히 비극적이었으며, 집거지역을 형성하고 있지 않다는 점이다. 이러한 역사적 배경의 차이가 중앙아시아 고려인 사회의 문화적 특징을 구성한다. 요컨대 연해주로부터 중앙아시아로의 강제이주의 역사적 경험은 현지사회에 동화와 체제순응적인 태도를 요구하였으며, 이러한 배경이 고려인 민족문화의 향유에도 일정 정도 영향을 미쳤을 것이다. 특히 현지의 공용어인 러시아어만을 사용함으로써 세대를 이어갈수록 한국어 구사능력이 떨어지게 되었다. 그리고 민족문화의 향유정도도 여타 지역의 재외한인에 비하여 낮게 나타났다.

그리고 중앙아시아 지역 가운데 우즈베키스탄과 카자흐스탄의 고려인 사회도 약간의 문화적 차이를 나타내고 있다. 일반 대중들 사이에서는 우즈베키스탄의 고려인들이 카자흐스탄의 고려인보다 더 높은 정도로 민족문화를 향유하고 있는 점이다.[12] 그것은 우즈베키스탄과 카자흐스탄의 사회경제적 배경의 차이에서 기인한 것으로 보인다. 요컨대 산업화의 정도와 국민총생산 등의 경제지표의 차이, 문화수준의 차이 등에서 비롯하여 고려인이 소수민족으로서 현지사회에 적응하는 데 있어서 차이를 보여주고 있다고 판단된다. 다시 말해 우즈베키스탄의 고려인들이 카자흐스탄의 고려인에 비하여 한민족으로서 정체성이 좀 더 강하고, 제반 영역에서 민족문화의 향유정도가 더 높게 나타난다는 점이다.

그런데 구소련의 구성공화국으로서 카자흐스탄의 알마티와 우즈베키스탄의 타쉬켄트는 고려인들에게 큰 거리를 느끼게 하지 않았으나, 구성국들이 독립한 이후 예술가들의 교류가 뜸해지면서 장르 간 차이를 빚게 된 것이다. 물론 과거에도 알마티와 타쉬켄트는 예술장르에 있어서 발달의 차이를 보였지만, 구성국들이 독립하고 나서는 예술 장르 사이에 보다 현격한 차이를 나타내고 있다. 우즈베키스탄에

---

12 장윤수 · 임채완 외(2006). 앞의 책. pp. 118-155 참조.

비하여 카자흐스탄의 고려인이 절반 정도의 인구에 불과하지만, 고려극장과 고려일보가 있었기 때문에 타쉬켄트에 비하여 알마티에서 문학과 연극에 종사하는 예술가들의 창작활동이 활발하게 전개되었다. 타쉬켄트에서는 음악과 화가들의 활동이 활발하였지만, 알마티에서는 문학과 연극 등의 장르가 발전하였다. 따라서 현재 장르별로 고려인 예술가들의 숫자에 있어서도 크게 차이가 난다.

그럼에도 불구하고 중앙아시아 지역 특히 우즈베키스탄과 카자흐스탄의 고려인들은 기대보다 높은 수준에서 상당한 정도로 우리의 민족문화를 향유하고 있음을 확인할 수 있었다. 이를 기초로 모두에 언급한 세계 한민족 네트워크의 구축이 가능할 것이다. 바로 같은 민족으로서 문화적 동질성을 끈으로 세계적인 수준에서의 한민족 네트워크의 구축이 이루어질 수 있다. 과거 재외한인에 대한 무관심으로부터 이제는 적극적인 관심과 배려로써 모국과 재외한인이 상생할 수 있는 방안을 모색하는 것이 요망되며, 모국의 경제적 지위가 크게 상승하였기 때문에 모국과의 교류를 원하고 있는 고려인 예술가들에 지원이 적극적으로 이루어져야 한다.

아직 중앙아시아 현지사회의 명칭민족으로부터 구체적인 차별을 받고 있지 않지만, 다수의 선주민족으로부터 문화적 적응을 강요받고 있는 즈음에 모국으로부터의 관심과 배려는 고려인들에게 희망을 줄 것이다. 과거 사회주의 경제체제로부터 자본주의적 시장경제로의 전환과정에 있는 이들 사회에서 소수민족으로서 고려인이 겪고 있는 어려움을 극복하는 데 모국으로부터의 지원은 큰 도움이 될 것이다.

특히 필자가 만나 본 고려인 예술가들은 모두 모국과의 교류를 절실히 원하고 있다. 고려인 예술가들을 소개하는 장에서 일일이 언급하지 않았지만, 동서양의 문화와 예술이 교차하는 지역에서 예술 활동을 하고 있는 그들이 절실히 바라고 있는 모국과의 활발한 교류를 지원하는 것은 당대 우리의 과제이다. 아시아문화전당의 건설과 같은 역사적 프로젝트를 수행하고 있는 우리는 문화가 그 어떤 재화보다 큰 부가가치를 창출한다는 것을 알기 때문에 이제는 해외에서 우리의 민족문화 창달을 위하여 신명을 다하고 있는 동포예술가들을 지원하는 데 인색하지 말 것을 권한다.

돌이켜 보면 강제이주 이후 현지사회에 적응하기 위하여 얼마나 많은 피와 땀을 흘렸을지 모르는 그들이 전혀 밥과 돈이 되지 않았을 민족문화와 예술을 위하여 각고의 노력을 하였을 것이다. 바로 우리는 그 점에 감사하면서 지원에 마다하지 않아야 할 것이다. 그리고 이는 정부뿐만 아니라 민간 차원에서도 이루어져야 함을 강조하며, 고려인 예술가들이 모국에 거는 기대를 전하는 데 이 글의 의미를 둔다.

보론

한국 다문화가족 복지정책

1. 서론 : 다문화사회에 들어선 한국

지구화를 특징으로 하는 현대사회는 상품과 자본 그리고 노동력의 국제적 이동이 자유로운 경향을 띤다. 특히 이주민의 증가는 단일민족사회를 구가해 온 한국 사회에 큰 변화를 초래하고 있으며, 이에 대한 준비를 요구하고 있다. 한국 사회는 일찍이 조선왕조 말기부터 그리고 일본의 식민지배 시기 대량의 해외이주를 경험하였다. 그리고 1960~1970년대를 경유하면서 새롭게 해외로의 이주가 시작되어 2009년 현재 해외 거주 한국인은 약 770만 명에 이른다. 그리고 1990년대에 들어서부터 이민을 송출함과 동시에 이민을 유입하기 시작하여 많은 해외의 외국인들이 한국 사회에 들어오고 있다.

2008년 현재 한국 거주 외국인은 〈표 1〉에서 보는 바와 같이 약 115만 명으로 전체인구 4,900만 명의 2.2%에 이르고 있다. 그 중에서 결혼이민자는 이미 한국인으로 귀화한 결혼이민자 4만 7,000여 명을 포함하여 12만 5,000여 명이다.[1] 이처럼 한국 사회는 유입 이주민의 증가로 인하여 인종적 · 문화적 다양성이 증대되어 이민자의 적응과 통합 요구가 급증하고 있으며, 동시에 주류사회에 대하여 문화적 다양성에 대한 이해와 수용이 절실히 요구되고 있다.

특히 다문화가정의 증대에 따라 언어 문화적 차이, 사회적 편견, 법적 제도적 차별, 가족갈등, 가족해체 등의 문제를 초래하고 있으므로 시급하게 이에 대한 대책이 마련될 필요가 있다. 물론 한국 사회는 이러한 사회적 문제에 대한 정부와 시민단체 등 관련 기관에 의해서

---

1 법무부 출입국외국인정책본부 〈http://www.immigration.go.kr/HP/TIMM/imm_06/imm_2009_11.jsp〉

표 1 국적별 체류외국인 현황

2009. 9. 30. 현재, 단위 : 명

구 분	총체류자	합법체류자	불법체류자
중 국*	558,712	473,559	85,153
한국계	379,775	354,175	25,600
미 국	121,486	117,711	3,775
베트남	89,989	75,101	14,888
필리핀	45,917	33,780	12,137
일 본	43,741	43,148	593
타 이	39,732	27,035	12,697
몽 골	30,222	17,673	12,549
인도네시아	26,552	21,451	5,101
타이완	24,902	23,995	907
우즈베키스탄	20,510	12,975	7,535
캐나다	18,807	18,308	499
스리랑카	15,352	13,197	2,155
방글라데시	11,197	4,479	6,718
파키스탄	10,013	6,957	3,056
캄보디아	8,519	7,610	909
네 팔	7,603	5,638	1,965
인 도	6,851	5,178	1,673
호 주	6,426	6,312	114
러시아	8,676	7,284	1,392
영 국	5,317	5,269	48
독 일	4,131	4,061	70
미얀마	3,819	2,420	1,399
기 타	41,019	33,548	7,471
총 계	1,149,493	966,689	182,804

* 한국계 중국인 포함.
자료 : 법무부 출입국외국인정책본부. 〈http://www.immigration.go.kr/HP/TIMM/imm_06/imm_2009_11.jsp〉

거버넌스를 구축하여 대비하고 있지만, 아직 많은 문제점을 드러내고 있으며 이에 대한 개선이 요구되고 있다.

이미 다문화사회로 들어선 서구에서는 인종소요와 폭동, 상대적으로 교육수준이 낮은 외국인들의 실업문제, 외국인 거주지역의 슬럼화 현상, 현지인들의 외국인들에 대한 혐오나 배타적 태도, 일자리를 둘러싼 내국인과 외국인의 갈등현상, 본국에서 태어난 2세들의 사회 적응 문제, 빈곤화되고 있는 외국인들에 대한 사회적 책임 문제 등 다양한 소수자 문제가 제기되고 있다. 한국 사회의 다문화가정 역시 언어와 문화적 부적응, 사회적 편견, 법적 제도적 차별, 가족해체 등의 각종 위험에 노출되어 향후 사회문제로 제기될 가능성이 많다. 이에 따라 사회안전망의 튼튼한 구비를 통하여 다문화가족의 안정성을 제고하고 사회통합을 추진하는 방안이 모색되어야 한다. 이 글은 선행연구를 중심으로 현재 제기되고 있는 문제점과 개선책을 정리하는 데 의의를 둔다.

2. 한국 사회와 다문화사회론

다문화사회란 언어, 종교, 관습, 가치관, 국적, 인종, 민족 등 다양한 문화적 배경을 지닌 이민자 등이 사회구성원으로 참여하여 이루어진 사회를 말한다.[2] 한국에서도 1990년대 이후 이주민이 급증하기 시작하면서 체류외국인의 실태를 조사하고, 이들의 처지를 향상시키기 위한 방안을 모색하고, 한국 사회의 미래를 전망하는 과정에서 다문화사

2 장지표(2008). "다문화사회통합프로그램 이수제". 『다문화사회통합프로그램 구축방안 마련을 위한 공청회』. 법무부 출입국외국인정책본부.

회가 회자되었다.[3]

지금까지 한국 사회에서 다문화가족에 대한 연구는 ① 이주민의 현황과 발생요인, ② 국제결혼 과정 및 갈등, ③ 국제이주노동 사이의 연관성, ④ 가정폭력, 결혼이민자 가족의 특성 및 욕구, ⑤ 결혼이민자 가족에 대한 서비스의 효율화 등에 초점을 맞추어 이루어졌다. 이는 한국 사회의 다문화론이 이주노동자에 대한 온정주의적 시선을 바탕으로 하는 정부주도의 다문화정책 속에서 이주노동자를 타자화하고, 온정주의적 시혜의 대상으로 간주하고, 한국 사회의 성원으로 인정하지 못했다는 것을 의미한다.[4] 이주민들의 노동권이나 성원권이 보장되지 않음으로써 생존의 문제가 위협받고 있는 상황에서, 다문화라는 용어만 사용하고 있을 뿐 그 정책의 내용은 다분히 동화주의적 성격을 갖는다는 비판이 그것이다.[5]

그러나 이러한 비판은 다소 일방적이라는 반비판이 있다. 한국 사회의 다문화론이 정책의 입안과 추진과정에서 학계와 시민단체가 적극 참여한 까닭에 정부주도라고 보기보다는 정부 시민단체 합작품이라는 시각도 있다.[6] 다만 한국 사회에서 다문화론이 정부에 의하여 주도된 것으로 오해받는 이유로 다음의 몇 가지가 지적된다.[7] ① 국가 사이의 인력이동이 다양화되고 대량화된 작금의 전지구적 경향, ② 세

---

3 설동훈 외(2004). "각국의 외국인 근로자 고용관리체계 사례연구". 노동부.

4 한경구 · 한건수(2007). "한국적 다문화사회의 이상과 현실: 순혈주의와 문명론적 차별을 넘어서". 한국사회학회 동북아시대위원회 용역과제 07-7.

5 오경석 외(2007). 『한국 사회에서의 다문화주의: 현실과 쟁점』. 한울아카데미, pp. 33-38.

6 한경구 외(2007). 앞의 책. p. 102; 이혜경(2007). "이민정책과 다문화주의: 정부의 다문화정책 평가". 한국사회학회 동북아시대위원회 용역과제 07-7. p. 239.

7 장미혜 외(2008). "다민족 다문화사회로의 이행을 위한 정책패러다임 구축(II): 다문화 역량증진을 위한 정책 사회적 실천 현황과 발전 방향". 한국여성정책연구원, p. 40.

계적 추세인 다문화주의의 정당성을 정부가 수용하여 한국 이미지 고양차원, ③ 저출산 고령화에 따른 경제활동 인구의 감소 대책, ④ 정부와 시민단체 사이의 협력과 시민단체의 주장을 정부의 정책에 반영한 점, ⑤ 법무부와 노동부 그리고 여성부 사이의 출입국 및 인력활용 정책을 둘러싼 정책경쟁을 외국인의 사회통합을 지향하는 다문화정책으로 확대한 점.

그런데 한국 사회 다문화론은 서구의 다문화론과 비교하여 그 등장배경이 다르다. 제2차 세계대전 이후 지속된 이주민의 증가로 인하여 서구에서는 이미 1970~1980년대부터 이주현상과 관련하여 탈식민주의, 차이의 정치학, 인정의 정치학 등 풍부한 이론적 논의 속에서 다양한 사회적 정책적 연구와 토론이 활발히 이루어져 왔다.[8] 1970년대 이민자의 증가와 다양화 추세에 따라 다양한 민족적 정체성을 침해하지 않으면서 국민으로서 성원권과 소속감을 형성할 조건과 더불어 문화적 다양성에 대한 포용과 정책적 개입의 가능성이 형성된 가운데, 이민자의 다종족적 요구를 수용할 수 있는 토대가 갖추어진 서구에서는 다문화주의를 국가의 공식이념으로 채택하고 정책의 집행이 가능하였던 것이다. 반면 한국 사회는 이주의 역사가 짧고 단일민족의식이 강하며, 특히 압축적으로 이주민의 유입이 이루어졌다는 점

8 서구사회에서 다문화론이 등장하게 된 배경으로 다음과 같은 점이 지적된다. Kymlicka, Will. (2005). "Liberal Multiculturalism". Will Kymlicka and Baogang He ed. ***Multiculturalism in Asia***. Oxford: Oxford University Press; 김비환(2007). "다문화시대 한국사회를 위한 새로운 정치통합의 모색". 성균관대학교 동아시아지역연구소. "다문화사회 한국 사회과학의 과제" 자료집. ① 인구문제 : 저출산과 고령화로 인한 이주노동자 유입의 증가, ② 권리의식의 고양 : 1960년대 인권운동으로 인하여 내국인과 소수인종 집단의 권리의식 고양에 따른 평등한 시민권에 대한 요구 증대, ③ 민주주의 확립 : 이에 따른 소수집단들의 공적인 정치참여 활성화, ④ 지정학적 안전의 확보 : 냉전의 종식으로 안전 확보에 따라 소수민족 집단을 억압하거나 통제할 필요성 감소, ⑤ 자유민주주의에 대한 광범위한 합의와 지지 : 개인의 안전과 권리가 보장될 것이라는 안도감.

에서 서구의 경험과는 다르다고 할 수 있다.[9]

다문화사회에 대한 관점으로 차별배제모형, 동화모형, 다문화모형 등으로 설명할 수 있다.[10] 먼저, 차별배제모형은 특정지역과 특정 직업에 한하여 일부 영역 외에는 외국인이나 이민자의 유입을 배제하는 배타적인 외국인 이민정책으로 한국과 일본 그리고 독일이 대표적이다. 다음, 동화모형은 외국인이나 이민자들이 언어, 문화 등 모든 면에서 주류사회와 같아져야 한다는 모형으로 1960년대 미국의 용광로(Melting Pot) 정책이 그것이다. 끝으로, 다문화모형은 인종과 민족에 대하여 포용적인 모형으로 외국인이나 이민자들을 존중하면서 주류사회와 외국인 또는 이민자들 사이의 보다 대등한 관계와 사회 전체의 소통과 교류에 초점을 두는 모형이다.[11]

요컨대 다문화사회에 대한 대응양식으로 간략히 동화주의와 다문화주의로 나누어 설명할 수 있다.[12] 먼저 동화주의란 국가와 사회의 구성 집단 중에서 다수의 민족 또는 지배적 위치의 인종이 자신들의

---

9 장미혜 외(2008). 앞의 책. p. 53.

10 Castells, Stephen and Mark J. Miller. (2003). *The Age of Migration*. New York and London: The Guilford Press; 설동훈(2005. 다문화사회에 대한 관점으로 자유주의적 관점과 공동체주의적 관점으로 나누어 설명하기도 한다. 먼저 자유주의적 관점은 계몽주의적 진보관에 입각하여 보편적 인권과 개인의 권리를 보장하는 데 초점을 둔다. 다음으로 공동체주의적 관점은 소수문화나 소수 종족집단의 요구와 권리를 우선시하는 차이의 정치에 기반을 둔다. 장미혜 외(2008). 앞의 책. p. 31.

11 문화다원주의는 용광로 정책으로부터 샐러드 볼(Salad Bowl)에 담긴 샐러드는 각각 고유한 모습과 맛을 유지하면서 섞이어 맛있는 샐러드가 되는 것처럼 여러 인종과 여러 민족이 각각의 특성을 유지하면서 미국 사회에 기여할 수 있다는 문화다원주의로 발전하였다. 김범수 외(2007). 『다문화사회복지론』. 양서원, pp. 52-53. 따라서 문화다원주의는 동화주의로부터 다문화주의로 발전해 가는 도정에 있다고 볼 수 있다. 김은미 · 양옥경 · 이해영(2009). 『다문화 사회, 한국』. 나남, p. 43.

12 김유경 · 조애저 · 최현미 · 이주연(2008). “다문화시대를 대비한 복지정책방안연구: 다문화가족을 중심으로”. 한국보건사회연구원, p. 53.

생활양식을 문화적 거점기준으로 삼고, 소수의 민족과 집단의 고유한 생활양식이나 문화적 준거 틀을 수용하고자 하는 입장이다. 따라서 이러한 입장은 소수 집단의 문화는 무시되거나 배척되어야 할 대상이 된다. 다음 다문화주의는 국가 안의 문화적 다양성을 인정하는 입장으로, 국가와 사회를 구성하는 소수 집단의 다양한 문화를 인정하는 기초 위에서 어떠한 차별을 배제하려는 입장이다.

위와 같은 설명을 종합하면, 다문화론은 ① 현실로서 대량으로 유입된 다양한 인종 내지 민족의 문화 다양성이 증대된 다문화사회에 대하여, ② 이를 어떻게 볼 것인가 하는 담론으로서 다문화주의가 있으며, ③ 이러한 관점에 따라 다문화가족을 대상으로 정책적 실천을 하게 될 경우 다문화 정책을 수반하는 것으로 정리할 수 있다.

현재 한국 사회도 다양한 소수의 문화적 요인을 갖고 있다. 미군과 결혼한 한국 여성 사이의 가족, 전문직 종사자인 외국인 남성과 한국 여성 사이의 결혼가족, 이주노동자와 한국인 사이의 결혼가족, 그리고 한국인 남성과 결혼한 외국인 여성 사이의 가족 등 시기에 따라 다양한 국제결혼 가족이 출현하여 다문화사회를 형성하고 있다.[13]

물론 넓게는 국제결혼 가족뿐만 아니라 이주노동자 가족, 북한이탈주민 등도 포함할 수 있다. 나아가 학업중단 청소년, 저학력자, 노숙인, 장애인, 정신병자, 동성애자등을 소수자로 포함할 수도 있다. 2001년 국가인권위원회가 규정하고 있는 바와 같이 차별받지 않을 소수자로서 "성별, 종교, 장애, 나이, 사회적 신분, 출신지역, 출신국가, 출신민족, 용모 등의 신체조건, 혼인여부, 임신 또는 출산, 가족상황, 인종, 피부색, 사상 또는 정치적 의견, 형의 효력이 실효된 전과, 성적

---

13 박종보 · 조용만(2006). "다문화가족지원법 마련을 위한 연구". 여성가족부.

지향, 병력" 등을 들고 있다.[14] 요컨대 상이한 국적, 체류자격, 인종 문화적 배경, 성, 연령, 계층적 소속감 등에 관계없이 모든 인간이 인간으로서 보편적 권리를 향유하고 각각의 특수한 삶의 방식을 존중하며 공존할 수 있는 조건이 우리가 다문화론에서 지향하는 바이다.

그런데 여기서 우리가 말하는 다문화가족은 결혼이민자 또는 귀화한 자와 한국인으로 이루어진 가족을 말한다. 특히 2008년 3월 제정된 "다문화가족지원법"에 따르면, 결혼이민자와 한국인으로 이루어진 가족, 국적법에 의해 귀화허가를 받은 자와 한국인으로 이루어진 가족만을 지칭하고 있다. 이는 한국 다문화사회론의 한계로서 향후 정책적인 개선이 요구되는 문제점으로 지적된다.

3. 한국의 결혼이민자 현황과 문제점

(1) 다문화가족의 등장배경 및 요인

모두에서 언급한 바와 같이 현대사회는 상품과 자본뿐만 아니라, 노동력도 국제적으로 이동하는 시대이다. 유엔의 보고에 따르면 65억 세계 인구 중 3%인 2억 명 정도가 모국을 떠나 타국에 거주하고 있다. 특히 저개발국에서 선진국으로 이주가 특징적이다.[15] 이렇게 국제이주한 이민자들이 거주국에서 결혼을 통하여 가족을 이루거나, 본국의 가족을 추가로 이주시켜 가족결합을 이루는 등의 방법으로 다문화가족을 구성

14 국가인권위원회법 제30조 제2항.

15 UN(2007). "International Migration 2006". UN Department of Economics and Social Affairs.

표 2 국제결혼 증가추이

구 분	1990	1995	2000	2005	2006	2007
총결혼건수	399,312	398,494	334,030	316,375	332,752	345,600
국제결혼건수	4,710	13,494	12,319	43,121	39,360	38,491
국제결혼비율(%)	1.2	3.4	3.7	13.6	11.9	11.1

자료 : 장미혜 외(2008). p. 229; 김은미 외(2009). p. 113에서 재인용.

하고 있다. 한국 사회도 국제결혼이 급증하여 1990년 4,710건(1.2%)에서 2007년에는 3만 8,491건(11.1%)으로 전체 결혼 대비 국제결혼 비율이 늘어나고 있다.[16]

이와 같이 한국에서 국제결혼 비중이 급증하고 있는 것은 가부장적 핵가족의 보호를 목적으로 하는 국제결혼 이주여성의 유입비율이 급증하고 있기 때문이다. 이는 한국 사회의 특수한 원인으로 해체 위기에 있는 전통적인 가부장적 핵가족제도를 유지시키기 위한 자원으로 국제결혼 이주여성의 대거 유입되고 있기 때문이다.[17]

모국을 떠나 해외이민이 급증하게 된 배경 내지 원인을 보면, 거시적 원인과 미시적 원인으로 나누어 설명할 수 있다.[18] 거시적 원인은 전쟁 및 식민지화, 세계화, 국가 사이의 고용시장 및 생활환경이 차이, 유입국의 인구학적 변화 등 국가의 정치적 · 경제적 · 사회적 환경에 기반한 국제이주 등이다. 그리고 미시적 원인은 가족의 결합욕

16 행정안전부(2008); 통계청. 인구통계연보(혼인, 이혼). 〈http://kosis.nso.go.kr〉

17 장미혜 외(2008). 앞의 책. pp. 3-4. 1994년까지 한국 남성과 외국인 여성의 국제결혼 비율이 한국 여성과 외국인 남성과의 결혼비율보다 낮았으나, 1995년부터 그 반대현상이 나타나기 시작하였다. 그 이유는 한국 사회에서 주변부로 밀려난 남성들이 결혼을 목적으로 이주하는 중국, 베트남, 필리핀, 태국, 몽골 등의 외국인 여성을 배우자로 맞이하여 국제결혼을 하는 경우가 증가한 것과 직접 관련 있다. 김은미 외(2009). 앞의 책. p. 115.

18 김유경 외(2008). 앞의 책. pp. 68-69.

구 및 개인의 사회 심리적 욕구 등 개인 및 가족의 측면에서 이루어진 국제이주 등이다.

1990년대에 들어서면서 한국 사회는 세계화의 경향에 편승하여 자본시장과 노동시장을 개방하게 되었다. 이러한 대외적 조건의 변화와 더불어 낮은 출산율과 고령 인구의 증가로 인한 노동인구 감소, 소득수준 향상에 따른 저임금의 단순노동(3D 업종) 기피 등의 대내적 조건의 변화는 외국인 이주노동자를 한국으로 유입하게 하였다.

특히 국제결혼의 증가 또한 한국 사회에서 외국인 유입의 중요한 요인이 되었다. 농촌의 젊은 여성들이 도시로 이주하게 되자 농촌 총각들이 배우자를 구하기 어렵게 되고, 도시 저소득층 남성 역시 혼인시장에서 배제되자 그 상대를 타국에서 찾았다. 한국과 비교하여 상대적으로 빈곤한 국가의 여성들이 더 나은 취업기회와 생활환경의 개선을 위하여 한국 남성과의 국제결혼을 통하여 한국 사회로 대량 유입하게 된 것이다.

요컨대 한국 사회의 다문화가족의 등장배경으로 ① 세계화에 따른 노동시장 개방, ② 상대적으로 높은 소득수준 및 노동시장 환경, ③ 그리고 혼인시장의 수급불균형과 출산율 저하 및 농촌지역 여성인구수 감소 등을 들 수 있다.[19]

(2) 다문화가족의 현황

1990년대 초 '농촌총각 장가보내기 운동'의 일환으로 국제결혼을 추진하면서 한국인 남성과 외국인 여성, 특히 동남아시아 출신 여성 사이

---

19 김유경 외(2008). 앞의 책. p. 71.

표 3 국적별 결혼이민자 체류현황

2009. 9. 30. 현재, 단위 : 명

출신국	인원수	성 별	
		남	여
중 국*	33,468	3,262	30,206
한국계 중국인	33,204	6,605	26,599
베트남	29,985	152	29,833
필리핀	6,193	160	6,033
일 본	5,120	506	4,614
캄보디아	2,984	8	2,976
몽 골	2,304	46	2,258
태 국	2,075	39	2,036
미 국	1,619	1,122	497
기 타	8,245	3,629	4,616
전체 체류자	125,197	15,529	109,668

* 한국계 중국인 포함.

자료 : 법무부 출입국외국인정책본부. 〈http://www.immigration.go.kr/HP/TIMM/imm_06/imm_2009_11.jsp〉

에 국제결혼이 급증하여 한국 사회에서 다문화가족이 등장하였다. 2009년 9월 현재 법무부 외국인정책본부 통계에 따르면 한국의 결혼이민자 12만 5,000명의 체류자 가운데 다수는 중국 출신이다. 한국계 중국인 3만 3,000여 명을 포함하여 약 6만 7,000여 명(53.6%)이 결혼이민자로 거주하고 있다. 그 뒤를 이어서 베트남(24.0%), 필리핀(5.0%), 일본(4.1%), 캄보디아(2.3%), 몽골(1.8%), 태국(1.7%) 등의 순서를 보이고 있다. 한국에 체류하고 있는 결혼이민자 중에서 다수는 한국인 남성과 결혼한 외국인 여성으로 87.6%의 비율을 나타내고 있다.

앞서 언급하였듯이 국제결혼을 통하여 이렇게 급증하고 있는 결혼이민자 또는 다문화가족에 대한 제도적 지원과 정책적 배려가 절실하다. 특히 사회단체를 중심으로 결혼이주여성에 대한 인권보호차원의 제도개선 등이 요구되었으며, 학계에서도 이를 뒷받침하기 위하여 다문화가족의 실태에 대한 조사를 통하여 정책적 배려와 제도적 개선의 대안을 모색하였다. 이를 계기로 한국 사회에서도 다문화론이 활성화되었다.

그런데 다문화가족의 특성 및 실태조사 결과는 다음 장에서 설명하고자 하는 다문화가족 지원정책에 반영될 필요가 있다. 한 조사 결과는 결혼이민자 가족의 유형별 특성으로 다음과 같은 점을 지적하고 있다.[20]

① 결혼이민자의 1/3은 결혼중개업자에 의해서 국제결혼이 성립되고 있으며, 배우자를 소개받기 위하여 소개료를 지불하고 있으나, 상대 배우자에 대한 정보가 실제와 일치하지 않은 경우가 28.3%에 이른다. 허위 정보의 대부분은 배우자의 직업, 소득 등 경제생활과 직접 관련 있는 정보를 허위로 제공받아 결혼 후 부부 사이에 갈등을 노정하고, 가정폭력의 위험에 빠질 가능성이 높다는 점이다.

② 결혼이민자와 한국인 배우자가 결혼해서 적응하기까지 가장 힘든 시기는 1년 미만으로, 이 시기에 다문화가족을 대상으로 적응력을 제고하기 위한 프로그램이 집중적으로 제공되어야 할 필요가 있다. 결혼초기에는 특히 한국어 능력 또는 의사소통이 문제가 되며, 결혼기간이 지속되면서 배우자 가족과의 관계, 자녀문제, 경제문제 등이 제기됨에 따라 결혼기간을 고려하여 차별적으로 서비스가 제공될 필요가 있다.

③ 다문화가족은 상호 의사소통과 문화차이 때문에 갈등이 있기 마련이고, 이러한 갈등이 잘 처리되지 못하면 폭력으로 이어지며, 결

20 김유경 외(2008). 앞의 책. pp. 395-398.

국 가족해체에 이르게 되므로, 전문가 상담 등을 통하여 전문적인 서비스가 제공되어 적절한 조치가 취해질 필요가 있다.

④ 결혼이민자의 직업은 단순노무직 종사자가 많고, 임시근로자나 일용직에 종사하는 경우가 많아 직업의 안정성이 낮은 편이다. 특히 다문화가족이 취업의 이유로서 가족의 생계유지와 자녀양육을 들고 있기 때문에 그런 부담을 완화해 줄 직업안정성 확보가 급선무이다.

⑤ 결혼이민자가 국민건강보험료를 체불한 경우가 13%에 이르러 그 부담을 경감해 줄 필요가 있으며, 10% 정도는 보건의료수요층임에도 불구하고 전문적인 의료서비스체계에서 배제되어 있는 상황을 나태내고 있으므로, 결혼이민자에 대한 의료보장 및 사회안전망 확보에 정부의 지원이 시급하다.

⑥ 결혼이민자가 배우자의 부모를 부양함에 있어서 언어소통과 부양부담의 어려움을 겪고 있으므로 이의 경감을 위한 대책이 마련되어야 할 필요가 있다.

⑦ 마지막으로 다문화가정의 아동을 돌보는 양육자가 없는 사람이 6.5%에 이르러 다문화가정의 건전한 아동양육을 위하여 대책이 필요하다.

4. 결혼이민자 가족의 복지정책과 개선방안

(1) 한국의 다문화가족 지원제도

한국에서 국제결혼이 증대됨에 따라 다문화가족이 늘어나고 있는데, 이러한 다문화사회를 대비하기 위하여 정부와 관련기관 및 시민단체 등이 많은 노력을 해 왔다. 물론 한국으로 유입되는 이주노동자 급증에 따라 노동 부문에서 이에 대한 대비와 함께, 결혼이주여성의 증가에 따른 대비도 동시에 이루어졌다.

먼저 정부수준에서 추진된 다문화사회 대비과정을 보면 2006년 '여성결혼이민자 사회통합대책'으로 시작하였다. 이는 탈법적인 국제결혼 중개업에 대한 관리와 가정폭력 피해 등 인권보호를 위한 정부차원의 대책을 수립하기 위하여 마련된 것이다. 그리고 2007년 '재한외국인처우기본법'은 외국인에 대한 인권존중과 사회통합, 우수인력 유치지원 정책을 담고 있다. 이에 따라 각급 지방자체단체별로 외국인에 대한 체계적인 지원을 통한 지역사회 통합 및 이미지 제고를 목적으로 관련 조례의 제정과 국제센터, 외국인주민자치센터 설치 및 운영 등에 관한 계획 등을 내놓게 되었다. 더불어 2007년 '결혼중개업의 관리에 관한 법률'을 통하여 개인적 인권피해에 구제와 함께 국제결혼중개업의 부도덕한 상행위를 규제하게 되었다. 그리고 2008년에는 '다문화가족지원법'이 제정되어 명실상부하게 다문화가족에 대한 지원이 이루어지게 되었다.

요컨대 현행 한국의 다문화가족 지원제도를 정리하면 〈표 4〉와 같다. 다문화가족의 사회통합을 목적으로 하고 있는 관련법들은 결혼이민자의 출입국 및 대한민국 국적을 취득하는 과정과 자격에 관한 기준을 제시하고 있는 '출입국관리법'과 '국적법', 결혼이민자가 한국의 국민으로서 사회로부터 어떤 보호와 지원을 받을 수 있는지, 또한 그런 지원방향에 대하여 제시를 하고 있는 '재한외국인처우기본법'과 '다문화가족지원법', 그리고 '결혼중개업의 관리에 관한 법률' 등이다.

결혼이민자는 입국 시 '출입국관리법'에 따라 다른 외국인과 마찬가지로 해당지역의 출입국관리사무소에서 외국인 등록을 하게 되며, 일정기간 국내에 체류, 혼인생활을 유지하는 경우 한국의 국적취득이 가능하다. '국적법'에 따르면 결혼이민자는 귀화에 의한 국적취득 중 간이귀화요건에 해당되는데, ① 혼인한 상태로 2년 이상 계속하여 주소가 있는 자, ② 혼인한 후 3년이 경과하고 혼인한 상태로 대한민국에 1년 이상 계속하여 주소가 있는 자, ③ 배우자의 사망 등 자신의 귀책사유 없이 혼인생활을 할 수 없었던 자, ④ 한국 국적의 미성년자녀를 양육 또는 양육예정인 자의 경우 귀화할 수 있도록 규정하고 있다.

표 4 다문화가족 관련 법률

관련 법률	해당부처	제정일시 (시행일시)	제도 목적
다문화가족지원법	보건복지가족부	2008. 3.21 (2008. 9.22)	다문화가족 구성원의 안정적인 가족생활을 통한 삶의 질 향상과 사회통합에 기여
결혼중개업의 관리에 관한 법률	보건복지가족부	2007.12.14 (2008. 6.15)	결혼중개업의 건전한 지도 육성 및 이용자 보호를 통한 건전한 결혼문화 형성
국적법	법무부	2007. 7. 5 (개정)	대한민국 국민이 되는 요건을 정함
재한외국인 처우 기본법	법무부	2007. 5.17 (2007. 7.18)	재한외국인이 대한민국에 적응하여 개인능력을 최대한 발휘하도록 하고, 대한민국 국민과 재한외국인이 상호 이해하고 존중함으로써 대한민국의 발전과 사회통합에 기여
출입국관리법	법무부	2005. 8. 4 (개정)	대한민국에 입국하거나 대한민국으로부터 출국하는 모든 국민 및 외국인의 출입국 관리와 대한민국에 체류하는 외국인의 체류관리 및 난민의 인정절차에 관한 규정

자료 : 김유경 외(2008). p. 80에서 재인용.

그리고 '재한외국인처우기본법'에는 결혼이민자의 경우 국적취득 여부와 관계없이 거주지역 내에서 외국인으로 지원대상이 되며, 특히 결혼이민자의 출신국이 중국이나 러시아 등의 재외동포인 경우 '재외동포의 출입국과 법적 지위에 관한 법률'에 적용되며, '가정폭력 방지 및 피해자 보호 등에 관한 법률'의 보호를 받는다.

그런데 한국 정부가 다문화가족에 대하여 여러 가지 다문화가족 관련 법률에 의하여 지원을 하고 있지만, ① 다문화 관련법의 중복성, ② 업무의 중복, ③ 조정기능의 미비 같은 점이 다문화정책의 제도적 문제점으로 지적된다.[21]

(2) 다문화가족 지원정책의 문제점과 개선방안

한국의 다문화가족 지원정책에 대하여 살펴보기 전에 다문화가족 지원정책의 기조변화를 보면 다음과 같이 정리할 수 있다.[22] ① 국익우선 → 인권보호 동시 고려, ② 단일민족주의 → 다문화, 다양성 존중, ③ 외국인은 통제와 관리 대상이라는 관점 → 더불어 사는 이웃으로서 상호이해와 존중의 대상이라는 관점. 이러한 기조의 변화에 따라 다문화가족에 대한 정책은 관련법인 '다문화가족지원법'이 대상을 결혼이민자로 한정한 것처럼 주로 결혼이민자를 대상으로 하고 있다. '농촌총각 장가보내기 운동'과 더불어 결혼이민자가 유입되기 시작한 1990년대 초반에는 정부 차원에서 전혀 지원을 받지 못하였지만, 이들의 어려운 형편이 시민단체와 언론 등을 통하여 알려지면서 결혼이

---

21 장미혜 외(2008). 앞의 책. pp. 241-248.

22 이혜경(2008). 앞의 글.

민자를 지원하기 위한 정책과 각종 서비스 프로그램이 마련되었다.

다문화가족에 대한 지원정책의 발전과정을 간략히 살펴보면, 2005년 5월 대통령의 지시로 결혼이민자 정책이 마련되기 시작하여 2006년 4월까지 체류불안 문제의 해결부터 생활안정대책, 사회통합에 지원에 초점을 맞춰 진행되었다. ① 제1차 대책(2005. 8. 16) : 안정적 체류지원, 생활정보 제공, 한국어 한국 문화 이해교육, 가족관계 증진 및 가정폭력 피해자 지원, 기초생활보장, 취업을 위한 교육 훈련 및 일자리 연계지원, ② 제2차 대책(2005. 11. 25) : 결혼이민자 가족의 사회적응 지원체계 구축, 자녀양육 지원, ③ 제3차 대책(2006. 4. 26) : 탈법적인 결혼 중개방지 및 국제결혼 당사자 보호, 가정폭력 피해자에 대한 안정적 체류지원 강화, 한국 사회 조기 적응 및 정착지원, 자녀의 학교생활 적응지원, 안정적인 생활환경 조성, 다문화에 대한 사회적 인식 개선 및 업무책임자 교육, 추진체계 구축.[23]

이러한 과정을 거쳐 현재 각 부처별로 결혼이민자에 대한 다양한 다문화가족 지원정책을 수행하고 있는데 그 내용은 〈표 5〉와 같다. 그리고 이명박정부가 들어서면서 정부직제의 개편이 이루어져 대부분의 여성결혼이민자 사업은 보건복지가족부로 이관되어 추진되고 있다. 특히 보건복지가족부에는 다문화가족과가 신설되어 '다문화가족 생애주기별 맞춤형 지원 강화대책'을 마련하여 입국 전 단계부터 정착에 이르기까지 다문화가족의 생애주기에 따라 수요에 부응하는 서비스를 제공하고 있다. 특히 다음과 같은 결혼이민자를 위한 정부의 정책은 이들을 한국 사회에 적응시키는 데 초점을 두고 있다. 그런데 이들은

23 권미경(2006). "다문화사회의 교육문화 과제 탐색: 결혼이민자의 체험에 관한 질적 연구". 동아대학교 박사학위논문.

표 5 각 부처별 다문화가족 지원정책

부 처	지원정책
보건복지가족부	• 국제결혼 탈법방지 및 이민자 인권보호 • 결혼이민자 한국 생활 정보제공 및 상담 • 배우자 사전교육 • 결혼이민자 의사소통 지원 • 다양한 생활정보제공 • 다문화가족 생활보장 • 가족관계 증진 및 가족위기 예방 • 부모의 자녀양육능력 배양 • 영유아 보육 교육 강화 • 임신 출산 지원 • 건강관리 • 아동언어 학습발달 지원 • 청소년 역량개발지원 • 빈곤 위기아동 청소년 지원 • 결혼이민자 경제적 자립역량 강화 • 결혼이민자 사회연계 강화 • 자녀양육 지원 • 한부모가족 지원 • 가족해체 시 결혼이민자 인권보호
문화체육관광부	• 다문화에 대한 사회적 인식 개선 및 업무책임자 교육 • 지자체의 결혼이민자가정 지원 우수사례 발굴 확산 • 다문화가족을 위한 문화예술지원 교육지원 프로그램개발 및 시범 사업 • 사회문화예술교육 지원사업 • 온누리안 이주민 다문화 체험 • 특수소외계층문화권 신장 • 사회취약계층 문화예술 교육지원
문화체육관광부	• 한국어교육 • 다문화체험 지원 • 이주노동자 축제 • 문화가이드북 제작
법무부	• 비자인터뷰 제도강화 • 탈법적 결혼 중개방지 • 국제결혼당사자 보호 • 가정폭력 피해자에 대한 안정적인 체류지원 강화 • 인신매매 성격의 국제결혼 방지 • 체류자격 불안정 해소 • 결혼 이민자 외국인 여성 외국인 자녀 정착지원 및 차별해소 지원

(계속)

부 처	지원정책
법무부	• 다문화가정의 안정적 체류 및 인권보장 • 법률 생활 및 인권정보 제공 • 결혼이민자 영주가격 신청요건 완화 • 결혼이민자 네트워크 구축 • 결혼이민자 이혼 별거 시 자녀 접견 위해 국내체류 허가
교육과학기술부	• 지역 인적개발 사업 • 대학생 멘토링 • 교사 연수센터 • 소외계층 평생교육 프로그램 지원사업 • 결혼이민자 외국인 근로자 등 사회적 소수자를 포용 • 교사역량강화, 다문화 교육센터 설치 • 다문화 교육센터 지정 및 다문화교육 공모사업 • 다문화교육 교사연수센터 지원 • 시 · 도 다문화가정 자녀교육 활성화지원
노동부	• 여성결혼이민자 고용촉진대책 추진 • 직업상담 및 고용서비스 지원 • 공공서비스 부문 여성결혼이민자 진출 지원 • 일자리 알선 및 훈련 지원
지식경제부	• 여성결혼이민자 정보화 교육 • 전문교재 개발
행정안전부	• 자체통계 및 실태조사를 통한 정책기초자료 확보 • 지자체의 여성결혼이민자 관련 조직 인력 예산확보방안 마련
농림수산식품부	• 농촌여성결혼이민자 지원
여성부	• 전국 상담시스템 구축 • 이주여성 쉼터 확대실시 및 보호 주거지원 강화 • 외국인 여성과 결혼하고자 하는 남성 교육

자료 : 김유경 외(2008). p. 103에서 재인용.

한국 사회의 당당한 구성원이기 때문에 그들이 능력을 충분히 발휘할 수 있도록 기회를 제공하고 지원하는 데 역점을 둘 필요가 있다.

한편 다문화가족을 지원하기 위하여 다문화가족지원센터, 사회복지관 건강가정지원센터, 외국인근로자센터, 이주여성긴급지원센터, 이주여성쉼터 등이 운영되고 있다. 다문화가족지원센터는 교육사업(한국어교육, 가족교육, 문화교육, 정보화 교육), 상담사업, 자녀보육, 자조집단사업, 문화 정서지원사업(출산도우미, 친정어머니 및 후원가족 매칭, 결혼이민자 가족단위 네트워크 구축), 홍보 및 네트워크 형성 등의 사업을 전개하고 있다.

다문화가족지원센터를 비롯한 전국의 다문화가족지원 기관으로 이주노동자센터 및 쉼터, 종합사회복지관, 종교기관, 여성단체, 기타 의료기관, 상담소, 협의회, 교육기관, 주민자치센터, 문화센터 등이 있다. 이들 다문화지원기관에서 결혼이민자들을 대상으로 실시하는 서비스는 다양하다. 한국어교육, 상담, 의료, 가족지원, 문화 정서지원, 문화체험 등 다양한 서비스가 제공되고 있다.

이상에서 다문화가족을 지원하기 위한 제도와 정책 등을 살펴보았다. 그 결과 다음과 같은 점을 보완 또는 개선해야 할 점으로 지적된다.[24] ① 지원부서 분리에 따른 중앙부처 행정의 비효율성, ② 지원부서 유형에 다른 서비스 격차, ③ 사업주체의 복잡성과 다양성으로 인한 접근성 문제, ④ 인력 및 예산 문제 등을 지적한다. 특히 결혼이민자의 복지서비스 이용현황을 보면 지원서비스프로그램 가운데 한국어교육, 한국요리강습, 한국 문화 관련, 가족관계 상담 등의 서비스 이용은 활발한 반면에, 취업교육, 취업훈련, 전화를 이용한 통역서비스 제공 등의 이용비율은 낮다. 그 중에서 결혼해체 이민자의 경우 기초생활수급대상자에 해당되어도 빈곤가족으로 전락할 가능성이 많기 때문에 사회통합의 다문화가족지원의 목적에 비추어 이들에 대한 충분한 지원이 요구된다.

물론 이러한 지원서비스는 대상자의 환경에 맞추어 제공할 필요가 있다. 예를 들어 도시와 농촌지역에 거주여부, 결혼기간, 자녀의

24 김유경 외(2008). 앞의 책. pp. 149-151, p. 463.

여부, 경제능력 여부 등에 따라 차별적으로 제공되어야 효율적일 것이다. 요컨대 다문화가족의 복지수준 및 복지요구의 내용을 정리하면, ① 다문화가족의 취업상황에 따라 다문화가족의 사회보장수혜도가 낮게 나타난다는 점이다. 이들이 빈곤가족으로 전락할 가능성이 많기 때문에 각별한 제도적 정책적 지원이 필요하다. ② 다문화가족에 대한 복지정책의 효율성을 제고시키기 위하여 가족특성 및 결혼이민자의 다양한 요구에 맞는 정책개발이 시급하다. ③ 결혼기간에 따라 다문화가족 복지서비스의 요구내용이 다르므로 그에 맞는 맞춤형 서비스가 제공되어야 한다는 점이다.[25]

특별히 결혼이주여성의 생애주기별 사회서비스 내용을 정리하면, '입국초기 → 임신 출산기 → 아동양육기 → 노동시장 진입기' 등으로 나누어 다양한 지원기관에서 적절한 지원방법으로 대상자에 맞는 사회서비스를 제공할 수 있다.[26]

참고로 다문화정책을 지원하는 지방정부기관과 공적 기관 및 민간기구 사이의 거버넌스 구축을 제안하는 하기도 한다. 특히 효과적인 다문화정책의 수립과 집행을 위하여 실제로 외국인들이 거주하는 해당 지방자치단체의 역할이 매우 중요하다. 왜냐하면 이주노동자, 국제결혼이주민, 외국 유학생 등 소수집단들이 주류사회의 지역주민들과 함께 거주하고 있으며, 정부의 다문화 정책과 사업의 접촉지점이 해당 지방자치단체이기 때문이다. 따라서 지방자치단체는 다문화정책을 통합적으로 집행하고, 지역의 다양한 다문화 주체들 사이의 이해관계를 조정하는 중심축으로서의 역할을 수행할 필요가 있다.[27]

---

25 김유경 외(2008). 앞의 책. pp. 516-517.

26 장미혜 외(2008). 앞의 책. pp. 175-193.

끝으로 다문화가족 복지서비스와 관련하여 다문화가족지원법의 지원 대상에 결혼이민자 가족 외에도 외국인부부로 구성된 가족도 체류 신분이 합법적이라면 다문화가족의 범위에 포함해야 한다고 지적하고 있다. 나아가 결혼이민자와 외국인근로자의 자녀가 성장 혼인하여 이루는 가족과 불법적 체류신분의 외국인과 한국인 배우자로 구성된 가족, 그리고 북한이탈주민과 그 가족도 포함시켜야 한다고 주장한다. 또한 다문화가족이 당면한 문제 가운데 가장 시급한 도움으로 결혼이민자의 언어소통 문제, 인권문제, 가족갈등 및 폭력문제, 사회문화적 소외 등이 있다.[28] 더불어 전문가들은 내국인에 대한 다문화교육 및 인권교육을 통한 국민의식 개선, 다문화가족을 위한 지원사업의 정부 민간기관과 지역사회 역할 정립 및 협력 네트워크 구축 등을 주장하고 있다.

5. 결론 : 다문화사회 지향적인 지원정책

저출산과 고령화에 따른 노동력 부족으로 인한 해외인구의 유입으로 단일민족사회를 구가해 온 한국 사회는 이제 새로운 변화에 직면하고 있다. 이주민의 급증으로 인종적 문화적 다양성이 증대되면서 한국 사회는 소수자의 적응과 통합 요구에 부응하는 동시에, 문화적 다양성을 수용하고 나아가 민족문화에 대한 관점을 재구성할 시기가 되었다.

이제 한국의 다문화정책은 소수자를 배려하는 관점에서 나아가,

27 장미혜 외(2008). 앞의 책. p. 239.

28 김유경 외(2008). 앞의 책. p. 524.

소수자의 차이를 인정하고 소수자의 능력과 문화차이가 우리의 새로운 자원이 될 수 있으며, 사회적 관용이 창조적인 문화생산의 원동력이 될 수 있다는 점을 인식하는 관점으로 전환되어야 한다. 이러한 관점은 이주자나 사회의 소수집단을 정책의 대상이 아닌, 문화를 창조해 나갈 수 있는 새로운 주체로 바라보는 것을 의미한다.[29] 나아가 이주민만을 대상으로 하는 통합정책이 아니라, 일반시민을 대상으로 다양한 문화 사이의 상호이해 증진을 바탕으로 한 쌍방향적인 사회통합정책이 필요한 시기가 되었음을 의미한다.

그런데 전 지구적 이주가 일상화된 현 시기에 만약 한국 사회가 인종적 문화적 차이로 인한 갈등과 소수자의 사회적 차별과 배제의 문제 적절한 대책을 마련하지 못한다면, 향후 한국 사회는 사회적 갈등과 불안요인을 해소할 수 없을 것이다. 따라서 외국인에 대한 한국 사회의 관용적 태도가 낮으면 타자화된 외국인들이 미래 한국 사회에 대하여 적대적인 태도를 취하거나 폭력적인 행동을 나타낼 위험이 높기 때문에 다문화사회로의 진입을 위한 대책마련이 시급하다. 바로 개인적인 수준에서 다문화가족의 빈곤화로 인한 가족해체와 사회적응의 실패, 사회적 수준에서 배타적인 소수집단으로 남아 인종 간의 사회적 갈등을 심화시키는 위험 가능성에 대처하기 위하여 사회통합을 넘어서는 다문화정책의 필요성이 제기되는 것이다.

① 이를 위해서는 다문화가족을 대상으로 하는 것과 더불어 일반시민을 대상으로 하는 다문화교육이 일상적이고 전면적으로 실시될 필요가 있다. 다문화교육은 문화적 다양성의 존중과 이해를 위한 교육적 과정을 통하여 문화적 차이에서 오는 사회적 차별을 해결하여

---

29 장미혜 외(2008). 앞의 책. pp. 8-10.

민주주의 가치를 실현하기 위한 교육전략이다. 다문화사회로의 이행을 위한 다문화교육은 구체적으로 학교교육을 통하여 교육과정 중심의 교과교육이 있으며, 다양한 생활세계 속 다문화교육 프로그램을 통하여 실천하는 방안이 있을 수 있다.

② 다문화사회로의 이행을 위하여 건실한 사회서비스 정책을 그 대안으로 제기할 수 있다. 결혼이민자를 포함한 다문화가족지원을 통하여 이들이 한국 사회에 정착하고, 당당한 사회구성원으로서 역할을 제대로 수행하기 위하여, 이들의 특수성을 고려한 사회적 보호와 사회서비스를 제공하는 것이 필요하다. 현재 결혼이주여성을 대상으로 하는 다문화가족지원정책은 그들의 한국 사회 적응을 도모하기 위한 데 주안점을 두고 있다. 따라서 급여를 중심으로 이루어진 사회보험과 공공부조만으로는 결혼이주여성의 어려움을 해결하기에는 역부족이다. 이를 위해 일회적인 사회서비스보다는 생애주기별 위험에 대처할 수 있는 능력을 배양시키고 자율성을 증진하는 관점에서 맞춤형 다문화가족 지원서비스가 제공되어야 한다.

③ 다문화사회로의 이행을 위하여 문화정책이 요구된다. 구체적인 문화정책으로 새로운 이주민들의 주류문화에 대한 접근과 통합 욕구를 반영한 다문화사회주체의 정책적 위상 확립, 다문화역량 강화를 위한 정책인프라 구축, 문화적 배경의 다양성에 대한 주류사회의 개방을 추구하는 소통지향적 다문화프로그램의 개발, 소수민족 공동체 형성과 관련한 이주민 문화권에 대한 보장 등이다.

④ 다문화정책의 효율적인 수행을 위한 거버넌스 구축을 모색할 필요가 있다. 중앙부처 사이의 경쟁심화, 부처 간 조정의 미비, 제도와 정책의 중복, 다문화서비스 연계체계의 미비와 같은 문제점을 개선

하기 위하여 중앙정부와 지방정부 그리고 시민단체, 민간기구 사이에 정책적 협조를 통한 포괄적 거버넌스를 구축이 요구된다.

참고문헌

강남훈(2000). “디지털혁명과 ‘신경제’의 축적구조”. 경상대학교 사회과학연구소 편. 『디지털혁명과 자본주의의 전망』. 한울.
_____(2002). 『정보혁명의 정치경제학』. 문화과학사.
강상중 · 요시미 순야(2004). 『세계화의 원근법』. 이산.
강성학 편(2004). 『동북아의 평화사상과 평화체제』. 리북.
강재언 · 김동훈(2000). 『재일한국 · 조선인: 역사와 전망』. 소화.
고도임 외(1999). 『중국 연변의 조선족 전통농가의 주생활』. 가톨릭대학교출판부.
고혜연 · 임영식(2008). “해외입양 사후관리 서비스의 문제점과 그 개선에 관한 연구”. 『청소년복지연구』 제10권 제1호.
구태훈(2008). “일본에서 꽃핀 조선의 도자기 문화: 임진왜란 당시 납치된 조선인 도공 이야기”. 『역사비평』 겨울호.
국립문화재연구소(2003). 『재중동포의 무형문화재』.
국립민속박물관(1996). 『중국 길림성 한인동포의 생활문화』.
_____(1997). 『중국 요녕성 한인동포의 생활문화』.
_____(1998). 『중국 흑룡강성 한인동포의 생활문화』.
_____(2000). 『까자흐스탄 한인동포의 생활문화』.
_____(2002). 『일본 관서지역 한인동포의 생활문화』.
_____(2003). 『미국 하와이지역 한인동포의 생활문화』.
권덕영(2005). 『재당 신라인사회연구』. 일조각.
권미경(2006). “다문화사회의 교육문화 과제 탐색: 결혼이민자의 체험에 관한 질적 연구”. 동아대학교 박사학위논문.
김게르만(1995). “카자흐스탄 한인의 사회와 문화의 발전”. 『비교문화연구』. 서울대학교.

김게르만(2005). 『한인이주의 역사』. 박영사.
김경학(2005). 『귀환의 신화: 해외인도인의 이주와 정착』.
김광억(2005). "종족의 현대적 발명과 실천". 김광억 외. 『종족과 민족』. 아카넷.
_____(2005). "중국한인동포의 이주사와 생활문화". 국립민속박물관 광복60주년 기념 학술대회자료집.
김광열(2001). "1920～30년대 조선인 도일의 요인". 『한일민족문제연구』 창간호.
김남웅(2004). 『구들이야기 온돌이야기』. 단국대학교출판부.
김달현 외(2000). 『중앙아시아고려인 사회문화생활과 민족정체성에 관한 연구: 카자흐스탄, 우즈베키스탄, 키르키즈스탄을 중심으로』. 재외동포재단 연구 지원과제.
김동석(2002). "미국 속의 한국 음악: 국악". 한미동포재단 미주한인이민 100주년 남가주기념사업회. 『미주한인이민 100년사』.
김문자(2001). "16～17세기 조일관계에 있어서 피로인 귀환: 특히 여성의 경우". 『상명사학』 8, 9합집.
김범수 외(2007). 『다문화사회복지론』. 양서원.
김비환(2007). "다문화시대 한국 사회를 위한 새로운 정치통합의 모색". 성균관대학교.
김선풍(2004). "한국 씨름과 중국 조선족 씨름의 대비". 최인학 외. 『비교연구를 통한 한국 민속과 동아시아』. 민속원.
김옥기(2003). "문화예술을 빛낸 인물과 문화단체". 미주한인이민 100주년 대뉴욕 기념사업회. 『대뉴욕 한인 100년사』.
김옥랑 · 백선기(2004). 『문화예술공간과 문화연구』. 한울.
김원용(2004). 『재미한인 50년사』. 혜안.
김유경 · 조애저 · 최현미 · 이주연(2008). "다문화시대를 대비한 복지정책방안연구: 다문화가족을 중심으로". 한국보건사회연구원.
김은미 · 양옥경 · 이해영(2009). 『다문화 사회, 한국』. 나남.
김응렬(1990). "재일한인의 사회적 기회: 사회적 제약과 규범의식". 『재외한인연구』 제1호.
김인성(2006). "중앙아시아 정치체제". 『민족연구』.
김춘선(2004). "광복 후 중국 동북지역 한인들의 정착과 국내귀환". 『한국근현대사연구』 28.

김춘선(2007). "중국 연변지역 전염병 확산과 한인의 미귀환". 『한국근현대사연구』 43.
김태국(1998). "중국 조선족 역사 상한선 문제". 『전주사학』 제6집.
김현동 · 주인영(1998). 『재중동포사회 기초자료집 II』. 재외동포재단.
김화(2000). "중국특색의 조선족 문화 건설을 강화할 데 대한 거시적 사고". 김종국 외. 『중국특색조선족 문화연구』. 료녕민족출판사.
남가주한인음악가협회(2002). "남가주 한인 음악계 50년". 한미동포재단 미주한인이민 100주년 남가주기념사업회. 『미주한인이민 100년사』.
남혜경 외(2005). 『고려인 인구이동과 경제환경』. 집문당.
동아시아지역연구소. "다문화사회 한국 사회과학의 과제" 자료집.
로주철 편(1999). 『조선민족문화연구』. 료녕민족출판사.
문옥표(2005). "일본한인동포의 이주사와 생활문화". 국립민속박물관 광복60주년 기념 학술대회자료집.
민덕기(2003). "임진왜란에 납치된 조선인의 귀환과 잔류로의 길". 『한일관계사연구』 20.
_____(2005). "임진왜란 중에 납치된 조선인 문제: 피로인 규모와 기존연구를 중심으로". 『임진왜란과 한일관계』. 경인문화사.
_____(2006). "납치된 조선인들은 일본에서 어떻게 살아갔을까". 한일관계사학회. 『한일관계 2000년』. 경인문화사.
박경휘(1988). 『중국조선민속사연구』. 료녕민족출판사.
_____(1994). 『중국 조선족의 의식주 생활풍습』. 집문당.
박명규(2004). "한인 디아스포라론의 사회학적 함의". 최협 외 편. 『한국의 소수자, 실태와 전망』. 한울.
박상찬(1999). "디지털 문화의 공급 사슬관리". 최혜실 편. 『디지털시대의 문화예술』. 문학과지성사.
박상찬 · 신정관(1999). "하이퍼텍스트와 미래의 미디어 기술". 최혜실 편. 『디지털 시대의 문화예술』. 문학과지성사.
박순호(1998). "미국 내 한국입양아의 실태와 입양행태에 관한 연구". 『지리교육』 10.
_____(2007). "한국입양아의 유럽 내 공간적 분포특성". 『한국지역지리학회지』 제13권 제6호.

박윤선(1994). “도일 백제유민의 활동”. 숙명여자대학교 석사학위논문.
박종보 · 조용만(2006). “다문화가족지원법 마련을 위한 연구”. 여성가족부.
박창규(2007). “중앙아시아 다문화주의 가능성”. 『민족연구』.
배수한(2006). “한민족 네트워크와 고려인의 역할”. 신범식 편. 『21세기 유라시아 도전과 국제관계』. 한울.
배영동(2003). “서양식 집이 바꾸어 놓은 우리 집의 전통”. 실천민속학회 편. 『민속문화가 외래문화를 만나다』. 집문당.
배태순(2000). “입양사업 제도개선 및 활성화방안”. 『한국아동복지학』 제3호.
변용찬(2001). “적정입양비용의 산출과 분담방안”. 보건사회연구원 연구보고서.
보리스 박니콜라이 부가이(2004). 『러시아에서의 140년간』.
Brunhoff. S. D 저, 신현준 옮김(1992). 『국가와 자본』. 새길.
블라지미르 김(2000). 『러시아한인 강제이주사』. 경당.
비교민속학회 편(2002). 『민속과 예술』. 민속원.
서경식 저, 김혜신 옮김(2007). 『디아스포라 기행』. 돌베개.
설동훈(2001). 『노동력의 국제적 이동』. 서울대학교출판부.
_____(2005). “이민과 다문화사회의 도래”. 김영기 편. 『한국 사회론』. 전북대학교출판부.
설동훈 외(2004). “각국의 외국인 근로자 고용관리체계 사례연구”. 노동부.
성경륭 · 이재열(1999). “민족통합에 대한 네트워크 접근”. 서대숙 외. 『민족통합과 민족통일』. 한림대학교 민족통합연구소.
성동기(2002). “중앙아시아의 정세변화와 전망”. 한국민족연구원. 『민족연구』 제8호.
_____(2003). “대탈레반 전쟁 이후 중앙아시아의 정세변화와 연구과제”. 중앙아시아학회. 『중앙아시아연구』 제8호.
_____(2004). “현대 중앙아시아 지역연구와 러시아”. 한국슬라브학회. 『슬라브학보』 제19권 제1호.
소황옥(2002). “전통한복의 예술성”. 비교민속학회 편. 『민속과 예술』. 민속원.
신호범(2005). 『공부 도둑놈, 희망의 선생님』. 웅진출판.
심상민(2004. 12). “한류와 디지털콘텐츠 산업의 발전전략, 국가역할”. 한국정치학회 연례학술회의 발표자료.
C. Fred Bergsten저, 최인범 역. 『코리안 디아스포라와 세계경제』. 국제경제연구소.

안석봉 편(1994). 『조선민족의 미풍양속』. 연변인민출판사.
양정훈(2005). "러시아의 대중앙아시아 외교정책의 변천과정". 『슬라브연구』 제21권 제1호.
연변조선족문화발전추진회 · 연변조선족민속학회 편(1996). 『조선족민속연구』 제2권. 연변대학출판사.
오경석 외(2007). 『한국 사회에서의 다문화주의: 현실과 쟁점』. 한울아카데미.
오재완(2006). "중앙아시아 민족주의 운동". 한국민족연구원. 『민족연구』.
우덕찬(2001). "중앙아시아 국가들의 대이슬람 정책에 관한 연구". 중앙아시아연구 제5호.
유규용(2002). "해외입양인의 정체성과 의식에 관한 연구". 숙명여자대학교 정책대학원 석사학위논문.
유의영(2002). "미주한인의 인구사회학적 특성". 한미동포재단 · 미주한인이민100주년 남가주기념사업회. 『미주 한인이민 100년사』.
유철인(1997). "이주역사와 정책배경". 국립민속박물관. 『중국요녕성 한인동포의 생활문화』.
윤완철(1999). "디지털 정보시대와 인간". 최혜실 편. 『디지털시대의 문화예술』. 문학과지성사.
윤인진(2002). 『독립국가연합 고려인의 생활과 의식』. 고려대학교 민족문화연구원.
______(2004). 『코리안 디아스포라: 재외한인의 이주, 적응, 정체성』. 고려대학교출판부.
이광규(1997). 『민족과 국가』. 일조각.
______(1997). 『재외한인의 인류학적 연구』. 집문당.
______(1999). "해외교포와 한민족 공동체". 한림대학교 민족통합연구소 편. 『민족통합과 민족통일』. 한림대학교출판부.
______(2001). "중국 조선족 사회의 형성과정". 『재외한인연구』 8.
______(2001). 『전환기에 선 세계한민족』. 동북아평화연대.
이광형(1999). "디지털시대의 문화". 최혜실 편. 『디지털시대의 문화예술』. 문학과지성사.
이문영(2003). "중앙아시아의 종교상황과 종교정책". 『국제지역연구』 제7권 제1호.
______(2004). "현대 중앙아시아의 이슬람 정치세력화". 『러시아연구』 제14권 제1호.

이병임(2002). “남가주 한인 무용계 50년”. 한민동포재단 미주한인이민 100주년 남가주기념사업회. 『미주한인이민 100년사』.
이삼돌(2008). 『해외입양과 한국민족주의』. 소나무.
이웅현(2007). “한국의 중앙아시아 연구 15년 약사”. 이웅현 편. 『중앙아시아의 문명과 반문명』. 리북.
이원순(1985). “왜란과 조선부로”. 『조선시대사론집: 안과 밖의 만남의 역사』. 느티나무.
이전(2001). 『미국에 살고 있는 한인』. 한울.
이종훈(1997). “중앙아시아 고려인의 연해주 재이주가 갖는 정치경제적 의미”. 『재외한인연구』 제7호.
이준규(2001). “소련의 해체와 중앙아시아 고려인”. 『민족문화』 제7호.
이혜경(2007). “이민정책과 다문화주의: 정부의 다문화정책 평가”. 한국사회학회, 동북아시대위원회 용역과제 07-7.
임계순(2003). 『우리에게 다가온 조선족은 누구인가』. 현암사.
임재해(2004). 『민속문화를 읽는 열쇠말』. 민속원.
임채완 · 장윤수 외(2008). 『재외한인 문화예술 네트워크』. 북코리아.
장미혜 외(2008). “다민족 다문화사회로의 이행을 위한 정책패러다임 구축(II): 다문화역량증진을 위한 정책 사회적 실천 현황과 발전 방향”. 한국여성정책연구원.
장소현(2002). “미주한인 문화예술 50년: 문학, 미술, 연극, 영화”. 한미동포재단 미주한인이민 100주년 남가주기념사업회. 『미주한인이민 100년사』.
장윤수(2005). 『재외한인 집거지역 사회경제』. 집문당.
_____(2006). “재외한인 문화생활 비교분석”. 전남대학교 세계한상 · 문화연구단 주관 2006년 합동국제학술회의. 『21세기 사회과학의 이슈: 동북아 신국제질서, 중국발전패러다임, 코리안 디아스포라』.
_____(2006). “재외한인사회와 민족문화 네트워크”. 『대한정치학회보』. 제14집 제2호.
_____(2006). “재외한인의 문화생활 비교”. 『국제지역연구』 제10권 제4호.
장윤수 · 임채완 외(2007). 『재외한인의 문화생활』. 북코리아.
장인성(2003). “총련계 재일한인의 민족정체성”. 『국제 · 지역연구』 제12권 제4호(겨울).

장지표(2008). “다문화사회통합프로그램 이수제”. 『다문화사회통합프로그램 구축 방안 마련을 위한 공청회』. 법무부 출입국외국인정책본부.
장태한(2004). “소수자로서의 재미한인”. 최협 외 편. 『한국의 소수자, 실태와 전망』. 한울.
전기호(2003). 『일제시대 재일한국인 노동자계급의 상태와 전망』. 지식산업사.
전신옥(2007). “연해주 한인의 중앙아시아로의 강제이주와 정착 그리고 사회경제적 현황”. 『통일문제연구』 제47호.
전형권(2005). “재외동포 네트워크의 특성과 활용방안”. 광복60주년기념 국사편찬위원회 재외동포사편찬 국제학술회의 발표논문. 『재외동포사회의 역사적 고찰과 연구방법론 모색』. 국사편찬위원회.
정근식(1996). “중앙아시아 한인의 일상생활과 문화”, 한국사회사학회, 『중앙아시아 한인의 의식과 생활』. 문학과지성사.
정성덕(1997). “한국아동의 해외입양실태 및 한국과 스웨덴아동의 연령추정을 위한 Deirjian 방법의 적용”. 조선대학교 교육대학원 석사학위논문.
정신철(2000). 『한반도와 중국 그리고 조선족』. 모시는사람들.
정혜경(1999). “1920년대 오사카지역의 조선인 노동쟁의”. 강덕상 · 정진성 외. 『근 · 현대 한일관계와 재일동포』. 서울대학교출판부.
조정남(1996). 『러시아 민족주의 연구』. 고려대학교출판부.
조현미(2000). “재일동포의 집주지역 형성과 민족정체성의 변화: 요세바 고도부키를 중심으로”. 『대한지리학회지』 제35권 제1호(통권 79호).
조현미 · 최영동(2002). “인력수급정책이 외국인 노동자의 거주지 선정에 미치는 영향: 일본, 독일, 한국의 비교연구”. 일본어문학회. 『일본어문학』 제19집.
중국특색의 조선족문화 과제소조(2000). “중국특색의 조선족문화건설에 대한 기본인식과 대책”. 김종국 외. 『중국특색조선족문화연구』. 료녕민족출판사.
천수산(1999). “우리의 풍속문화를 전승 발전할 데 대하여”. 로주철 편. 『조선민족문화연구 II』. 료녕민족출판사.
최인학(1999). 『비교민속학과 비교문화』. 민속원.
최한우(2001). “중앙아시아 지역연구 현황과 과제”. 한국외국어대학교. 『국제지역연구』 제5권 제1호.
최혜실(2000). 『모든 견고한 것들은 하이퍼텍스트 속으로 사라진다』. 생각의나무.

한일민족학회 편(2003). 『재일조선인 그들은 누구인가』. 삼인.
한경구 · 한건수(2007). "한국적 다문화사회의 이상과 현실: 순혈주의와 문명론적 차별을 넘어서". 한국사회학회 동북아시대위원회 용역과제 07-7.
한국사회사학회(1996). 『중앙아시아 한인의 의식과 생활』. 문학과지성사.
한막스(1998). "한인 강제이주의 역사적 의의". 『재외한인연구』 제7호.
한명기(2007). "병자호란 다시읽기(4)". 『서울신문』. 2007. 2. 1.
______(2008). "병자호란 시기 조선인 포로문제에 대한 재론". 『역사비평』 겨울.
한일민족문제학회 편(2003). 『재일조선인 그들은 누구인가』. 삼인.
행정안전부(2008). 통계청. 『인구통계연보(혼인, 이혼)』. http://kosis.nso.go.kr.
허계화(1999). "현대과학기술과 전통적 민속문화". 로주철 편. 『조선민족문화연구 II』. 료녕민족출판사.
허명철(2000). "네트워크 시대의 중국 조선족문화". 김강일 외. 『중국 조선족 사회의 문화우세와 발전전략』.
홍성욱(2002). 『네트워크 혁명, 그 열림과 닫힘』. 들녘.
홍성욱 · 백욱인 편(2001). 『싸이버스페이스 오디세이』. 창작과비평사.

國務院人口普查辦公室 國家統計局人口和社會科技統計司 編(2002). 『中國2000年人口普查資料』. 中國統計出版社.
東京都總務局統計部(2002). 『外國人登錄人口 平成14年 1月 1日 現在』. 東京都總務局統計部.
孫春日(1993). "中國 朝鮮族 歷史의 上限과 遙寧.河北의 朴氏人들". 『이화사학연구』 20, 21합집.
新宿文化國際交流財團(2004). 『平成15年度 新宿區における外國籍住民との共生に關する調査』. 平成 16年 3月. 新宿文化國際交流財團.
延邊統計局 編(2003). 『2003 延邊統計年鑑』. 吉林人民出版社.
財團法人入館協會(2003). 『平成15年版 在留外國人統計』.
中國國務院人口普查辦公室 國家統計局人口和社會科技統計司 編(2002). 『中國2000年 人口普查資料』. 中國統計出版社.
中華人民共和國 國家統計局 編(2003). 『2003 中國統計年鑑』. 中國統計出版社.

Castells, Stephen & Mark J. Miller. (2003). *The Age of Migration*. New York and London: The Guilford Press.

Choi, Inbom. (2003). "Korean Diaspora in the Making: Its Current Status and Impact on the Korean Economy". pp. 9-27. C. Fred Bergsten and Inbom Choi eds. *The Korean Diaspora in the World Economy*. Washington D. C.: Institute for International Economics.

CIA (2007). World Factbook.

Giddens, A. (1990). *The Consequences of Modernity*. Stanford Univ. Press.

Hobsbaum, E. J. (1990). *Nations and Nationalism since 1780*. Cambridge Univ. Press. 강명세 옮김(1998). 『1780년 이후의 민족과 민족주의』. 창작과비평사.

Huntington, S. P. (1993). "The Clash of Civilization?" *Foreign Affairs*. vol. 72, no. 3.

Kymlicka, Will. (2005). "Liberal Multiculturalism". Will Kymlicka and Baogang He ed. *Multiculturalism in Asia*. Oxford: Oxford University Press.

Oliver Roy. (2000). *The New Central Asia: The Creation of Nations*. London. I. B.

Richard B. Dobson. (1994). "Islam in Central Asia: Findings from National Surveys". *Central Asia Monitor*. No.2

Tauris. Philip G. Roeder. (1991). "Soviet Federalism and Ethnic Mibilization". *World Politics*. No. 43(Jan.).

Tobias, H. (2003). *Survey of adult Korean adoptees*. Collection of Resources & Scarbook of G.O.A.L. 5.

UN (2007). "International Migration 2006". UN Department of Economics and Social Affairs.

『경향신문』. 2005. 9. 14, 2005. 9. 19.

『뉴욕세계일보』. 2004. 2. 18.

『미주중앙일보』. 2003. 9. 24, 2004. 4. 2.

『미주한국일보』. 2004. 10. 3, 2005. 9. 25.

『연합뉴스』. 2008. 7. 29.

『재외동포신문』. 2004. 1. 14, 2005. 5. 16, 2005. 9. 7.

『프레시안』. 2007. 5. 9, 2007. 5. 10, 2007. 5. 14.
『한겨레』. 2003. 11. 7, 2004. 11. 14, 2005. 3. 14, 2005. 5. 4, 2005. 6. 10, 2005. 12. 10, 2006. 3. 20, 2006. 7. 26.

http://100.naver.com/100.nhn?docid=141740.
http://kr.dic.yahoo.com/search/enc/result.html?pk=18294200&p=중앙아시아%20&field=id&type=enc.
http://oaks.korean.net/International Korean Adoptee Resource Book.
http://www.arirang21.com/news/print.php?idxno=280.
http://www.immigration.go.kr/HP/TIMM/imm_06/imm_2009_12.jsp.
http://www.korean.net/morgue/status_1.jsp?tCode=status&dCode=0101.
http://www.mofat.go.kr/ek/ek_a003/ek_uzuz/ek_a02/ek_b06/1177648_13796.html.
http://www.mofat.go.kr/index.html.
http://www.moj.go.jp./NYUKAN/nyukan16.html.
http://www.cia.gov/library/publications/the-world-factbook/index.html.
http://www.korean.net/morgue/status_1.jsp?tCode=status&dCode=0101.

찾아보기

ㄱ

장윤수 ysoojang@hanmail.net

전남대학교 대학원에서 정치학박사 학위를 취득하였으며, 현재 전남대학교 세계한상문화연구단 기획연구실장이다. 그리고 한국정치학회(이사), 한국동북아학회(이사), 21세기정치학회(이사), 대한정치학회, 재외한인학회, 중앙아시아학회, 한국국제정치학회, 한국세계정치학회, 한국슬라브학회, 한국정치정보학회 등에서 학회활동을 하고 있으며, 전남대학교 사회과학대학 정치외교학과와 대학원에서 디아스포라학을 강의하고 있다. 『정치학개론』(1995), 『사회주의논쟁사』(1996), 『북한사회론』(1998), 『지구화와 지역화 그리고 한반도』(2000), 『재외한인 집거지역 사회경제』(공저, 2005), 『재외한인의 문화생활』(공저, 2006), 『재외한인 문화예술 네트워크』(공저, 2008) 등의 저서와 그 외 다수의 논문이 있다.

코리안 디아스포라와 문화 네트워크

2010년 2월 20일 초판 인쇄
2010년 2월 25일 초판 발행

지 은 이 | 장 윤 수
펴 낸 이 | 이 찬 규
펴 낸 곳 | 북코리아
등록번호 | 제03-01240호
주 소 | 121-801 서울시 마포구 공덕동 115-13
전 화 | 02) 704-7840
팩 스 | 02) 704-7848
이 메 일 | sunhaksa@korea.com
홈페이지 | www.sunhaksa.com
ISBN 978-89-6324-065-7 (93300)

값 18,000원

이 책에 실린 글들은 교육과학기술부(2단계 BK21사업), 한국연구재단 및 전남대학교 세계한상문화연구단 등의 지원에 의하여 연구되었습니다.